NOTES ÉCHANGÉES

ENTRE

LE PRÉSIDENT DE LA CONFÉRENCE DE LA PAIX

ET

LA DÉLÉGATION ALLEMANDE

DU 9 MAI AU 28 JUIN 1919

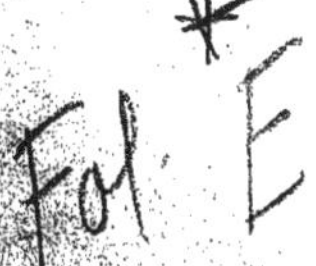

NOTES ÉCHANGÉES

ENTRE

LE PRÉSIDENT DE LA CONFÉRENCE DE LA PAIX

ET

LA DÉLÉGATION ALLEMANDE

DU 9 MAI AU 28 JUIN 1919

SOMMAIRE.

NOTE. — Les textes ci-après sont conformes aux originaux adressés par la Délégation allemande au Président de la Conférence de la Paix.

NOTES

ADRESSÉES

PAR LA DÉLÉGATION ALLEMANDE.

NOTE N° 1.

(*TRADUCTION.*)

A Son Excellence le Président de la Conférence de la Paix, etc.,

Monsieur CLEMENCEAU.

Versailles, le 9 mai 1919.

MONSIEUR LE PRÉSIDENT,

La Délégation allemande de la Paix a terminé son premier examen des conditions de Paix qui lui ont été remises. Elle a été obligée de reconnaître que, sur des points d'une importance décisive, la base convenue de la Paix du Droit est laissée de côté; elle n'était pas préparée à ce que la promesse expressément donnée au peuple allemand et à l'humanité entière soit ainsi rendue illusoire.

(*TRANSLATION.*)

To His Excellency the President of the Peace Conference, etc.,

Mr. CLEMENCEAU.

Versailles, May 9th 1919.

SIR,

The German Peace Delegation has finished the first perusal of the Peace Conditions which have been handed over to them. They have had to realise that on essential points the basis of the Peace of Right, agreed upon between the belligerents, has been abandoned. They were not prepared to find that the promise, explicitly given to the German People and the whole of mankind, is in this way to be rendered illusory.

An Seine Exzellenz den Präsidenten der Friedenskonferenz, etc.,

Herrn CLEMENCEAU.

Versailles, den 9. Mai 1919.

HERR PRÄSIDENT,

Die deutsche Friedensdelegation hat die erste Durchsicht der überreichten Friedensbedingungen vollendet. Sie hat erkennen müssen, dass in entscheidenden Punkten die vereinbarte Basis des Rechtsfriedens verlassen ist; sie war nicht darauf vorbereitet, dass die ausdrücklich dem deutschen Volke und der ganzen Menschheit gegebene Zusage auf diese Weise illusorisch gemacht wird.

Le projet du Traité contient des exigences qui ne sont supportables pour aucun peuple. De nombreuses clauses, en outre, sont, de l'avis de nos experts, inexécutables. La Délégation allemande de la Paix produira ses explications en détail et fera parvenir aux Gouvernements alliés et associés, de façon ininterrompue, ses observations et ses matériaux.

Agréez, Monsieur le Président, l'expression de mon respect le plus distingué.

Signé : BROCKDORFF-RANTZAU.

The draft of the Treaty contains demands which no nation could endure, moreover, our experts hold that many of them could not possibly be carried out.

The German Peace Delegation will substantiate these statements in detail and transmit to the Allied and Associated Governments their observations and their material continuously.

Accept, Sir, the assurance of my high esteem.

Signed : BROCKDORFF-RANTZAU.

Der Vertragsentwurf enthält Forderungen, die für kein Volk erträglich sind. Vieles ist ausserdem nach Ansicht unserer Sachverständigen unerfüllbar. Die deutsche Friedensdelegation wird den Nachweis im Einzelnen erbringen und den alliierten und assoziierten Regierungen ihre Bemerkungen und ihr Material fortlaufend zugehen lassen.

Genehmigen Sie, Herr Präsident, den Ausdruck meiner ausgezeichnetsten Hochachtung.

Gez. : BROCKDORFF-RANTZAU.

RÉPONSE À LA NOTE N° 1.

A Son Excellence

M. le Comte BROCKDORFF-RANTZAU, Président de la Délégation allemande, Versailles.

Paris, le 10 mai 1919.

Monsieur le Président,

Les Représentants des Puissances alliées et associées ont pris connaissance de la note exposant les observations des Délégués plénipotentiaires allemands relativement au texte des conditions de paix.

En réponse à cette communication, ils désirent rappeler à la Délégation allemande qu'en arrêtant les conditions du Traité, ils se sont constamment inspirés des principes d'après lesquels l'armistice et les négociations de Paix ont été proposés.

Les Représentants des Puissances alliées et associées ne peuvent admettre aucune

discussion sur leur droit de maintenir les conditions de fond de la paix telles qu'elles ont été arrêtées.

Ils ne peuvent prendre en considération que les suggestions d'ordre pratique que les Plénipotentiaires allemands pourraient avoir à leur soumettre.

Veuillez agréer, Monsieur le Président, l'assurance de ma haute considération.

Signé : CLEMENCEAU.

NOTE N° 2.

(*TRADUCTION.*)

A Son Excellence le Président de la Conférence de la Paix, etc.,

Monsieur CLEMENCEAU.

Versailles, le 9 mai 1919.

MONSIEUR LE PRÉSIDENT,

La Délégation allemande de la Paix a l'honneur, en remettant ci-joint un projet allemand (1), de prendre position en ce qui concerne la Ligue des Nations. Ce projet présente, à ses yeux, des suggestions d'ordre essentiel au problème de la Ligue des Nations. La Délégation allemande de la Paix se réserve de s'exprimer d'une façon encore plus détaillée au sujet du projet des Gouvernements alliés et associés. Dès à présent, elle appelle toutefois l'attention sur la contradiction résultant de ce que l'Allemagne doit signer le statut de la Ligue des Nations en tant que partie intégrante du projet du Traité qui nous a été

(*TRANSLATION.*)

To His Excellency the President of the Peace Conference, etc.,

Mr. CLEMENCEAU.

Versailles, May 9th 1919.

SIR,

The German Peace Delegation has the honour to pronounce its attitude on the question of a League of Nations by herewith transmitting a German programme (1), which, in the opinion of the Delegation, contains important suggestions on the League of Nations, problem. The German Peace Delegation reserves for itself the liberty of stating its opinion on the draft of the Allied and Associated Governments in detail. In the meantime it begs to call attention to the discrepancy lying in the fact, that Germany is called upon to sign the statute of the League of Nations, as an inherent part of the Treaty-draft handed over

---

An Seine Exzellenz den Präsidenten der Friedenskonferenz, etc.,

Herrn CLEMENCEAU.

Versailles, den 9. Mai 1919.

HERR PRÄSIDENT,

Die deutsche Friedensdelegation beehrt sich zu der Frage des Völkerbundes Stellung zu nehmen, indem sie anbei ein deutsches Programm (1) überreicht, das ihrer Meinung nach zum Problem des Völkerbundes wesentliche Anregungen enthält. Die deutsche Friedensdelegation behält sich vor, sich noch eingehend zum Entwurf der allierten und assoziierten Regierungen zu äussern. Sie macht jedoch schon heute auf den Widerspruch aufmerksam, der darin liegt, dass Deutschland zwar das Statut des Völkerbundes als einen Bestandteil des uns überreichten Vertragsentwurfs unterzeichnen

---

(1) NOTE DU SECRÉTARIAT GÉNÉRAL. — Ce projet fait l'objet d'un fascicule spécial.

remis, alors qu'elle ne se trouve pas parmi le États invités à entrer dans la Ligue des Nations. La Délégation allemande demande si et, le cas échéant, dans quelles circonstances, pareille invitation est envisagée.

Agréez, Monsieur le Président, l'expression de mon respect le plus distingué.

Signé : BROCKDORFF-RANTZAU.

to us, on the other hand, however, is not mentioned among the states which are invited to join the League of Nations. The German Peace Delegation begs to inquire whether, and if so, under what circumstances, such invitation is intended.

Accept, Sir, the expression of my highest estimation.

(Signed) : BROCKDORFF-RANTZAU.

---

soll, sich aber nicht unter den Staaten befindet, die zum Eintritt in den Völkerbund eingeladen sind. Die deutsche Delegation stellt die Anfrage, ob und gegebenenfalls unter welchen Umständen eine solche Einladung beabsichtigt ist.

Genehmigen Sie, Herr Präsident, den Ausdruck meiner ausgezeichnetsten Hochachtung.

Gez. : BROCKDORFF-RANTZAU.

PREMIÈRE RÉPONSE À LA NOTE N° 2.

A Son Excellence

M. le Comte BROCKDORFF-RANTZAU, Président de la Délégation allemande,
Versailles.

Paris, le 10 mai 1919.

Monsieur le Président,

J'ai l'honneur de vous accuser réception du projet allemand de Société des Nations.

Ce projet sera renvoyé à la Commission compétente formée par les Puissances alliées et associées.

Les Délégués allemands pourront constater par un nouvel examen du Pacte de la Société des Nations que la question d'admission de nouveaux membres dans cette Société n'a pas été omise, mais est prévue explicitement dans le deuxième paragraphe de l'article premier.

Veuillez agréer, monsieur le Président, l'assurance de ma haute considération.

Signé : CLEMENCEAU.

DEUXIÈME RÉPONSE À LA NOTE N° 2.

A Son Excellence

M. le Comte BROCKDORFF-RANTZAU, Président de la Délégation allemande,
Versailles.

Paris, le 22 mai 1919.

MONSIEUR LE PRÉSIDENT,

La Commission des Puissances alliées et associées désignée pour examiner les propositions du Gouvernement allemand relatives à la Société des Nations a étudié attentivement ces propositions. Elle prend note avec intérêt des stipulations contenues dans ce projet et estime qu'elles pourront être utilement discutées d'une façon générale au moment où la Société aura été définitivement constituée. Elle se borne donc pour le moment à appeler l'attention sur un certain nombre de points particuliers qui s'y trouvent visés.

Elle a l'honneur de faire remarquer que les propositions du Gouvernement allemand traitent de sujets qui ont été longuement discutés par la Commission de la Société des Nations. Mais elle estime d'une façon générale que les propositions contenues dans le pacte sont beaucoup plus pratiques que celles du Gouvernement allemand et mieux établies en vue d'atteindre les buts de la Société.

Elle constate d'ailleurs avec satisfaction que le Gouvernemant allemand est favorable à la création d'une Société fondée pour le maintien de la paix et basée sur l'application des principes généraux du Gouvernement démocratique. Elle partage ce point de vue, mais elle n'estime pas que toutes les propositions particulières contenues dans le projet allemand présentent pratiquement des avantages à cette fin. Elle soumet les observations suivantes sur certaines suggestions présentées par le Gouvernement allemand :

I. En ce qui concerne l'établissement d'un bureau de médiation internationale séparé (paragraphes 16, 18 et 62 du projet allemand), elle n'estime pas qu'un corps quelconque de médiateurs désignés conformément au projet allemand puisse avoir, en fait, l'autorité nécessaire pour régler les conflits internationaux ou pour maintenir la paix du monde. Ces fonctions appartiendront au Conseil tel qu'il est constitué par le pacte.

Elle est favorable, en même temps, à l'idée qu'un système de Commissions de conciliations impartiales peut, en beaucoup de cas, constituer le moyen le plus approprié et le plus efficace en vue d'une enquête préliminaire et, quand cela serait possible, du règlement des conflits non soumis à l'arbitrage ; elle fait remarquer qu'il n'y a rien dans le pacte qui s'oppose à l'emploi de Commissions de ce genre, et elle en espère même la création toutes les fois qu'elles répondront à un but utile.

II. Les propositions du Gouvernement allemand au sujet de la composition, de la juridiction et de la procédure d'une Cour permanente de Justice internationale (paragraphes 14, 15, 29, 36) ont été examinées avec soin et seront soumises à l'examen détaillé du Conseil de la Société des Nations, au moment où il préparera le projet d'établissement d'une Cour permanente conformément à l'article 14 du pacte.

III. La Commission de la Société des Nations a examiné déjà le principe de l'arbitrage obligatoire (§ 30-33) et a décidé que son application universelle sous la forme proposée n'est pas réalisable à l'heure actuelle. Elle fait remarquer toutefois qu'elle a prévu le recours obligatoire aux moyens d'assurer pacifiquement le règlement de tous les conflits internationaux et elle croit que l'institution d'une Cour permanente contribuera beaucoup à encourager le développement du principe de l'arbitrage.

IV. Elle est favorable à la plupart des propositions faites aux paragraphes 44-53 du Projet du Gouvernement allemand au sujet de la liberté du transit et des communications et des relations économiques et commerciales entre les différents peuples. Elle fait d'ailleurs remarquer que des arrangements généraux sur ces questions, dans le genre de ceux proposés par le Gouvernement allemand, sont déjà examinés par les Puissances alliées et associées et qu'il seront soumis, en temps opportun, à la Société des Nations.

V. En ce qui concerne la proposition de faire payer à l'État contrevenant tous frais et dommages causés aux membres de la Société par un manquement au pacte, paragraphe 65, les États alliés et associés reconnaissent d'une façon générale le bien fondé du principe posé par le Gouvernement allemand, principe qui est bien d'une application générale.

La Commission a toutefois tellement confiance que cette mesure sera effectivement adoptée par la Société, dans l'éventualité malheureuse d'un manquement au pacte, qu'elle n'estime pas nécessaire de modifier les dispositions du pacte dans ce sens.

VI. La Commission prend acte avec satisfaction du fait que le Gouvernement allemand est favorable au désarmement (§ 40-42). Elle fait remarquer à ce sujet que le pacte prévoit la préparation et la proposition aux membres de la Société de projets relatifs au désarmement international.

VII. La Commission prend note des propositions du Gouvernement allemand (§ 62-64) visant les sanctions à appliquer aux membres de la Société pour manquement à leurs obligations. Elle est cependant d'avis que la pression économique automatique faite sur les États contrevenants au pacte, prévue par l'article 16 dudit pacte, est suivie par telle action internationale militaire ou navale qui serait nécessaire, semble devoir être plus rapide et plus effective que les propositions contenues dans le projet du Gouvernement allemand.

Veuillez agréer, Monsieur le Président, les assurances de ma haute considération.

Signé : CLEMENCEAU.

NOTE N° 3.

(*TRADUCTION.*)

A Son Excellence le Président de la Conférence de la Paix, etc.,

Monsieur CLEMENCEAU.

Versailles, le 10 mai 1919.

MONSIEUR LE PRÉSIDENT,

En nous référant aux articles 55 et 56 des propositions qui nous ont été remises et qui concernent la fondation d'une Société des Nations, nous avons l'honneur de vous transmettre ci-joint le projet, rédigé par le Gouvernement allemand, d'une Convention de Législation ouvrière internationale.

Tout comme les Gouvernements alliés et associés, le Gouvernement allemand est animé de la conviction que les questions ouvrières méritent l'attention la plus consciencieuse. C'est de la façon dont elles sont traitées que dépend largement la paix intérieure et le progrès humain. Des demandes visant à obtenir un régime de justice sociale, demandes qui ont été répétées sans cesse par les

(*TRANSLATION.*)

To His Excellency The President of the Peace Conference, etc.

Mr. CLEMENCEAU.

Versailles, May 10 th. 1919.

SIR,

With reference to articles 55 and 56 of the Proposals for the establishment of a League of Nations submitted by us, we beg herewith to transmit the draft of an International Agreement on Labour Law, prepared by the German Government.

The German Government is of one mind with the Allied and Associated Governments in holding that the greatest attention must be given to Labour questions. Domestic peace and the advancement of mankind depend vitally on the adjustment of this question. The demands for social justice repeatedly raised in this respect by the working classes of all nations are only partly,

---

An Seine Exzellenz den Präsidenten der Friedenskonferenz, etc.,

Herrn CLEMENCEAU.

Versailles, den 10. Mai 1919.

HERR PRÄSIDENT,

Unter Bezugnahme auf die Artikel 55 und 56 der überreichten Vorschläge für die Errichtung eines Völkerbundes beehren wir uns den von der deutschen Regierung aufgestellten Entwurf eines Abkommens über internationales Arbeiterrecht zu unterbreiten.

Die deutsche Regierung ist mit den alliierten und assoziierten Regierungen darin einig, dass den Arbeiterfragen die grösste Aufmerksamkeit zugewendet werden muss. Von ihrer Behandlung hängen innerer Friede und menschlicher Fortschritt in stärkstem Masse ab. Die auf diesem Gebiete von den Arbeitern aller Länder immer wieder aufgestellten Forderungen nach sozialer Gerechtig-

ouvriers de tous les pays, une partie seulement a été approuvée en principe dans la section XIII concernant l'organisation du travail du Projet des conditions de paix des Gouvernements alliés et associés. Ces nobles demandes ont déjà été réalisées pour la plupart en Allemagne avec l'aide des ouvriers mêmes et d'une façon qui a été reconnue exemplaire. Pour les réaliser partout, comme l'exigerait l'humanité entière, il sera nécessaire au moins d'accepter les propositions de la Délégation allemande.

Nous considérons comme indispensable, que tous les États adhèrent à cette Convention, même s'ils ne faisaient pas partie de la Société des Nations.

Pour assurer aux ouvriers qui devront profiter des réformes proposées une part active à la rédaction des nouvelles dispositions, la Délégation allemande croit qu'il serait nécessaire, au courant même des négociations de paix, d'inviter à Versailles, à une Conférence de Législation ouvrière internationale, des représentants des organisations nationales des Syndicats ouvriers de tous les pays contractants.

D'après l'opinion de la Délégation

realised in principle in Section XIII of the draft of Peace Conditions of the Allied and Associated Governments on the organisation of Labour. The sublime demands have for the most part been realised in Germany with the assistance of the working classes, as is generally acknowledged, in an exemplary manner. In order to carry them into execution everywhere in the interest of mankind the acceptance of the programme of the German Delegation is at least necessary.

We deem it requisite that all states should join the agreement even though not belonging to the League of Nations.

In order to guarantee to the working classes, for whom the proposed improvements are intented, co-operation in the framing of these provisions, the German delegation is of the opinion that representatives of the national Trade Union organisations of all contracting powers should be summoned to a Conference at Versailles to discuss and take decisions on international Labour Law, before the peace negotiations are terminated.

The proceedings of this Conference

---

keit finden ihre grundsätzliche Billigung nur zum Teil in Abschnitt XII des Entwurfs der Friedensbedingungen der alliierten und assoziierten Regierungen über die Organisation der Arbeit. Diese hehren Forderungen sind im deutschen Reich in anerkannt vorbildlicher Weise mit Hilfe der Arbeiterschaft zumeist schon durchgeführt. Um sie im Interesse der ganzen Menschheit überall in die Praxis umzusetzen, ist mindestens die Annahme des Vorschlags der deutschen Delegation erforderlich.

Wir halten es für notwendig, dass sämtliche Staaten dem Abkommen beitreten, auch wenn sie dem Völkerbunde nicht angehören.

Um den Arbeitern, für welche die vorgeschlagenen Verbesserungen bestimmt sind, die Mitwirkung an der Gestaltung dieser Bestimmungen zu sichern, hält die deutsche Delegation es für notwendig, zur Beratung und Beschlussfassung über das internationale Arbeiterrecht noch während der Friedensverhandlungen Vertreter der Landesorganisationen der Arbeitergewerkschaften aller vertragschliessenden Länder zu einer Konferenz nach Versailles zu berufen.

Die deutsche Delegation hält es für zweckdienlich, den Verhandlungen dieser Konferenz auch

allemande, il serait utile que cette Conférence se basât entre autres sur les résolutions de la Conférence Internationale des Syndicats ouvriers de Berne (5 à 9 février 1919 : projet de législation ouvrière internationale adressée à la Conférence de la Paix à Paris), résolutions qui étaient fondées sur les résolutions antérieures de la Conférence Internationale des Syndicats ouvriers de Leeds de 1916. Au nom des Syndicats ouvriers allemands nous avons l'honneur d'ajouter une copie de ces résolutions. Elles ont été acceptées par des représentants des Organisations syndicales de Bohême, de Bulgarie, de Danemark, d'Allemagne, de la Grande-Bretagne, de France, de Grèce, des Pays-Bas, d'Italie, du Canada, de Norvège, d'Autriche, de Suède, de Suisse, d'Espagne et de Hongrie.

Veuillez agréer, Monsieur le Président, les assurances de ma très haute considération.

Signé : BROCKDORFF-RANTZAU.

should, in the opinion of the German Delegation, be based on the resolutions of the international Trade Unions Conference in Bern (5th. to 9th. February 1919 : Programme for international Labour Legislation, addressed to the Peace Conference in Paris) wich emanated from the decisions of the International Trade Unions Conference in Leeds in 1916. At the request of the Trade Unions of Germany we beg to enclose a copy of these resolutions, which have been adopted by representatives of the Trade Unions organisations of Bohemia, Bulgaria, Denmark, Germany, France, Greece, Holland, Italy, Canada, Norway, Austria, Sweden, Switzerland, Spain and Hungary.

Accept, Sir, the assurance of my highest esteem.

Signed : BROCKDORFF-RANTZAU.

---

die von den Beschlüssen der internationalen Gewerkschaftskonferenz in Leeds 1916 ausgehenden Beschlüsse der internationalen Gewerkschaftskonferenz in Bern (5. bis 9. Februar 1919, Programm fur die internationale Arbeitsgesetzgebung an die Friedenskonferenz in Paris) zu Grunde zu legen. Im Auftrage der Gewerkschaften Deutschlands fügen wir einen Abdruck dieser Beschlüsse bei, die angenommen worden sind von Vertretern der gewerkschaftlichen Organisationen in Böhmen, Bulgarien, Dänemark, Deutschland, England, Frankreich, Griechenland, Holland, Italien, Kanada, Norwegen, Oesterreich, Schweden, Schweiz, Spanien und Ungarn.

Genehmigen Sie, Herr Präsident, den Ausdruck meiner ausgezeichneten Hochachtung.

Gez. : BROCKDORFF-RANTZAU.

RÉPONSE A LA NOTE N° 3.

A Son Excellence M. le Comte de BROCKDORF-RANTZAU,
Président de la Délégation allemande,
Versailles.

13 mai 1919.

MONSIEUR LE PRÉSIDENT,

J'ai l'honneur de vous accuser réception de votre lettre du 10 mai, relative à la Législation internationale du travail, ainsi que de votre « projet de convention sur la Législation internationale du travail. » La réponse des Gouvernements alliés et associés est la suivante :

1° Ils prennent note de la déclaration faite par les Délégués allemands que la paix intérieure et le progrès de l'humanité dépendent de la solution des questions ouvrières et ils sont convaincus que de telles solutions seront rendues plus faciles dans l'avenir lorsque les esprits des hommes seront libérés de la crainte de la guerre, lorsque l'industrie sera soulagée de ce fardeau des armements que le militarisme allemand faisait peser sur elle. La XIIIe Partie du projet des conditions de paix prévoit les moyens par lesquels de telles solutions peuvent être apportées et la 2e Section de cette même Partie expose les principes qui guideront progressivement l'Organisation internationale du travail ainsi que la Société des Nations. L'article 427 indique clairement que l'énumération des principes proposés n'est pas limitative. Le but de l'organisation créée est de poursuivre le développement constant du régime international du travail.

2° La Convention relative au travail a été insérée dans le Traité de Paix et l'Allemagne sera par conséquent invitée à la signer. Dans l'avenir, le droit pour votre pays de participer à l'Organisation internationale du travail sera assuré dès qu'il sera admis dans la Société des Nations, conformément à l'article premier du Traité.

3° Il n'a pas été jugé nécessaire de convoquer une Conférence du travail à Versailles. Les conclusions de la Conférence syndicale de Berne qui sont reproduites dans le projet de convention sur la Législation ouvrière internationale auquel se réfère le premier paragraphe de votre lettre du 10 courant, ont déjà été étudiées avec l'attention la plus minutieuse. Des représentants de syndicats ouvriers ont pris part à l'élaboration des articles des conditions de paix relatifs au travail. Ainsi qu'il résulte de l'Annexe à la deuxième Section de la treizième Partie, page 200, le programme de la première session de la Conférence internationale du travail qui doit se tenir à Washington en octobre prochain, comprend les plus importantes questions soulevées à la Conférence syndicale de Berne. Les syndicats ouvriers seront invités à participer à la Conférence de Washington et elle sera tenue suivant les règles définies qui prévoient la suite à donner à ses conclusions, sous réserve seulement de l'assentiment des autorités compétentes des pays représentés.

4° Le projet de convention sur la législation ouvrière internationale préparé par le Gouvernement allemand présente une lacune : il ne contient aucune disposition

prévoyant une représentation des travailleurs à la Conférence internationale proposée par son article VII. Il est également inférieur aux dispositions présentées dans la XIIIe Partie des Conditions de paix, sur les points suivants :

a) Une période de cinq années est proposée comme intervalle maximum entre deux Conférences (art. 7). Les conditions de paix proposent un an (art. 389).

b) Chaque pays dispose d'une voix (art. 7). Les conditions de paix donnent une voix à chaque délégué qui représente un Gouvernement, les employeurs où les travailleurs salariés (art. 390).

c) Les résolutions n'ont un caractère obligatoire que si elles sont adoptées par une majorité des 4/5 des pays participant au vote. (art. 7). Dans les conditions de paix une majorité des deux tiers seulement des votes émis devra être nécessaire au scrutin final pour l'adoption par la Conférence d'une recommandation ou d'un projet de convention. (art. 405).

Les Gouvernements alliés ou associés sont en conséquence d'avis que leurs décisions donnent satisfaction au souci que la Délégation allemande manifeste en faveur de la Justice sociale et qu'elles assurent la réalisation de réformes que la classe ouvrière est plus que jamais en droit d'attendre après l'épreuve cruelle à laquelle le monde a été soumis pendant les cinq dernières années.

Signé : CLEMENCEAU.

NOTE N° 4.

(*TRADUCTION.*)

A son Excellence le Président de la Conférence de la Paix, etc.,

Monsieur CLEMENCEAU.

Versailles, le 10 mai 1919.

MONSIEUR LE PRÉSIDENT,

C'est avec satisfaction que la Délégation allemande de la Paix a pris connaissance de ce que le projet de Traité qui lui a été remis reconnaît le principe que le rapatriement des prisonniers de guerre ou internés civils allemands doit être effectué avec la plus grande rapidité.

Il correspond à l'opinion de la Délégation allemande de la Paix de confier à une Commission spéciale le règlement des détails d'exécution du rapatriement. Des conversations directes entre des Commissions d'à peu près tous les Etats belligérants au sujet des prisonniers s'étant révélées comme le meilleur moyen pour solutionner les difficultés, il devrait être d'autant plus facile en ce moment-ci d'éclairer par une discussion verbale au

(*TRANSLATION.*)

To His Excellency the President of the Peace Conference, etc.,

Mr. CLEMENCEAU.

Versailles, May 10th 1919.

SIR,

The German Peace Delegation has, with satisfaction, taken note, in the draft of the Treaty handed to it, of the acknowledgement of the principle to repatriate the German prisoners of war and interned civilians with the greatest rapidity.

It corresponds with the views of the German Peace Delegation that the details of execution of these questions be submitted to a special committee. Direct oral discussions between commissions of almost all belligerent Powers in the questions of prisoners have, even during the hostilities proved the most appropriate way for solving the difficulties; it therefore should now be so much the easier to remove discrepancies of opinion or doubts

---

An Seine Exzellenz den Präsidenten der Friedenskonferenz, etc.,

Herrn CLEMENCEAU.

Versailles, den 10. Mai 1919.

HERR PRÄSIDENT,

Die deutsche Friedensdelegation hat mit Befriedigung in dem ihr übergebenen Vertragsentwurf von der Anerkennung des Grundsatzes einer mit grösster Beschleunigung auszuführenden Heimsendung der deutschen Kriegs- und Zivilgefangenen Kenntnis genommem.

Es entspricht der Auffassung der deutschen Friedensdelegation, die Einzelheiten über die Durchführung dieser Fragen an eine besondere Kommission zu verweisen. Unmittelbare mündliche Aussprachen zwischen Kommissionen fast aller kriegführenden Staaten in Gefangenenfragen

sein d'une Commission des divergences de vues ou des doutes concernant certains points. La Délégation allemande de la Paix tenant compte de la différence de la juridiction dans les divers pays est, par exemple, d'avis qu'il est indispensable que les prisonniers de guerre et internés civils détenus pour d'autres infractions que pour fautes contre la discipline soient rapatriés sans condition. L'Allemagne a reconnu le même principe en ce qui concerne les prisonniers de guerre et internés civils des Puissances alliées et associées détenus en Allemagne. D'après la Délégation allemande de la Paix, il va de soi que pour des raisons d'équité l'on tombe d'accord sur certains allègements en faveur des prisonniers de guerre et internés civils pour la période jusqu'à leur départ.

La Délégation allemande de la Paix a, du reste, dû constater qu'on envisage des dispositions qui sont uniquement en faveur des Gouvernements alliés et associés, par exemple en ce qui concerne la restitution des biens individuels, la recherche des disparus, le soin à donner aux sépultures. La Délégation allemande de la Paix suppose que, quant à ces questions, pour des raisons générales d'hu-

as to single items, considering the disparity held in the different views of the countries concerned, the German Peace Delegation believes it, for instance, to be indispensable by way of principle also to include into unconditional repatriation those prisoners of war and interned civilians who are awaiting trial or undergoing sentence for offences other than those against discipline. With regard to the prisoners of war and interned civilians of the Allied and Associated Powers in her hands, Germany has acknowledged the same principle. From reasons of equity it appears to the German Peace Delegation to be a matter of course to agree on certain alleviations for the prisoners of war and interned civilians up to the moment of their repatriation.

Besides the German Peace Delegation has had to realise that some provisions tend exclusively in favour of the Allied and Associated Governments, for instance as to restoration of personal property, inquiries after the missing, as well as the care of the graves. They think complete reciprocity in these questions to be a demand derivable from the general rights of men.

---

haben sich auch schon während der Feindseligkeiten als der zweckmässigste Weg zur Lösung der Schwierigkeiten erwiesen; um so leichter sollte es jetzt sein, Verschiedenheiten der Auffassung oder Unklarheiten in einzelnen Punkten zu beseitigen. Beispielsweise hält die deutsche Friedensdelegation mit Rücksicht auf die Verschiedenheit der Rechtsauffassung in den einzelnen Ländern die grundsätzliche Einbeziehung auch derjenigen Kriegs- und Zivilgefangenen, die sich wegen anderer als disziplinärer Vergehen in Untersuchungs- oder Strafhaft befinden, in die bedingungslose Heimsendung für unerlässlich; Deutschland hat bei den in seiner Hand befindlichen Kriegs- und Zivilgefangenen der alliierten und assoziierten Mächte den gleichen Grundsatz anerkannt. Die Vereinbarung gewisser Erleichterungen für die Kriegs- und Zivilgefangenen bis zu ihrem Abtransport erscheint der deutschen Friedensdelegation aus Billigkeitsgründen selbstverständlich.

Im übrigen hat die deutsche Friedensdelegation die Abstellung einzelner Bestimmungen einseitig zugunsten der alliierten und assoziierten Regierungen feststellen müssen, z. B. bei der Herausgabe des persönlichen Eigentums, bei der Nachforschung über Vermisste sowie bei der Fürsoge für die

manité, une réciprocité entière peut être exigée.

A cause de la grande difficulté technique du rapatriement des prisonniers de guerre et internés civils, étant donné particulièrement la pénurie du tonnage et le manque de charbon, il faut attacher la plus grande valeur à ce que toutes les questions préliminaires soient solutionnées avant le commencement définitif de la mise en route. C'est pourquoi la Délégation allemande de la Paix propose de faire commencer dès à présent les délibérations de la Commission séparément de la totalité des autres questions. Cette proposition s'explique en premier lieu par le fait qu'il y a des milliers de prisonniers de guerre et internés civils allemands se trouvant dans des pays transmarins, mais la Délégation allemande pense aussi aux Allemands se trouvant en Sibérie et dont la mise en route paraît être non seulement d'une urgence particulière, mais aussi d'une difficulté extraordinaire.

Pour des raisons de politique intérieure, la Délégation allemande attache la plus grande valeur à ce que les prisonniers de guerre et internés civils allemands soient renvoyés dans leurs foyers

Having regard to the great technical difficulties presented by the problem of carrying through repatriation of prisoners of war and interned civilians, especially on account of the scarcity of tonnage and the dearth of coals, greatest stress must be laid on having all preliminary questions settled before the transport is ultimately begun with. The German Peace Delegation therefore proposes that the discussion of the question of prisoners of war and interned civilians be forthwith entered upon in committees independent of the complex of other questions at issue. The principal reason for this proposal is the fact that many thousands of German prisoners of war and interned civilians are still being held in oversea countries; furthermore the German Peace Delegation in this connection has in mind the Germans in Sibiria, whose repatriation is not only most urgent, but presents great difficulties in execution.

From reasons of internal policy Germany must attach the greatest value to repatriating the German prisoners of war and interned civilians in the best order and condition possible and to returning

---

Grabstäten. Sie nimmt an, dass bei diesen Fragen die völlige Gegenseitigkeit eine aus den allgemeinen Menschenrechten zu begründende Forderung ist.

Wegen der grossen Schwierigkeiten der technischen Durchführung der Heimschaffung der Kriegs- und Zivilgefangenen, namentlich angesichts der Knappheit des Schiffsraums und des Kohlenmangels muss grösster Wert darauf gelegt werden, dass alle Vorfragen bis zum endgültigen Beginne des Abtransportes bereits geklärt sind. Die deutsche Friedensdelegation schlägt daher vor, die kommissarischen Beratungen über Kriegs- und Zivilgefangene bereits jetzt getrennt von dem übrigen Fragenkomplex beginnen zu lassen. Dieser Vorschlag gründet sich in erster Linie darauf, dass viele Tausend deutsche Kriegs- und Zivilgefangene sich noch in überseeischen Ländern befinden; auch denkt die deutsche Friedensdelegation in diesem Zusammenhang an die noch in Sibirien befindlichen Deutschen, deren Abtransport nicht nur besonders dringlich, sondern auch überaus schwierig erscheint.

Aus innerpolitischen Gründen muss deutscherseits grösster Wert darauf gelegt werden, dass die deutschen Kriegs- und Zivilgefangenen in möglichst geordneten Verhältnissen in die Heimat zurückkehren und dort mit grösster Beschleunigung dem Wirtschaftsleben wieder zugeführt werden.

dans des circonstances aussi normales que possiblé, pour y être ramenés avec la plus grande rapidité à la vie économique. Cela ne paraît possible que, abstraction faite du règlement exact des transports, si l'on fait tout ce qui est possible pour améliorer l'état mental et physique de ceux qui rentrent. En tenant compte de la situation actuelle de la vie économique en Allemagne, il faut admettre qu'il lui est impossible de faire de ses propres forces tout ce qui est nécessaire pour atteindre ce but. Il s'agit notamment de la nourriture et de l'habillement. Pour cette raison, la Délégation allemande croit utile, si les délibérations de la Commission comprenaient également l'étude de la question de quelle manière les Gouvernements alliés et associés pourraient aider l'Allemagne à la solution de ces problèmes. Il s'agit, par exemple, de fournir contre remboursement des vêtements complets (sous-vêtements et vêtements civils) et des chaussures aux prisonniers avant leur mise en route.

Veuillez agréer, Monsieur le Président, les assurances de ma très haute considération.

Signé : BROCKDORFF-RANTZAU.

them to domestic life without delay. This only seems feasible if, apart from an exact regulation of the transports, everything is done for improving the mental and physical condition of the returning prisoners. Considering the economic situation of Germany, it is impossible for her to furnish the requisite guarantees out of her own resources. In this respect chiefly food and clothing is held in view. The German Peace Delegation therefore thinks it advisable also to extend the discussions of the Commission to the question in how far the Allied and Associated Governments would be able to assist Germany in this matter and to furnish, *e. g.*, a complete new outfit (underwear and civilian upperwear as well as footgear) against refundment of expenses.

Accept, Sir, the assurance of my highest esteem.

Signed : BROCKDORFF-RANTZAU.

Dies erscheint nur möglich, wenn, abgesehen von der genauen Regelung der Transporte alles geschieht, um die seelische und körperliche Verfassung der Heimkehrenden zu heben. Bei der deutschen Wirtschaftslage ist es für Deutschland unmöglich die erforderlichen Garantien aus eigener Kraft zu schaffen. Hierbei kommt namentlich die Ernährung und die Bekleidung in Betracht Die deutsche Friedensdelegation hält es für zweckmässig, wenn sich die Kommissionsberatungen hiernach auch auf die Frage estrecken würden, inwieweit es möglich wäre, von Seiten der alliierten und assoziierten Regierungen Deutschland in diesen Fragen zu helfen und gegen Erstattung der Kosten beispielsweise eine völlige Neueinkleidung mit Unter- und Ziviloberkleidung sowie mit Schuhzeug vor ihrem Abtransport vorzunehmen.

Genehmigen Sie, Herr Präsident, den Ausdruck meine ausgezeichneten Hochachtung.

Gez. : BROCKDORFF-RANTZAU.

RÉPONSE À LA NOTE N° 4.

A Son Excellence
M. le Comte BROCKDORFF-RANTZAU, Président de la Délégation allemande,
Versailles.

Paris, le 20 mai 1919.

MONSIEUR LE PRÉSIDENT,

Les Représentants des Puissances alliées et associées ont examiné la note du 10 mai 1919 de la Délégation allemande de la Paix, concernant le rapatriement des prisonniers de guerre allemands. Ils tiennent à déclarer, en réponse à cette note, qu'ils ne peuvent consentir à la libération des prisonniers de guerre et des prisonniers civils qui se sont rendus coupables de crimes ou de délits. Ces crimes et ces délits ont été commis sur le territoire allié, et les autorités légalement constituées les ont réprimés sans tenir compte du fait que le délinquant était un Allemand et non un citoyen allié. C'est ainsi qu'un certain prisonnier allemand avait pénétré par effraction, de nuit, dans la maison d'un fermier sur les terres duquel il travaillait, et avait froidement assassiné le fermier et sa femme avec une serpe. Pour son double assassinat, ce prisonnier fut condamné à mort le 11 juin 1918 par un Conseil de Guerre régulièrement constitué. Conformément à la Convention de Berne, cependant, l'exécution de la sentence a été suspendue jusqu'à la signature de la Paix. Il ne serait certainement pas juste que le traité eût pour conséquence de faire grâce à ce meurtrier. C'est pour ces raisons que les Puissances alliées et associées ne peuvent accepter de modifier les conditions du Projet de Traité de Paix qui s'appliquent aux prisonniers de guerre coupables de crimes ou de délits.

Pour la seconde question, la Délégation allemande de la Paix ne présente aucune suggestion définie en ce qui a trait à l'adoucissement qu'elle proposerait d'apporter au sort des prisonniers de guerre et internés civils entre la date de la signature de la paix et celle de leur rapatriement. Les Puissances alliées et associées ignorent quel adoucissement pourrait être accordé, car elles se sont scrupuleusement efforcées d'observer les lois de la guerre et de satisfaire aux exigences de l'humanité dans le traitement qu'elles ont accordé aux prisonniers de guerre ; de plus, suivant les prescriptions de l'article 218, dernière section, il est essentiel dans l'intérêt de tous que les prisonniers de guerre et les internés civils restent soumis à une discipline et à un contrôle en attendant leur rapatriement. La Délégation allemande de la Paix peut être sûre que les Puissances alliées et associées ont l'intention de traiter leurs prisonniers de guerre, dans la période qui s'écoulera entre la signature du traité et leur rapatriement, en tenant pleinement compte de leurs sentiments et de leurs besoins.

La restitution aux prisonniers de guerre de leur propriété personnelle est un droit légal que les Puissances alliées et associées ont entièrement l'intention de respecter. Quant aux renseignements sur les disparus, les Puissances alliées et associées se sont

toujours efforcées de fournir au Gouvernement allemand toutes les informations qu'elles possédaient sur ce sujet, et elles continueront certainement à le faire après la signature de la paix. En ce qui concerne l'entretien des tombes, elles signalent que les articles 225 et 226 leur paraissent garantir au peuple allemand que les tombes de ses compatriotes seront respectées et convenablement entretenues, et qu'autant que la clause 225 permettra de le faire, les corps des soldats et des marins pourront être ramenés dans leur pays.

En réponse, à la demande allemande, relative à une complète réciprocité, les Représentants des Puissances alliées et associées doivent déclarer qu'ils ont cru nécessaire d'insérer l'article 222, à cause du traitement qu'ont subi leurs propres nationaux internés en Allemagne pendant la guerre. Comme aucune comparaison n'est possible entre le traitement des prisonniers de guerre par le Gouvernement allemand d'un côté, et par les Puissances alliées et associées de l'autre, aucune réciprocité ne saurait être demandée à cet effet.

En ce qui a trait à la troisième question, les Représentants des Puissances alliées et associées sont prêts à faire tout ce qui sera possible pour rapatrier les prisonniers de guerre et les internés civils allemands, convenablement nourris et convenablement traités, après la conclusion de la paix. Ils regrettent cependant que la quantité de vêtements à la disposition de leurs propres armées soit encore tout à fait insuffisante, et qu'il n'y ait aucun autre fonds d'où l'on puisse tirer de quoi rééquiper les prisonniers de guerre allemands.

Enfin, en ce qui concerne la désignation d'une Commission, qui s'occuperait du rapatriement des prisonniers de guerre, les Représentants des Puissances alliées et associées seront heureux d'instituer des Commissions de ce genre aussitôt la paix signée. Ils regrettent cependant de ne pouvoir songer à les instituer tant qu'ils n'auront pas été avisés que les Plénipotentiaires de l'Empire germanique ont l'intention de signer la paix.

Veuillez agréer, Monsieur le Président, les assurances de ma haute considération.

Signé : CLEMENCEAU.

NOTE N° 5.

(*TRADUCTION.*)

A Son Excellence le Président de la Conférence de la Paix, etc.,

Monsieur CLEMENCEAU

Versailles, le 13 mai 1919.

Monsieur le Président,

Dans le projet d'un Traité de paix soumis aux Délégués allemands, la Partie VIII, concernant les Réparations, commence par l'article 231, dont la teneur est la suivante :

Les Gouvernements alliés et associés déclarent et l'Allemagne reconnaît que l'Allemagne et ses Alliés sont responsables, pour les avoir causés, de toutes les pertes et de tous les dommages subis par les Gouvernements alliés et associés et leurs nationaux, en conséquence de la guerre qui leur a été imposée par l'agression de l'Allemagne et de ses Alliés.

Or l'obligation de procéder à des réparations a été acceptée par l'Allemagne en

(*TRANSLATION.*)

To His Excellency the President of the Peace Conference, etc.,

Mr. CLEMENCEAU.

Versailles, May 13th 1919.

Sir,

In the draft of a Treaty of Peace, presented to the German Delegates, Part VIII, concerning reparation, is introduced by article 231, which runs :

The Allied and Associated Governments affirm and Germany accepts the responsibility of Germany and her Allies for causing all the loss and damage to which the Allied and Associated Governments and their nationals have been subjected as a consequence of the war imposed upon them by the aggression of Germany and her Allies.

The obligation to make reparation was assumed by Germany on the basis of the

---

An Seine Exzellenz den Präsidenten der Friedenskonferenz, etc.,

Herrn CLEMENCEAU.

Versailles, den 13. Mai 1919.

Herr Präsident,

In dem den deutschen Delegierten vorgelegten Entwurf eines Friedensvertrages wird der VIII. Teil, betreffend die Wiedergutmachung, mit dem Artikel 231 eingeleitet, welcher lautet :

« Die alliierten und assoziierten Regierungen erklären und Deutschland erkennt an, dass Deutschland und seine Verbündeten als Urheber für alle Verluste und alle Schäden verantwortlich sind welche die alliierten und assoziierten Regierungen und ihre Staatsangehörigen infolge des ihnen durch den Angriff Deutschlands und seiner Verbündeten aufgezwungenen Krieges erlitten haben. »

Deutschland hat die Verpflichtung zur Wiedergutmachung übernommen auf Grund der Note des

vertu de la note du Secrétaire d'État Lansing, du 5 novembre 1918, indépendamment de la question des responsabilités de la guerre. La Délégation allemande ne saurait reconnaître que d'une responsabilité encourue par l'ancien Gouvernement allemand quant à l'origine de la guerre mondiale, pourrait dériver pour les Puissances alliées et associées le droit d'être indemnisées par l'Allemagne des pertes subies du fait de la guerre. Les représentants des États alliés et associés ont d'ailleurs déclaré à différentes reprises que le peuple allemand ne devait pas être rendu responsable des fautes commises par son Gouvernement.

Le peuple allemand n'a pas voulu la guerre et n'aurait jamais entrepris une guerre d'agression. Il est toujours resté convaincu que cette guerre était pour lui une guerre défensive.

Les Délégués allemands ne partagent pas non plus la manière de voir des Gouvernements alliés et associés sur la question de savoir qui doit être déclaré l'auteur responsable de la guerre. Ils ne sauraient considérer l'ancien Gouvernement allemand comme le seul ou le principal coupable de cette guerre. Le projet de Traité de paix transmis ne contient

Note of Mr. Lansing, Secretary of State, dated November 5th. 1918, independently of the question of responsibility for the war. The German Delegation cannot acknowledge that any right or claim to reparation by Germany, of the damage caused by the war, to the Allied and Associated Governments can be deducted from a responsibility of the former German Government for the origin of the world-war. Besides, the representatives of the Allied and Associated States have repeatedly declared, that the German people should not be made responsible for the faults commited by their Government.

The German people did not want the war and would never have started a war of aggression. In the conscience of the German people this war has always been a war of defence.

The German Delegates further cannot accept the view taken by the Allied an Associated Governments as to the authorship of the war. They cannot find the former German Government as alone or chiefly guilty of this war. In the draft of a Treaty of Peace presented to us nothing is to be found to substantiate this view by facts ; no proofs are adduced. The

---

Staatsssekretärs Lansing vom 5. November 1918, unabhängig von der Frage der Schuld am Kriege. Die deutsche Delegation vermag nicht anzuerkennen, dass aus einer Schuld der früheren deutschen Regierung an der Entstehung des Weltkrieges ein Recht oder Anspruch der alliierten und assoziierten Mächte auf Entschädigung durch Deutschland für die durch den Krieg erlittenen Verluste abgeleitet werden könne. Die Vertreter der alliierten und assoziierten Staaten haben zudem wiederholt erklärt, dass das deutsche Volk nicht für die Fehler seiner Regierung verantwortlich gemacht werden solle.

Das deutsche Volk hat den Krieg nicht gewollt und würde einen Angriffskrieg niemals unternommen haben. Im Bewusstsein des deutschen Volkes ist dieser Krieg stets ein Verteidigungskrieg gewesen.

Auch die Auffassung der alliierten und assoziierten Regierungen darüber, wer als Urheber des Krieges zu beschuldigen ist, wird von den deutschen Delegierten nicht geteilt. Sie vermögen der früheren deutschen Regierung nicht die alleinige oder hauptsächliche Schuld an diesem Kriege zuzusprechen. In dem vorgelegten Entwurf eines Friedensvertrages findet sich nichts, was jene

RÉPONSE A LA NOTE N° 5.

A Son Excellence Monsieur le Comte de BROCKDORFF-RANTZAU,

Président de la Délégation allemande.

Versailles.

Paris, le 20 mai 1919.

MONSIEUR LE PRÉSIDENT,

Dans votre note du 13 mai, vous déclarez que l'Allemagne a accepté « en novembre 1918 » l'obligation de procéder à des réparations ; vous ajoutez que l'obligation qu'elle assumait ainsi n'impliquait pas sa responsabilité.

Or, une pareille obligation ne se conçoit que si elle a pour origine et pour cause la responsabilité de l'auteur des dommages.

Au surplus, dans la note de M. le Secrétaire d'État Lansing, que vous invoquez, ce dernier a déclaré que les Puissances alliées et associées « comprennent que l'Allemagne devra compenser tous les dommages subis par les populations civiles des Nations alliées et par leurs propriétés du fait de l'agression de l'Allemagne » (by the agression of Germany).

Le Gouvernement allemand en n'élevant alors aucune protestation contre cette affirmation en a reconnu le bien fondé.

L'Allemagne a donc en novembre 1918 implicitement mais clairement reconnu sa responsabilité.

Il est trop tard pour tenter aujourd'hui de le nier.

Vous prétendez que le peuple allemand ne saurait être tenu pour solidaire des fautes commises par l'ancien Gouvernement allemand. L'Allemagne cependant n'a jamais admis, et une pareille affirmation eut été contraire à tous les principes du droit international, qu'il pût suffire d'une modification de son régime politique ou d'une transformation de son personnel dirigeant pour dégager un peuple de toute responsabilité née de la guerre.

Elle ne l'a reconnu ni en 1871 vis-à-vis de la France, après la proclamation de la République, ni en 1917, au regard de la Russie, lors de la Révolution qui abolit le régime tsariste.

Vous demandez communication du rapport de la Commission des responsabilités, vous ne serez pas surpris d'apprendre que les Puissances alliées et associées considèrent les rapports des Commissions constituées par la Conférence de la Paix comme des documents d'ordre intérieur qui ne peuvent vous être transmis.

Veuillez agréer, Monsieur le Président, les assurances de ma haute considération.

Signé : CLEMENCEAU.

aucun fait à l'appui de cette opinion; aucune preuve à ce sujet n'y est fournie. C'est pourquoi les Délégués allemands prient de vouloir bien leur communiquer le Rapport de la Commission instituée par les Gouvernements alliés et associés pour établir les responsabilités des auteurs de la guerre.

Veuillez agréer, Monsieur le Président, les assurances de ma haute considération.

Signé : BROCKDORFF-RANTZAU.

German Delegates therefore request that the Report of the Commission, instituted by the Allied and Associated Governments to inquire into the question of responsibility for the origin of the war, be communicated to them.

Accept, Sir, the assurance of my highest esteem.

Signed : BROCKDORFF-RANTZAU.

Auffassung tatsächlich begründet, keinerlei Beweise werden für sie beigebracht. Die deutschen Delegierten bitten daher um Mitteilung des Berichts der von den alliierten und assoziierten Regierungen eingesetzten Kommission zur Prüfung der Verantwortlichkeit der Urheber des Krieges.

Genehmigen Sie, Herr Präsident, die Versicherung meiner ausgezeichneten Hochachtung.

Gez. : BROCKDORFF-RANTZAU.

NOTE N° 6.

(*TRADUCTION.*)

A Son Excellence le Président de la Conférence de la Paix, etc.

Monsieur CLEMENCEAU.

Versailles, le 13 mai 1919.

MONSIEUR LE PRÉSIDENT,

Conformément à ma communication du 9 mai de cette année, j'ai l'honneur de présenter à Votre Excellence le rapport de la Commission économique chargée d'étudier l'effet des conditions de paix sur la situation de la population allemande.

« Au cours des deux dernières générations, l'Allemagne s'est transformée d'un État agricole en un État industriel. Tant qu'elle était un État agricole, l'Allemagne pouvait nourrir 40 millions d'habitants. En sa qualité d'État industriel, elle pouvait assurer la nourriture d'une population de 67 millions. En 1913, l'impor-

(*TRANSLATION.*)

To His Excellency the President of the Peace Conference, etc.

Mr. CLEMENCEAU.

Versailles, May 13 th. 1919.

SIR,

Pursuing the announcement made in the note of May 9 th., I herewith transmit to Your Excellency the following statement drawn up by the Economical Commission which has been appointed to report as to how the condition of the German population is likely to be affected by the proposed terms of peace:

« During the last two generations Germany had ceased to be an agrarian state and had become an industrial state. As an agrarian state Germany could sustain a population of 40 millions; as an industrial state she was able to feed a population of 67 millions. Germany's import in food stuffs amounted before the war,

---

An Seine Exzellenz den Präsidenten der Friedenskonferenz, etc.,

Herrn CLEMENCEAU.

Versailles, den 13. Mai 1919.

HERR PRÄSIDENT,

Entsprechend der Ankündigung in meiner Note vom 9. Mai d. J. überreiche ich Euerer Exzellenz die nachfolgende Acusserung der volkswirtschaftlichen Kommission, die beauftragt ist, die Rückwirkung der in Aussicht genommenen Friedensbedingungen auf die Lage der deutschen Bevölkerung zu begutachten :

« Deutschland war im Laufe der letzten beiden Generationen vom Agrastaat zum Industriestaat übergegangen. Als Agrarstaat konnte Deutschland 40 Millionen Menschen ernähren. Als Industriestaat war es in der Lage, die Ernährung einer Bevölkerung von 67 Millionen sicherzustellen.

tation de denrées s'élevait, compte rond, à 12 millions de tonnes. Avant la guerre, au total, 15 millions de personnes trouvaient en Allemagne leur existence par le commerce avec l'étranger et par la navigation, soit d'une façon directe, soit d'une façon indirecte, par l'emploi de matières premières étrangères.

Conformément aux conditions du Traité de paix, l'Allemagne livrera son tonnage marchand et les bâtiments en construction propres au commerce d'outre-mer. De même, les chantiers allemands construiront, pendant cinq ans, en premier lieu, le tonnage destiné aux Gouvernements alliés et associés.

En outre, l'Allemagne renoncera à ses colonies; toutes ses possessions d'outre-mer, tous ses intérêts et titres dans les pays alliés et associés, dans les colonies, dominions et protectorats de ceux-ci seront, à titre d'acompte à valoir sur le payement partiel des réparations, assujettis à la liquidation et seront exposés à toute autre mesure de guerre économique que les Puissances alliées et associées trouveront bon de maintenir ou de prendre pendant les années de paix.

Par la mise en vigueur des clauses territoriales du Traité de paix, l'Allemagne perdrait, à l'Est, les régions les plus importantes pour la production des

1913, to about 12 millions tons. At that time about 15 millions of Germany's population lived on foreign trade and shipping-either directly or indirectly, i.e. by working in industries dependent on raw materials imported from abroad.

According to the terms of the peace treaty Germany is to surrender all mercantile tonnage and ships in building fit for over sea trade. Besides the German shipping yards are in the first place to work for the Allied and Associated Governments, during the next five years to come.

According to the terms Germany is to be deprived of all her colonies; further, all German property, rights and interests in the Allied and Associated countries, their colonies, dominions or protectorates are subjected to liquidation and any war measure which the Allied and Associated Governments may see fit to maintain or introduce in time of peace, the proceeds to be devoted to the partial satisfaction of their claims to indemnity.

The territorial terms of the peace treaty, if carried out deprive Germany of important areas of agricultural production in the East; their loss is equi-

---

Die Einfuhr an Lebensmitteln betrug im Jahre 1913 rund 12 Millionen Tonnen. Vor dem Kriege lebten in Deutschland vom auswärtigen Handel und der Schiffahrt — entweder direkt oder indirekt durch die Verarbeitung auswärtiger Rohstoffe — rund 15 Millionen Menschen.

Nach den Bestimmungen des Friedensvertrages soll Deutschland seine für den Ueberseehandel taugliche Handelstonnage und Schiffsneubauten ausliefern. Auch sollen die Werften in den nächsten 5 Jahren in erster Linie für die alliierten und assoziierten Regierungen bauen. Deutschland büsst ferner seine Kolonien ein; die Gesamtheit seines Besitztums, seiner Interessen und Titel in den alliierten und assoziierten Ländern, in deren Kolonien, Dominien und Protektoraten soll zur teilweisen Deckung der Entschädigungsansprüche der Liquidation unterliegen und jeder anderen wirtschaftlichen Kriegsmassnahme ausgesetzt sein, welche die alliierten und assoziierten Mächte in der Friedenszeit aufrechtzuerhalten oder neu einzuführen beschliessen mögen.

Bei Ausführung der territorialen Bestimmungen des Friedensvertrages würden im Osten die

blés et des pommes de terre, ce qui équivaudrait à une perte de 21 p. 100 de la récolte totale de ses aliments. En outre, l'intensité de notre production agricole diminuerait sensiblement. D'une part, l'importation de certaines matières premières indispensables à la production des engrais, telles que les phosphates, se trouverait entravée; d'autre part, cette industrie se ressentirait, comme toute autre industrie, de la pénurie de charbon. Car le Traité de paix prévoit la perte de presque la troisième partie de la production de nos houillères; en dehors de cette diminution, on nous impose pendant dix ans, des livraisons énormes de charbon à divers pays alliés.

En plus, conformément au Traité, l'Allemagne cédera à ses voisins presque les trois quarts de sa production de minerais et plus des trois cinquièmes de sa production de zinc.

Après cette privation de ces produits, après la répression économique causée par la perte de ses colonies, de sa flotte marchande et de ses possessions à l'étranger, l'Allemagne ne serait plus en état d'importer de l'étranger des matières premières en quantité suffisante. Fatalement, une énorme partie de l'industrie allemande serait donc condamnée à cesser d'exister. En même temps, le besoin

valent to a loss of about 21 o/o of the total harvest in potatoes and cerials.

The intensity of our agricultural production would moreover be greatly diminished, our manure industry being doubly crippled by the increased difficulty of introducing certain raw materials such as phosphates from abroad, and by the general scarcity of coals which will be felt by all industries. For the peace treaty provides that we are to lose nearly one third of our coal production; at the same time it imposes on Germany immense exports of coal to certain allied countries for ten years to come.

Further: Germany is, according to the treaty, to cede three quarters of iron ore, very nearly, and more than three fifths of her zinc production, in favour of the neighbours.

After having lost this much of her production, after being economically paralysed through the loss of her colonies, her commercial fleet and all her foreign property Germany could not import the required amount of raw materials from abroad. The German industry would have to die out, to a very large extent. At the same time the requirements for the import of foreign food stuffs would

---

wichtigeren Produktionsgebiete für Getreide und Kartoffeln verloren gehen; das wäre gleichbedeutend mit einem Ausfall von 21 o/o der Gesamternte in diesen Lebensmitteln. Ueberdies würde unsere landwirtschaftliche Produktion in ihrer Intensität stark zurückgehen. Einmal wäre die Zufuhr von bestimmuen Rohstoffen für die deutsche Düngemittelindustrie, wie Phosphaten, erschwert, sodann würde diese, wie jede andere Industrie, unter Kohlenmangel leiden. Denn der Friedensvertrag sieht vor, dass wir 1/3 unserer Kohlenproduktion verlieren; ausserdem werden uns für die ersten 10 Jahre ungeheure Lieferungen an Kohle an bestimmte alliierte Länder auferlegt.

Weiter soll Deutschland nach dem Vertrage fast 3/4 seiner Eisenerzproduktion und mehr als 3/5 seiner Produktion an Zink zugunsten seiner Nachbarn abtreten.

Nach dieser Einbusse an eigener Produktion, nach der wirtschaftlichen Lahmlegung durch den Verlust der Kolonien, der Handelsflotte und der auswärtigen Besitztümer wäre Deutschland nicht mehr in der Lage, genügend Rohstoffe aus dem Auslande zu beziehen. Die deutsche Industrie

d'importer des denrées augmenterait considérablement, tandis que la possibilité de le satisfaire diminuerait au même degré.

Au bout de très peu de temps, l'Allemagne ne serait donc plus en état de donner du pain et du travail à ces nombreux millions de personnes réduites à gagner leur vie par la navigation et par le commerce. Ces personnes devraient s'expatrier; mais c'est matériellement impossible, d'autant plus que beaucoup de pays, et des plus importants, s'opposeront à une immigration allemande. En outre, des centaines de milliers d'Allemands expulsés des territoires des Puissances actuellement en guerre avec l'Allemagne, des colonies et des territoires que l'Allemagne doit céder reflueront dans leur pays natal.

La mise en exécution des conditions de paix entraînerait donc logiquement la perte de plusieurs millions de personnes en Allemagne. Cette catastrophe ne se ferait pas attendre, puisque la santé de la population a été brisée pendant la guerre par le blocus et pendant l'armistice par l'aggravation du blocus affameur.

Aucun secours, si important et de si longue durée qu'il fût, n'empêcherait

greatly increase, while the possibility to meet them would vastly diminish.

In a very short time Germany would not be in a position to afford work and bread to millions dependent on shipping and commerce. These people would have to emigrate, but this is technically impossible, especially as many of the most important countries are barring themselves against this German immigration. Besides hundreds of thousands of Germans expelled from the countries now at war with Germany and also from the German territories and colonies to be ceded would pour back into what would remain of the mother country.

If the conditions of peace are to be carried through, this simply means that many millions of Germans would have to perish. It would be a rapid process as the health of the nation has already been broken by the blocade during the war and the intensified blocade during the armistice.

No relief work however magnificently planned and drawn out over a period

---

müsste daher in einem gewaltigen Umfange erlöschen. Gleichzeitig würde der Bedarf an Lebensmitteleinfuhren erheblich steigen, während die Möglichkeit, ihn zu befriedigen, ausserordentlich sinken müsste.

Deutschland wäre daher in kurzer Zeit ausser Stande, den vielen Millionen auf Schiffahrt und Handel angewiesenen Menschen Arbeit und Brot zu gewähren. Diese Menschen müssten aus Deutschland auswandern; das ist aber technisch unmöglich, zumal sich viele der wichtigsten Länder der Welt gerade gegen die deutsche Einwanderung sperren und Hunderttausende ausgewiesener Deutscher aus den Gebieten der mit Deutschland kriegführenden Staaten sowie aus den abzutretenden deutschen Territorien und Kolonien nach dem übrig bleibenden deutschen Gebiet einströmen würden.

Werden die Friedensbedingungen durchgeführt, so bedeutet das einfach, dass viele Millionen Menschen in Deutschland zu Grunde gehen mussen. Dieser Prozess würde sich rasch entwickeln, da durch die Blockade während des Krieges und deren Verschärfung während des Waffenstillstandes die Volksgesundheit gebrochen ist.

Kein Hilfswerk, noch so gross und langfristig angelegt, könnte diesem Massensterben Einhalt

ces décès en masse. La paix imposerait à l'Allemagne un nombre multiple de sacrifices humains que ne lui a demandé cette guerre de quatre ans et demi (1,750,000 tombés à l'ennemi, presque 1,000,000 morts victimes du blocus).

Nous ignorons et nous doutons que les Délégués des Puissances alliées et associées se rendent compte des conséquences qui seront inévitables, si l'Allemagne, État industriel avec une population très dense, étroitement lié à l'économie universelle et réduit à une importation énorme de matières premières et de denrées, se trouve tout à coup repoussée dans une phase de son développement qui correspondrait à sa construction économique et au chiffre de sa population d'il y a un demi-siècle.

Ceux qui signeront ce Traité, signeront la sentence de mort de nombreux millions d'hommes, de femmes et d'enfants allemands. »

Je l'ai cru de mon devoir, avant d'entrer dans la discussion des autres détails du Traité, de porter à la connaissance de la Délégation alliée et associée,

ever so long could put a stop to this dying en masse. Peace would demand from Germany many more human sacrifices than the 4 1/2 years of war have cost her (1 3/4 millions, who fell in the field, nearly 1 million who perished from the blocade).

We are not aware and are inclined to doubt whether the delegates of the Allied and Associated Governments have realized the consequences which are inevitable, if Germany, a State, densely populated, linked up with the economic system of the world; dependent on vast imports of food stuff and raw materials is suddenly thrown back on a stage of development corresponding to its economic structure and to the number of its population of half a century ago.

Whoever signs this Treaty signs the death warrant of many millions of German men, women and children.

I have taken it to be my duty, before entering into a discussion of further details, to bring this general statement about the effect of the proposed peace

---

tun. Der Friede würde von Deutschland ein Mehrfaches der Menschenopfer fordern, die der 4 1/2 jährige Krieg verschlang (1 3/4 Millionen im Felde gefallen, fast 1 Million Opfer der Blockade.)

Wir wissen nicht und möchten es bezweifeln, ob die Delegierten der alliierten und assoziierten Mächte sich über die Konsequenzen im klaren sind, wie sie unvermeidlich eintreten würden, wenn Deutschland, soeben noch ein dichtbevölkerter, mit der ganzen Weltwirtschaft verknüpfter, auf gewaltige Rohstoff- und Lebensmitteleinfuhr angewiesener Industriestaat, plötzlich auf eine Entwicklungsstufe zurückgestossen wird, die seiner ökonomischen Konstruktion und seiner Bevölkerungsziffer von vor einem halben Jahrhundert entspricht.

Wer diesen Friedensvertrag unterzeichnet, spricht damit das Todesurteil über viele Millionen deutscher Männer, Frauen und Kinder aus. »

Ich habe es für meine Pflicht gehalten, vor Ueberreichung weiterer Einzelheiten diese allgemeine Aeusserung über die Wirkung des Friedensvertrages auf das deutsche Bevölkerungsproblem zur Kenntnis der alliierten und assoziierten Friedensdelegation zu bringen. Die statistischen Nachweise stehen auf Wunsch zu Verfügung.

Genehmigen sie, Herr Präsident, die Versicherung meiner ausgezeichneten Hochachtung.

Gez. : BROCKDORFF-RANTZAU.

cet exposé sommaire du problème de la population allemande. Sur demande je tiens à la disposition de Votre Excellence des preuves statistiques.

Veuillez agréer, Monsieur le Président, l'expression de ma haute considération.

Signé : BROCKDORFF-RANTZAU.

terms on the problem of the German population to the knowledge of the Allied and Associated Governments. Statistical references can be supplied if desired.

Accept, Sir, the assurance of my high esteem.

Signed : BROCKDORFF-RANTZAU.

RÉPONSE À LA NOTE N° 6.

A Son Excellence

M. le Comte BROCKDORFF-RANTZAU, Président de la Délégation allemande,

Versailles.

Paris, le 22 mai 1919.

Monsieur le Président,

I. Les Puissances alliées et associées ont reçu et ont étudié attentivement le rapport de la Commission désignée par le Gouvernement allemand pour l'examen des conditions économiques du Traité de paix.

Ce rapport leur semble présenter un exposé des faits très insuffisant, être empreint en certains endroits d'une grande exagération et ignorer les principes fondamentaux qui se dégagent des origines de la guerre et de ses résultats, et qui expliquent et justifient les conditions à imposer.

II. La note allemande déclare, en débutant, que les ressources industrielles de l'Allemagne étaient, avant la guerre, insuffisantes pour l'entretien d'une population de 67 millions d'habitants, et elle raisonne comme si ce chiffre était celui de la population aux besoins de laquelle l'Allemagne devra continuer à pourvoir avec des ressources amoindries. Tel n'est pas le cas. La population totale de l'Allemagne sera réduite de 6 millions d'âmes environ appartenant aux territoires non allemands que l'on se propose de désannexer. Ce sont les besoins de cette agglomération réduite que nous sommes appelés à étudier.

III. La note allemande se plaint de ce que l'on exige de l'Allemagne la cession de son tonnage marchand existant ou en construction, ainsi qu'un droit de priorité sur ses constructions navales pendant un nombre d'années fixé.

Cependant, la note ne mentionne pas qu'on laisse intacte à l'Allemagne une portion importante de son petit tonnage; les représentants de l'Allemagne semblent

avoir complètement perdu de vue que les sacrifices de son gros tonnage constituent le châtiment inévitable et nécessaire qui lui est imposé pour avoir, pendant les deux dernières années de la guerre, mené, au mépris de toutes les lois et de tous les précédents, une campagne sans pitié contre la flotte marchande du monde. En compensation partielle des 12 millions 3/4 de tonnes coulées, on propose de transférer 4 millions de tonnes de navires allemands. En d'autres termes, les navires que l'on se propose d'enlever à l'Allemagne représentent moins du tiers du tonnage qui a été ainsi détruit d'une manière injustifiable. Le déficit universel de tonnage marchand est le résultat non des conditions de la paix, mais de la conduite de l'Allemagne ; et on ne peut raisonnablement s'étonner qu'on lui demande de prendre sa part — et cette part est très modeste — des pertes qu'elle a causées par ses actes criminels.

IV. La note insiste vivement sur le projet qui doit priver l'Allemagne, à l'Est, des régions consacrées spécialement à la production du blé et des pommes de terre. Ceci est exact, mais elle ne fait pas remarquer que rien dans le Traité de paix n'interdit soit la continuation de cette culture dans les régions en question, soit l'importation en Allemagne de ces produits. Au contraire, l'admission en franchise des produits des régions de l'Est est prévue pour une durée de trois ans. De plus, il est heureux pour l'Allemagne que ces régions n'aient rien perdu de leur productivité du fait des ravages de la guerre. Elles ont échappé au sort affreux qui a été infligé par les armées allemandes aux territoires correspondants de la Belgique et de la France, à l'Ouest, de la Pologne, de la Russie, de la Roumanie et de la Serbie, à l'Est. Il n'y a pas, semble-t-il, de raison pour que leurs produits ne continuent pas à trouver des débouchés en territoire allemand.

V. La note insiste beaucoup sur les restrictions projetées concernant l'importation des phosphates. Elle oublie toutefois que l'Allemagne n'a jamais produit, mais qu'elle a toujours importé les phosphates dont elle a besoin. En outre, il n'y a rien dans les termes du Traité de paix qui puisse dans l'avenir empêcher ou entraver l'importation des phosphates en Allemagne. D'autres pays qui ne produisent pas de phosphates, sont également obligés de les importer ainsi que beaucoup d'autres produits venant de l'extérieur; et la seule différence entre les deux situations proviendra du degré relatif de richesse ou d'appauvrissement des pays intéressés.

VI. La note allemande se plaint tout particulièrement que l'on prive l'Allemagne du charbon et elle affirme que l'Allemagne perd presque un tiers de la production des mines de charbon existantes. Mais elle ne fait pas observer qu'un quart de la consommation d'avant-guerre du charbon allemand s'effectuait dans les territoires qu'on projette maintenant de transférer. De plus, elle omet de faire état de la production de lignite, qui se montait annuellement pour l'Allemagne avant la guerre à quatre-vingt millions de tonnes dont aucune partie ne provient des territoires transférés.

Il n'est pas non plus tenu compte du fait que la production de charbon des régions non transférées augmentait rapidement avant la guerre; il n'y a aucune raison de douter qu'à l'avenir, grâce à une exploitation convenable, cet accroissement ne se poursuive.

VII. Mais la situation charbonnière ne doit-elle pas être envisagée d'un autre point de vue plus large? On ne saurait oublier qu'au nombre des actes de dévastation injustifiés commis par les armées allemandes, au cours de la guerre, se trouve la presque complète destruction des ressources en charbon du Nord de la France. Toute une industrie a été anéantie par calcul et par sauvagerie et elle demandera des années pour renaître. Il en est résulté une longue et sérieuse pénurie de charbon dans toute l'Europe occidentale. Équitablement, il n'y a pas de raison pour que les conséquences de cette pénurie soient supportées exclusivement par les Nations alliées qui en ont été les victimes ou pour que l'Allemagne, qui, de propos délibéré, s'est rendue coupable de ce déficit, ne le comble pas dans la pleine mesure de ses moyens.

VIII. La note fait également ressortir les difficultés qui seraient imposées à l'Allemagne par suite de la nécessité pour elle d'importer, à l'avenir, des minerais de fer et du zinc. On ne comprend pas pourquoi l'Allemagne pourrait souffrir de conditions auxquelles d'autres pays se soumettent de bon gré. Ce serait une erreur fondamentale de croire qu'il est nécessaire d'exercer la souveraineté politique dans un pays pour pouvoir s'y assurer une proportion raisonnable de la production. Une telle notion n'est fondée sur aucune loi économique ou historique.

IX. Les Puissances alliées et associées ne sauraient accepter les appréciations purement spéculatives que leur présente la note allemande sur l'avenir de l'industrie allemande en général. Ces appréciations leur paraissent caractérisées et viciées par des exagérations évidentes. Il n'est pas tenu compte du fait que le désastre économique provoqué par la guerre est très étendu, et même universel. Tous les pays auront à en souffrir. Il n'y a pas de raison pour que l'Allemagne, responsable de la guerre, n'en souffre pas également.

X. De même, en ce qui concerne la population future, on ne saurait ajouter foi aux données de la note allemande. D'autre part elle cherche à prouver que l'émigration hors d'Allemagne sera nécessaire, mais que peu de pays accepteront ces émigrants. Elle cherche également à démontrer qu'une foule d'Allemands retourneront dans leur pays natal pour y vivre dans des conditions que l'on a déjà représentées comme intolérables. Il serait imprudent d'attacher trop d'importance à l'une ou à l'autre de ces conjectures.

XI. Finalement, la note allemande affirme à la légère que les conditions de paix entraîneront logiquement la disparition de plusieurs millions de personnes en Allemagne, en plus de celles qui ont péri dans la guerre ou qu'on représente comme victimes du blocus.

On pourrait très justement opposer aux pertes subies par l'Allemagne du fait de la guerre les pertes beaucoup plus considérables causées aux pays alliés par son agression et par sa conduite de la guerre, pertes qui ont laissé des marques ineffaçables dans la population mâle de l'Europe.

D'autre part, les chiffres des pertes qui auraient été causées par le blocus reposent sur de pures hypothèses.

L'évaluation allemande des pertes futures ne sauraient être acceptée que si l'on accepte également les prémisses, sur lesquelles elle est censée être établie — mais

ces prémisses sont entièrement erronées. Il n'y a pas la moindre raison de croire qu'une population est destinée à être frappée d'incapacité de façon permanente parce qu'elle aura à l'avenir à faire du commerce avec ses voisins au lieu de produire elle-même ce dont elle a besoin. Un pays peut tout à la fois, devenir et continuer d'être un grand pays manufacturier sans produire lui-même les matières premières nécessaires à ses principales industries. Tel est le cas, par exemple, de la Grande-Bretagne qui importe la moitié au moins de ses produits alimentaires et la majeure partie de ses matières premières. Sous ce nouveau régime, rien ne peut empêcher l'Allemagne de se créer une position stable et prospère en Europe. Ses territoires ont moins souffert pendant la guerre que ceux d'aucun autre belligérant européen. En fait, ils n'ont nullement souffert du pillage ou de la dévastation; les ressources intactes qui lui restent, jointes à ses importations, doivent suffire à sa reconstitution et à son développement.

XII. La réponse allemande ne tient pas compte non plus des grandes facilités qu'apportera à l'Allemagne, au cours de ses efforts de reconstitution, la réduction obligatoire de ses armements militaires à l'avenir. Des centaines de mille de ses habitants qui, jusqu'à présent, étaient employés soit à la préparation de la guerre, soit à la production d'engins de destruction, seront désormais disponibles pour des travaux pacifiques et pour le développement de la production industrielle de la nation; aucun autre résultat ne saurait donner plus de satisfaction au peuple allemand.

XIII. Mais la première condition de cette reconstitution semble être la reconnaissance par l'Allemagne de la situation mondiale actuelle qu'elle a, pour la plus grande partie, contribué à créer. Il faut qu'elle se rende compte qu'elle ne saurait demeurer indemne. Dans l'immense désastre qui s'est abattu sur le monde, la part qu'elle est appelée à assumer a été proportionnée par les Puissances victorieuses, non à ses mérites mais uniquement à ses forces. Toutes les nations de l'Europe ont subi des pertes, elles supportent et supporteront longtemps encore des charges presque trop lourdes pour elles. Ces charges et ces pertes leur ont été imposées par l'agression de l'Allemagne. Il est juste que l'Allemagne, cause première de ces calamités, les répare dans la pleine mesure de ses moyens. Ses souffrances résulteront, non des conditions de la paix, mais des actes de ceux qui ont provoqué et prolongé la guerre. Les auteurs de la guerre ne sauraient échapper à ses justes conséquences.

NOTE N° 7.

(*TRADUCTION.*)

A Son Excellence, le Président de la Conférence de la Paix, etc.

Monsieur CLEMENCEAU.

Versailles, le 13 mai 1919.

MONSIEUR LE PRÉSIDENT,

La Délégation allemande de la Paix a appris, par la lettre de Votre Excellence du 10 courant, que les Gouvernements alliés et associés en arrêtant les conditions du Traité de Paix se sont constamment inspirés des principes d'après lesquels l'armistice et les négociations de paix ont été proposées. Naturellement, la Délégation allemande ne veut pas mettre en doute cette base, mais elle doit se réserver le droit de faire ressortir les conditions qui, de son avis, se trouvent en contradiction avec les intentions des Gouvernements alliés et associés.

(*TRANSLATION*).

To His Excellency the President of the Peace Conference, etc.,

Mr. CLEMENCEAU.

Versailles, May 13th 1919.

SIR,

The German Peace Delegation, has inferred from the note of Your Excellency, dated the 10th inst., that the allied and Associated Governments have formed the terms of the Treaty with constant thought of the principles upon which, at the time the Armistice and the negotiations for peace were proposed. The German delegation will not, of course, cast doubts upon this basis, they must, however, reserve to themselves the right of pointing out those conditions which, according to their views, are inconsistent with the intention of the Allied and Associated Governments.

An Seine Exzellenz den Präsidenten der Friedenskonferenz,

Herrn CLEMENCEAU.

Versailles, den 3. Mai 1919.

HERR PRÄSIDENT,

Die deutsche Friedensdelegation hat aus dem Schreiben Euerer Exzellenz vom 10. d. M. entnommen, dass sich die alliierten und assoziierten Regierungen bei Abfassung der Bedingungen des Friedensvertrages ständig von den Grundsätzen haben leiten lassen, nach denen der Waffenstillstand und die Friedensverhandlungen vorgeschlagen worden sind. Die deutsche Delegation will selbstverständlich diese Grundlage nicht in Zweifel ziehen; sie muss sich aber das Recht vorbehalten, auf die Bedingungen hinzuweisen, die nach ihrer Auffassung mit der Absicht der alliierten und assoziierten Regierungen in Widerspruch stehen.

C'est surtout si l'on regarde les conditions du projet du Traité concernant la cession de diverses parties du territoire de l'Empire habitées par une population allemande qu'une telle contradiction saute aux yeux.

Abstraction faite de la restitution à la France de l'Alsace-Lorraine et de l'occupation de Kehl, articles que je me réserve de traiter plus tard, on exige de l'Allemagne de soumettre à une domination étrangère temporaire ou perpétuelle les territoires allemands suivants : la région de la Sarre, les cercles d'Eupen et de Malmédy, ainsi que le Moresnet-Prussien, la Haute-Silésie, des parties allemandes de la Moyenne-Silésie, de la Posnanie, de la Prusse occidentale et orientale. Les dispositions aussi qui concernant la régence (Regierungsbezirk) de Schleswig reviennent à une cession des parties du territoire allemand.

La Délégation allemande ne méconnaît pas que, pour une série de dispositions relatives aux changements territoriaux et contenues dans le projet de Traité de paix, on peut faire valoir le droit des peuples de disposer d'eux-mêmes, vu que certaines populations qui, jusqu'à présent, se trouvent sous la domination allemande, comme par exemple, la population polo-

Such an inconsistancy is principally obvious with regard to those conditions of the draft of the Treaty which bear upon the cession of different parts of the territory of the Empire inhabited by a German population.

Apart from the restitution of Alsace-Lorraine to France and from the occupation of Kehl which points I reserve to myself to treat later on, the temporary or permanent surrender of the following fractions of German territory is required from Germany : The Sarr-Basin, the districts of Eupen and Malmedy as well as Prussian Moresnet, Upper Silesia, German districts of Middle Silesia, Posnania, West-Prussia and East-Prussia. The provisions made for the Administrative Department (Regierungsbezirk) of Schleswig also mean in the end a cession of parts of German territory.

The German Delegation fully realises that for a number of provisions on changes in territory, contained in the draft of the Treaty of Peace, the principle of national self-determination may indeed be assorted, as certain groups of the population up to now under German dominion, e. g. Poles, look upon themselves as non-German. In the Schleswig

---

Ein solcher Widerspruch springt besonders in die Augen bei den Bedingungen des Vertragsentwurfes die sich auf die Abtretung verschiedener von deutscher Bevölkerung bewohnter Teile des Reichsgebiets beziehen. Abgesehen von der Rückgabe Elsass-Lothringens an Frankreich und der Besetzung Kehls, auf welche beiden Punkte ich mir vorbehalte später einzugehen, wird Deutschland die zeitweilige oder dauernde Unterstellung folgender deutscher Gebietsteile unter fremde Herrschaft angesonnen : des Saargebiets, der Kreise Eupen und Malmedy sowie Preussisch-Moresnets, Oberschlesiens, deutscher Teile Mittelschlesiens, Posens, Westpreussens und Ostpreussens. Auch die Bestimmungen über den Regierungsbezirk Schleswig laufen auf die Abtretung deutscher Gebietsteile hinaus.

Die deutsche Delegation verkennt nicht, dass für eine Reihe von Bestimmungen über territoriale Aenderungen, die im Friedensentwurf enthalten sind, der Grundsatz der nationalen Selbstbestimmung geltend gemacht werden kann, weil gewisse bisher von deutscher Seite beherrschte Bevölkerungsgruppen, z. B., polnische sich als nicht-deutsch betrachten. Auch in der Frage von Schleswig sind nationale Gründe anzuführen, wenngleich die deutsche Delegation nicht einsieht,

naise, ne se considèrent pas comme allemandes. On peut aussi faire valoir des raisons nationales quant à la question du Schleswig, quoique la Délégation allemande ne comprenne pas en vertu de quels pouvoirs les Gouvernements alliés et associés font de cette question frontière à régler entre l'Allemagne et le Danemark un objet de négociations de paix. Le Gouvernement neutre du Danemark sait bien que le Gouvernement allemand actuel a toujours été disposé à s'entendre avec lui sur une nouvelle frontière correspondant au principe des nationalités. Si le Gouvernement danois préférait, néanmoins, poursuivre ses prétentions par le détour des négociations de paix, le Gouvernement allemand n'a pas l'intention de s'y opposer.

Cependant cette disposition du Gouvernement allemand ne s'étend pas aux territoires de l'Empire qui ne sont pas indubitablement habités par une population de race étrangère. Le Gouvernement allemand croit surtout inadmissible que des territoires allemands fassent par le Traité de paix l'objet de marchés entre souveraineté et souveraineté comme s'ils n'étaient que de simples objets ou des pions de jeu, avec le but d'assurer des exigences financières ou économiques aux adversaires de l'Allemagne.

problem too, reasons of nationality may be alleged, albeit the German Delegation cannot see whence the Allied and Associated Governments derive the authority for making the question of the boundary, to be settled between Germany and Denmark, an object of the peace negotiations. The neutral Danish Government knows the present German Government always to have been ready to come to an understanding with it about the new frontier corresponding to the principle of nationality. In case the Danish Government should nevertheless prefer urging its claims by taking the circuitous way of the peace negotiations, the German Government is not of a mind to object to this.

But this willingness of the German Government does not extend to those territories of the Empire which are not undoubtedly inhabited by a population of foreign extraction. Above all it deems it to be inadmissible that by the Treaty of Peace German populations and territories should be bartered about from sovereignty to sovereignty as if they were mere chattels and pawns in a game for the purpose of giving guarantee for financial or economic claims of the adversaries of Germany.

---

mit welcher Vollmacht die alliierten und assoziierten Regierungen die zwischen Deutschland und Dänemark zu regelnde Grenzfrage zum Gegenstand der Friedensverhandlungen machen. Die neutrale dänische Regierung weiss, dass die gegenwärtige deutsche Regierung immer bereit gewesen ist, sich mit ihr über eine neue, dem Prinzip der Nationalitäten entsprechende Grenze zu verständigen. Wenn die dänische Regierung es trotzdem vorziehen sollte, ihre Ansprüche auf dem Umweg über die Friedensverhandlungen zu betreiben, so ist die deutsche Regierung nicht gewillt, hiergegen Widerspruch zu erheben.

Die Bereitschaft der deutschen Regierung erstreckt sich aber nicht auf jene Gebiete des Reichs, die nicht unzweifelhaft von einer Bevölkerung fremden Stammes bewohnt sind. Vor allen Dingen hält sie es für unzulässig, dass durch den Friedensvertrag zu dem Zwecke, finanzielle oder wirtschaftliche Forderungen der Gegner Deutschlands zu sichern, deutsche Bevölkerungen und Gebiete von der bisherigen Souveränität zu einer anderen verschachert werden, als ob sie blosse Gegenstände oder Steine in einem Spiele wären.

C'est notamment le cas quant au bassin de la Sarre. Personne ne saurait contester que ce bassin soit habité par une population purement allemande. Néanmoins, le projet de traité prévoit au profit de la France un changement de domination sur ce territoire en partie prussien, en partie bavarois, changement qui amènera une fusion entière quant aux régimes douanier et monétaire, à l'administration, à la législation et à la juridiction et qui, au moins en ce qui concerne ces matières, rompra complètement les liens qui rattachent le territoire de la Sarre au reste de l'Empire. Les autorités du pouvoir occupant n'ignoreront pas que toute la population se refuse avec la plus grande énergie à être ainsi séparée de sa patrie. Les quelques personnes qui prétendent penser autrement avec l'intention de flatter le pouvoir occupant ou pour s'assurer des bénéfices injustes n'entrent pas en considération.

On prétendra en vain que l'occupation n'est envisagée que pour quinze ans et qu'à l'expiration de cette période un plébiscite devra décider sur la nationalité future de la population, car on fait dépendre la restitution de ce territoire à l'Allemagne de la possibilité, pour le Gouvernement allemand, de racheter en or, dans un bref délai, au Gouvernement

This especially hold good of the Sarr-Basin. Nobody denies that an unalloyed German population is living here. In spite of this, the draft of the Treaty of Peace provides for a transfer of sovereignty over this partly Prussian, partly Bavarian territory upon France, which needs must lead up to a complete coalescence with regard to the management of customs, the coinage, administration, legislation and jurisdiction, or which, at the very last, will in all these respects put an utter end to the contact of the Sarr district with the rest of the Empire. The authorities of the occupying Powers cannot be ignorant of the fact that the whole population is resisting with the utmost determination such a severing from the old home country. The few persons pretending to think otherwise, because they either fawn upon the existing power or hope to secure for themselves illicit gains, do not count.

It would be all to no purpose to object that the occupation is only meant to last for fifteen years and that at the expiration of this delay a plebiscite is to decide on the future nationality, for the return of the territory to Germany has been made dependant on the German Government's then being able to buy within a short delay all the coal mines of the

---

Dies gilt insbesondere von dem Saarbecken. Dass hier eine rein deutsche Bevölkerung wohnt, bestreitet niemand. Trotzdem sieht der Friedensentwurf einen Uebergang der Herrschaft über dieses teils preussische, teils bayerische Gebiet auf Frankreich vor, die zu einer völligen Verschmelzung im Hinblick auf Zollverhältnisse, Münzwesen, Verwaltung, Gesetzgebung und Rechtsprechung führen muss, zum mindesten aber die Verbindung des Saargebiets mit dem übrigen Reiche in allen diesen Beziehungen völlig aufhebt. Dass die ganze Bevölkerung sich gegen eine solche Lostrennung von der alten Heimat mit aller Entschiedenheit wehrt, wird den Okkupations-Behörden nicht unbekannt sein. Die wenigen Personen, die anders zu denken vorgeben, weil sie entweder der Macht schmeicheln oder ungerechte Gewinne zu sichern hoffen, kommen nicht in Betracht.

Vergebens würde man einwenden, dass die Besetzung ja nur für fünfzehn Jahre gedacht ist, und dass nach Ablauf dieser Frist eine Abstimmung des Volks über die künftige Zugehörigkeit entscheiden soll; denn der Rückfall des Gebiets an Deutschland ist davon abhängig gemacht, dass die deutsche Regierung dann in der Lage sein wird, binnen kurzer Frist die sämtlichen Kohlen-

français toutes les mines de charbon du territoire et dans le cas où le paiement ne pourrait être effectué, le territoire serait définitivement acquis à la France, même si l'unanimité de la population s'était prononcée pour l'Allemagne. D'après les clauses financières et économiques du Traité, il paraît impossible qu'au bout de quinze ans l'Allemagne puisse disposer de la quantité d'or nécessaire; du reste, même si l'Allemagne possédait cet or, la Commission des réparations qui — en ce moment — dominerait l'Allemagne ne permettrait probablement pas un tel emploi. Il n'y a guère d'exemple dans l'histoire moderne, qu'une Puissance civilisée ait engagé une autre à assujettir à une domination étrangère ses propres ressortissants comme contre-valeur d'une somme d'or.

L'opinion publique des pays ennemis représente la cession du territoire de la Sarre comme étant une compensation juste de la destruction des mines du Nord de la France. La Délégation allemande reconnait en outre qu'une indemnisation en argent seule ne correspondrait pas à l'empirement de la situation économique de la France. Tout en reconnaissant le bien-fondé de la demande d'une indemni-

territory from the French Government against payment in gold, and if payment cannot be effected, the country is finally to pass over to France, even though the population should unanimously have voted for Germany. Considering the financial and economical conditions of the Treaty it appears to be impossible that Germany would within fifteen years have the requisite quantity of gold at her disposal; moreover, even should the gold be in the possession of Germany, the inter-allied reparation Commission, which then would still be reigning over Germany, would hardly permit such a use of the gold to be made. In the history of modern times, there will very probably exist no instance whatever that one civilised power has obliged another to surrender its nationals to foreign sway as an equivalent for a sum of gold.

In the public opinion of the hostile countries the cession of the Saar-Basin is represented as being a just compensation for the devastation of mines in northern France. The German Delegates acknowledge that France must be compensated for these damages. They also admit that compensation in money alone would not meet the present impaired economic position of France. The

---

bergwerke des Gebiets der französischen Regierung gegen Gold abzukaufen, und falls die Zahlung nicht geleistet werden kann, soll dasaa Lnd endgültig nFrankreich fallen, selbst wenn die Bevöl-e kerung sich einstimmig für Deutschland ausgesprochen hätte. Nach den finanziellen und wirtschaft. lichen Bedingungen des Vertrags erscheint es ausgeschlossen, dass Deutschland in fünfzehn Jahren uber die entsprechende Menge Gold wird verfügen können, uberdies würde voraussichtlich, wenn das Gold in deutschem Besitz vorhanden wäre, die Entschädigungskommission, die dann Deutschland noch beherrschen würde eine solche Verwendung des Goldes schwerlich gestattent Es dürfte in der Geschichte der neueren Zeit kein Beispiel dafür geben, dass eine zivilisierte Macht die andere veranlasst hat, ihre Angehörigen als Gegenwert für eine Summe Goldes unter fremde Herrschaft zu bringen.

In der öffentlichen Meinung der feindlichen Länder wird die Abtretung des Saarbeckens als eine gerechte Entschädigung für die Zerstörungen nordfranzösischer Bergwerke hingestellt. Die deutsche Delegation erkennt an, dass Frankreich für diese Zerstörungen entschädigt werden muss. Sie gibt auch zu, dass eine Entschädigung in Geld allein der Verschlechterung der Wirtschaftslage Frank-

sation en nature, on doit ou on peut rechercher cette indemnisation en nature par d'autres moyens que par ceux d'une domination étrangère qui, nonobstant les intentions les plus humaines des autorités restera toujours odieuse.

La Délégation allemande est prête à entamer dès à présent des négociations avec les Gouvernements alliés et associés pour examiner de quelle manière, dans les territoires jadis occupés par l'Allemagne, pourrait être remplacé le manque d'extraction de charbon jusqu'à la reconstrution des mines détruites, reconstruction à laquelle l'Allemagne s'est engagée. A cette occasion elle proposerait de rechercher un règlement plus juste à la place de la compensation primitive et mal appropriée que serait la remise du bassin charbonnier de la Sarre. Il serait nécessaire de livrer à la place du charbon manquant de la France septentrionale des charbons de production allemande, c'est-à-dire non seulement des charbons de la Sarre, mais aussi des charbons de la Ruhr. Abstraction faite de ce qu'il ne serait pas pratique, en raison des voies de communication, d'employer pour des compensations, exclusivement les charbons de la Sarre qui, jusqu'à présent, ont eu d'autres régions d'écoulement naturelles, il paraît

claim to compensation in kind being thus acknowledged as justified, such compensation in kind should and can be effected in another way than by submitting a territory to a foreign rule which, notwithstanding the most humane intentions of those in power, always remains odious.

The German Delegation is prepared immediately to enter into discussions with the Allied and Associated Governments on the question, how the deficiency in the output of coals in the provinces formerly occupied by Germany may be compensated, as has been promised by Germany, till the devastated mines are repaired. In this respect they propose that, in lieu of the primitive and disproportionate form of restitution through surrendering the Saar-coal basin and transferring its coal mines to France a more equitable arrangement be sought. The deficiency in coals existing in northern France and Belgium should not alone be compensated with Saar coals, but also with Ruhr coals. Apart from the fact that it would be inexpedient on grounds of transport policy to devote only Saar coals which up till now had a totaly different natural market — to this purpose of compensation, it appears essential also to resort to the Ruhr territtory, as the departments which have

---

reiche nicht entsprechen würde. Wenn also die Forderung einer Naturalentschädigung als begründet anerkannt werden soll, so muss und kann die Naturalentschädigung auf einem anderen Wege gesucht werden als dem einer Fremdherrschaft, die auch bei den menschlichsten Absichten der Regierenden immer gehässig bleibt.

Die deutsche Delegation ist bereit, alsbald mit den alliierten und assoziierten Regierungen in Verhandlungen darüber einzutreten, wie der Ausfall in der Kohlenforderung der ehemals von Deutschland besetzten Gebiete bis zur Herstellung der zerstörten Gruben, zu der sie sich verpflichtet hat, ersetzt werden kann. Dabei würde sie vorschlagen, an Stelle des rohen und unangemessenen Ersatzes durch die Ueberweisung des Saarkohlenbeckens und die Uebereignung der dortigen Kohlengruben einen billigeren Ausgleich zu suchen. An Stelle der ausfallenden nordfranzösischen Kohlen würden deutsche Kohlen, und zwar nicht nur Saarkohlen sondern auch Ruhrkohlen, zu liefern sein. Abgesehen davon, dass es verkehrspolitisch unzweckmässig wäre, gerade die Saarkohlen, die bisher ein ganz anderes natürliches Absatzgebiet hatten, ausschliesslich für jene Ersatzzwecke

en outre indispensable de faire participer aux livraisons le terrain de la Ruhr pour la raison que les régions endommagées ont autant besoin des produits de la région de la Ruhr que de ceux de la Sarre.

La Délégation allemande est convaincue qu'il ne serait pas difficile de conclure, au sujet d'une pareille livraison, un arrangement qui satisferait toutes les prétentions légitimes de la France, pourvu seulement que les experts des deux parties se mettent en relation directe et qu'ils élaborent les conditions de la livraison sur une base commerciale.

Quant à la Belgique, l'Allemagne est prête à réparer les dommages causés à la Belgique dans toute leur étendue. Or, elle ne voit pas de raison pourquoi elle devrait être contrainte à céder Moresnet-Prussien et les cercles d'Eupen et de Malmédy. Il est impossible d'apporter des preuves que ces cercles soient habités par une population indubitablement non allemande. Le plébiscite au moyen duquel on veut donner à la population l'apparence du droit de participer à la disposition de son sort ne trouve donc point de base dans les principes convenus de la paix. Mais, d'après le projet du Traité de paix, le plébiscite ne serait même pas décisif, ce serait bien plutôt une

suffered damages depend for their coal supply just as much on the product of the Ruhr territory as of the Saar territory.

The German Delegation is convinced, that it would not be difficult to arrive at an agreement in this question of supplying coals which would satisfy all legitimate claims of France. To this end it would only be necessary that the experts of both parties enter into direct relation with each other and discuss the terms of delivery on a business footing.

As to Belgium, Germany is prepared to make full reparation for the damages sufferred by her. Therefore she sees no reason why she is to be forced to cede Prussian Moresnet and the districts of Eupen and Malmedy. It can in no way be proved that these districts are inhabited by an undoubtedly non-German population. The plebiscite through which it is intended to give the inhabitants a seeming right of taking part in the determination of their future destiny would find no base in the principles of peace agreed upon between the belligerents. According to the draft of the Treaty of Peace, however, such plebiscite is not even to be decisive; instead, a

---

zu benutzen, erscheint die Heranziehung des Ruhrgebiets auch deshalb unentbehrlich, weil die geschädigten Bezirke an die Erzeugnisse des Ruhrgebiets mehr als auf die des Saargebiets angewiesen sind.

Die deutsche Delegation ist überzeugt, dass sich über eine solche Kohlenlieferung unschwer ein Abkommen treffen liesse, das allen berechtigten Forderungen Frankreichs Genüge täte. Voraussetzung wäre nur, dass die Sachverständigen beider Parteien sich unmittelbar miteinander in Beziehung setzten und die Bedingungen der Lieferung auf geschäftlicher Basis in mündlichen Verhandlungen ausarbeiten.

Was Belgien anlangt so ist Deutschland bereit, die Schäden Belgiens in vollem Umfang gutzumachen, es kann daher keinen Grund dafür erkennen, weshalb es gezwungen sein soll, Preussisch-Moresnet sowie die Kreise Eupen und Malmedy abzutreten. Es ist keinerlei Beweis dafür zu erbringen, dass diese Kreise von einer unzweifelhaft nichtdeutschen Bevölkerung bewohnt werden. Die Volksabstimmung, mittels deren man der Bevölkerung der Kreise scheinbar eine Mitbestimmung an ihrem künftigen Schicksal geben will, hat daher nach den vereinbarten Friedensgrundsätzen

instance dans laquelle l'Allemagne n'aurait aucune part, qui déciderait arbitrairement de l'avenir du territoire même dans le cas où la population aurait manifesté sa volonté de rester sous la souveraineté allemande. Cette disposition est injuste en elle-même et elle est en contradiction avec le principe qu'aucune aspiration nationale ne doit être satisfaite si par cette aspiration étaient créés de nouveaux éléments de discorde et de conflit.

La Délégation allemande se réserve de se prononcer ultérieurement dans une note spéciale sur les dispositions concernant les changements territoriaux dans l'Est de l'Allemagne.

Agréez, Monsieur le Président, l'assurance de ma haute considération.

Signé : BROCKDORFF-RANTZAU.

body in which Germany is in no way represented, is called upon to determine the future of the territory as it may think fit, even though the population have expressed their desire to remain part of Germany. This provision is in itself inequitable and at variance with the principle that no national tendencies should be satisfied, if by such satisfaction new elements of discord and contention are created.

The German Delegates reserve for themselves the liberty of returning to the provisions of the Treaty draft concerning territorial changes in the East of Germany in a special note.

Accept, Sir, the assurance of my high esteem.

Signed : BROCKDORFF-RANTZAU.

---

keine innere Berechtigung. Nach dem Friedensentwurf soll sie aber nicht einmal ausschlaggebend sein; vielmehr würde eine Instanz, an der Deutschland in keiner Weise beteiligt ist, auch dann nach freiem Ermessen über die Zukunft des Gebiets bestimmen, wenn die Bevölkerung ihren Willen kundgetan hätte, bei Deutschland zu verbleiben, Diese Anordnung ist in sich ungerecht und widerspricht dem Grundsatz, dass keinen nationalen Bestrebungen Befriedigung gewährt werden sollte, wenn dadurch neue Elemente von Zwist und Widerstreit geschaffen würden.

Die deutsche Delegation behält sich vor, auf die Bestimmugen über territoriale. Aenderungen im Osten des Reichs in einer besonderen Note zurückzukommen.

Genehmigen Sie, Herr Präsident, den Ausdruck meiner ausgezeichneten Hochachtung.

Gez. : BROCKDORFF-RANTZAU.

NOTE N° 8.

(*TRADUCTION.*)

A Son Excellence le Président de la Conférence de la Paix, etc.,

Monsieur CLEMENCEAU.

Versailles, 16 mai 1919.

MONSIEUR LE PRÉSIDENT,

Dans ma note du 13 de ce mois ayant trait aux stipulations territoriales du Projet de Paix concernant l'ouest de l'Allemagne, j'ai fait remarquer au nom de la Délégation allemande de la Paix que les garanties exigées spécialement pour la réparation des dégâts causés aux charbonnages du nord de la France seraient présentées le plus convenablement par des conventions économiques qui seraient à discuter de vive voix entre les experts de part et d'autre. Il ne paraît pas recommandable à la Délégation allemande de la Paix d'ajourner de telles Conventions aussi longtemps qu'il est prévu par le

(*TRANSLATION.*)

To His Excellency the President of the Peace Conference, etc.

Mr. CLEMENCEAU.

Versailles, May 16th 1919.

SIR,

In my Note, dated 13th inst., on the territorial provisions of the Peace Draft relating to the West of Germany I pointed out, in the name of the German Peace Delegation, that the guarantees which are required, especially for the reparation of the damages caused to the coalmines of Northern France, could best be given by economical agreements which should be discussed *viva voce* by the experts of both parties. It does not appear to the German Peace Delegation to be advisable that such agreements should be delayed to the extent provided for by paragraph 38 of the Annex to Articles 45

A Seine Exzellenz den Präsidenten der Friedenskonferenz, etc.,

Herrn CLEMENCEAU.

Versailles, den 16. Mai 1919.

HERR PRÄSIDENT,

In meiner Note vom 13 d. M. über die territorialen Bestimmungen des Friedensentwurfs betreffend den Westen Deutschlands habe ich im Namen der deutschen Friedensdelegation darauf hingewiesen, dass die Garantien, die insbesondere für die Wiedergutmachung der den nordfranzösischen Kohlenbergwerken zugefügten Schäden gefordert werden, am zweckmässigsten durch wirtschaftliche Vereinbarungen geboten würden, die zwischen den beiderseitigen Sachverständigen mündlich zu erörtern wären. Es erscheint der deutschen Friedensdelegation nicht empfehlenswert, mit solchen Vereinbarungen solange zu warten, wie es der Paragraph 38 des Annexes der Artikel

paragraphe 38 de l'Annexe des articles 45 à 50 des Conditions de Paix, à savoir jusqu'à l'expiration du délai d'occupation de quinze ans visé pour le bassin de la Sarre.

Me référant à ceci, j'envoie à Votre Excellence, dans l'Annexe, une proposition élaborée par les experts de la Délégation allemande, avec la demande de bien vouloir la soumettre à l'examen des experts des Gouvernements alliés et associés et de me faire parvenir une réponse à la question de savoir si une discussion de vive voix pourra être envisagée.

La Délégation allemande n'aurait l'intention de publier la proposition des experts que dans le cas où les Gouvernements alliés et associés, de leur part, y attacheraient de la valeur.

Veuillez agréer, Monsieur le Président, les assurances de ma haute considération.

Signé : BROCKDORFF-RANTZAU.

to 50 of the Conditions of Peace, *i. e.* till the fifteen years' period of occupation intended for the Saar-Basin, has expired.

In connection herewith I beg to transmit to Your Excellency the enclosed draft of a proposal which has been elaborated by the experts of the German Peace Delegation, requesting You to submit the same to the experts of the Allied and Associated Governments for examination and to let me have a reply as to whether a *viva voce* discussion of the proposal can be taken into view.

The German Delegation would only contemplate to publish the experts' proposal, if the Allied and Associated Governments should on their part attach value thereto.

Accept, Sir, the assurance of my high esteem.

Signed : BROCKDORFF-RANTZAU.

---

45 *bis* 50 der Friedensbedingungen vorsieht, nämlich bis zum Ablauf der fünfzehnjährigen Besetzungsfrist, die für das Saarbecken in Aussicht genommen ist.

In diesem Zusammenhang übersende ich Euerer Exzellenz in der Anlage einen Vorschlag, den die Sachverständigen der deutschen Delegation ausgearbeitet haben, mit dem Ersuchen, ihn den Sachverständigen der allierten und assoziierten Regierungen zur Prüfung vorzulegen und mich mit einer Antwort darüber zu versehen, ob eine mündliche Erörterung des Vorschlags in Aussicht genommen werden kann.

Die deutsche Delegation würde nur dann beabsichtigen, den Vorschlag der Sachverständigen zu veröffentlichen, wenn die alliierten und assoziierten Regierungen ihrerseits darauf Wert legen sollten.

Genehmigen Sie, Herr Präsident, die Versicherung meiner ausgezeichneten Hochachtung.

Gez. : BROCKDORFF-RANTZAU.

ANNEXE.

PROPOSITIONS
DES EXPERTS ALLEMANDS.

Les mesures proposées dans la Partie III, Section IV, du projet de Traité de paix concernant le bassin de la Sarre ont, d'après l'article 45, pour but essentiel de compenser la destruction des mines de charbon dans le nord de la France ainsi que de réparer en partie les dommages de guerre dus par l'Allemagne. D'après l'article 46 la pleine liberté d'exploitation des mines doit être assurée par les dispositions prévues dans le chapitre 2 de l'Annexe. Il s'agit donc de satisfaire et d'assurer des intérêts économiques de la France. C'est aussi dans ce sens qu'on pourrait interpréter le paragraphe 38 de l'Annexe, pourvu qu'on attende sous les accords franco-allemands y mentionnés des conventions de nature économique.

Nous sommes d'avis que ce but peut être atteint par d'autres moyens que ceux mentionnés ci-dessus et cela par des moyens pro-

ENCLOSURE.

PROPOSAL
OF THE GERMAN EXPERTS.

According to article 45 of the Peace-Treaty, the chief object of the measures proposed in Part III, Section IV, concerning the Saar basin, is to furnish compensation for the destroyed coal-mines in the North of France and to make good in part the war-damages caused by Germany. According to Article 46 the full freedom of exploitation is to be ensured by the provisions contained in Chapter II of the Annex.

The point at issue is therefore to satisfy and safeguard economic interests of France. In a like sense the provision of § 38 of the Annex could be taken, provided that the agreements therein mentioned between France and Germany are to be understood as being of an economic nature.

We are of opinion that this end could be attained by other measures than these mentioned above, namely by such as are conduc-

ANLAGE.

VORSCHLAG DER DEUTSCHEN SACHVERSTAENDIGEN.

Die in Teil III, Sektion IV, des Friedensvertrages vorgeschlagenen Massnahmen betreffend das Saargebiet haben nach Artikel 45 zum wesentlichen Zweck, Ersatz zu leisten für die zerstörten Kohlengruben in Nordfrankreich und die von Deutschland geschuldeten Kriegsschäden teilweise wieder gutzumachen. Nach Artikel 46 soll die volle Freiheit der Ausbeutung durch die im Kapitel 2 des Annex vorgesehenen Massnahmen gesichert werden.

Es handelt sich also darum, wirtschaftliche Interessen Frankreichs zu befriedigen und sicherzustellen. In diesem Sinne könnte auch der § 38 des Annex aufgefasst werden, vorausgesetzt, dass bei den dort erwähnten Abkommen zwischen Frankreich und Deutschland an Wirschaftsverträge gedacht ist.

Wir sind der Meinung, dass dieser Zweck durch andere als die oben erwähnten Mittel erreicht

pres à faire concorder les intérêts des deux parties. Nous proposons donc ce qui suit :

1. Vu la nécessité de fournir du charbon à la France, il ne paraît pas pratique de traiter la question du territoire de la Sarre sans avoir égard aux livraisons de charbon visées dans la Partie VIII, Annexe 5, livraisons à faire à la France et à quelques-uns de ses Alliés. Pour pouvoir tenir compte aussi complètement que possible des intérêts en cause il importe qu'on réponde aux questions suivantes :

a) Quelles quantités des différentes sortes entrent en considération dans la totalité des livraisons à faire pour les besoins en charbon de la France et de la Belgique ?

b) Quelles sont les quantités de charbon à livrer dans les diverses régions notamment dans celles de la France ?

Nous sommes disposés à constater dès à présent dans quelle mesure nous pourrons livrer les quantités demandées et à établir à cet effet un programme de livraison, programme qui devrait tenir compte du fait que pendant l'espace prolongé prévu pour les livraisons la navigation maritime sera de plus en plus utilisable pour les transports.

tive to an adjustement of the interests of both parts. We therefore propose the following :

1. Having in view the necessity of adequately supplying France with coals, it does not seem advisable to treat the question of the Saar territory without having regard to the coal supplies to France and some of her Allies, provided for in Part VIII, Annex 5. In order to meet the interests in question as completely as possible the following questions must be answered :

a) Which quantities of the different kinds of coal are regimed to meet the total inland demand in France and Belgium ?

b) Which quantities of coal are to be supplied to the different regions, in particular of France ?

We are prepared immediately to ascertain to what extent we are capable of supplying the required quantities and for this purpose to draw up a plan of delivery. In so doing regard will have to be taken to the necessity of providing for increased transport by sea in view of the long expense of time over which the obligation to deliver coals is extended.

---

werden könnte, und zwar durch Mittel, die geeignet sind, die beiderseitigen Interessen in Einklang zu bringen. Wir schlagen demnach folgendes vor :

1) Vom Standpunkt der Notwendigkeit, Frankreich mit Kohlen zu beliefern, erscheint es nicht zweckmässig, die Saargebietsfrage ohne Rücksicht auf die in Teil VIII, Annex 5, erwähnten Kohlenlieferungen an Frankreich und einige seiner Bundesgenossen zu behandeln. Um den in Frage kommenden Interessen möglichst vollständig Rechnung tragen zu können, ist es notwendig, dass die folgenden Fragen beantwortet werden :

a) Welche Mengen der verschiedenen Sorten kommen für die gesamte Kohlenlieferung zur Deckung des Inlandsbedarfs Frankreichs und Belgiens in Betracht ?

b) Mit welchen Kohlenmengen sollen die einzelnen Gebietsteile, insbesondere Frankreichs, beliefert werden ?

Wir sind bereit, sofort festzustellen, wie weit wir die verlangten Mengen liefern können und zu diesem Zweck einen Lieferungsplan aufzustellen. Dabei wird zu berücksichtigen sein, dass bei der langen Dauer der einzugehenden Lieferungspflicht der Transport zur See mehr und mehr in Betracht kommen wird.

Les modalités de la livraison devraient être déterminées dans des négociations orales entre les experts des États intéressés.

2. Quant à la réparation des dommages de guerre causés aux mines de charbon, nous proposons ce qui suit : Les entreprises endommagées du Nord de la France seront intéressées dans les mines allemandes de charbon qui devront fournir le charbon aux dites régions et cela jusqu'à concurrence d'un montant à stipuler.

Les détails de cet arrangement seront réglés d'un commun accord entre les experts allemands et français.

3. Les mesures prévues à l'article 49 et au chapitre 2 de l'Annexe de la Section IV de la troisième partie concernant le territoire de la Sarre ont pour but de garantir l'exécution des engagements que prendra l'Allemagne ; il en est de même du territoire de l'ouest du Rhin et des têtes de pont.

Ces mesures ainsi que les mesures de contrôle déjà exécutées et envisagées par les Gouvernements alliés et associés qui constituent une entrave ou une suppression de la liberté de la vie économique allemande, paralyseraient — abstraction faite du grave danger politique — la capacité productrice de l'Allemagne dont l'entier maintien est

It would be necessary to fix the details of delivery in *viva voce* negotiations between the experts of the Powers interested.

2. As to reparation of the war damages suffered by the coalmines we propose the following : the concerns damaged in Northern France to be participated by shares to an extent agreed upon in such German coalmines as are charged with the delivery of coal to the regions mentioned.

The details of this transaction to be settled mutually by the German and French experts.

3. The object of the measures provided for in Article 49 and in Chapter II of the Annex to Part III, Section IV, concerning the Saar territory is, just as that of the occupation of the territory to the left of the Rhine and of the bridge-heads, to ensure the fulfillment of the obligations, which will be undertaken by Germany.

These measures as well as the meaures of control carried out and contemplated up to now by the Allied and Associated Governments, measures which mean a restriction or cancellation of the liberty of German economic life would, apart from the heavy political danger, moreover paralyze the productive capacity of Germany, the entire maintenance

---

Die Einzelheiten der Lieferung müssten in mündlichen Verhandlungen zwischen den Sachrevständigen der interessierten Staaten festgesetzt werden.

2. Was die Wiedergutmachung von Kriegsschäden an Kohlengruben betrifft, schlagen wir folgendes vor : die geschädigten Unternehmungen in Nordfrankreich werden in noch zu vereinbarender Höhe an solchen deutschen Kohlengruben beteiligt, die nach den genannten Gebieten Kohlen liefern sollen.

Die Einzelheiten dieser Transaktion werden von den deutschen und französischen Sachverständigen gemeinsam geregelt.

3. Die im Artikel 49 und im Artikel 2 des Annex zu Teil III, Sektion IV, vorgesehenen Massnahmen betreffend das Saargebiet sollen ebenso wie die in Teil XIV, Sektion I, erwähnte Besetzung des linksrheinischen Gebiets und der Brückenköpfe die Einhaltung der Leistungen sichern, zu denen sich Deutschland verplichten wird.

Diese Massnahmen, sowie die von den alliierten und assoziierten Regierungen bisher ausgeführten und in Aussicht genommenen Kontrollmassnahmen, die eine Einschränkung oder Aufhebung der Freiheit des deutschen Wirtschaftslebens bedeuten, würden, abgesehen von der schweren politischen Gefahr, auch die deutsche Produktionsfähigkeit lähmen, deren volle Erhaltung auch für seine

d'une importance primordiale aussi pour ses voisins. Nous sommes disposés à proposer à la place de ces mesures un système de garanties complètement équivalentes et d'un caractère économique. En ce qui concerne les livraisons de charbon nous nous inspirons des principes suivants :

Les garanties voulues de la régularité de la production et des livraisons peuvent être données :

a) Par la participation d'entreprises françaises mentionnées à l'alinéa 2 et cela dans une telle proportion qu'elle leur assure une influence essentielle dans l'administration des entreprises allemandes en question ;

b) En accordant un privilège sur l'excédent de la totalité de la production charbonnière allemande sur la consommation allemande. Au cas où cet excédent ne suffirait pas pour arriver aux quantités convenues des livraisons, la consommation sera rationnée proportionnellement en Allemagne, en France en Belgique. Pour surveiller l'exécution de la mesure sus-visée il sera institué une Commission composée de Représentants de l'Allemagne, de la France et de la Belgique.

On tiendra compte des intérêts de l'Italie dans la Convention envisagée.

of which is of the utmost importance also for her neighbours. In lieu of these measures we are ready to propose a system of guarantees of economic nature perfectly on a par with the former. As far as supplies of coals enter into account we allow ourselves to be guided by the following principles :

The desired guarantees for regularity of production and of delivery may be given in the following way :

a) By the participation of French concerns (mentioned sub voce 2) which is to be realised to an extent insuring to them a considerable influence upon the administration of the German concerns in question ;

b) By the grant of a right of precedence as to surplus of the entire German output in coals over and above the Home-requirements. Should this surplus not suffice for the discharge of the quantities of supply agreed upon, the consumption of coals from Germany, France and Belgium will be rationed in due proportion; for the purpose of superintending the putting into execution of the above mentioned measure a committee consisting of representatives of Germany, France and Belgium is to be established.

This agreement would likewise have to take into account the interests of Italy.

Nachbarn von höchster Wichtigkeit ist. Anstelle dieser Massnahmen sind wir bereit, ein System völlig gleichwertiger Garantieen von wirtschaftlichem Charakter vorzuschlagen. Soweit es sich um Kohlenlieferung handelt, lassen wir uns von folgenden Grundsätzen leiten :

Die gewünschten Garantieen für die Regelmässigkeit der Produktion und der Lieferungen können in folgender Weise gegeben werden :

a) durch die unter 2) erwähnte Beteiligung französischer Unternehmungen, welche in einer Höhe erfolgen soll, die ihnen einen wesentlichen Einfluss auf die Verwaltung der betreffenden deutschen Unternehmungen sichert ;

b) durch Gewährung eines Vorzugsrechtes auf den Ueberschuss der gesamten deutschen Kohlenproduktion über den Inlandsbedarf. Genügt dieser Ueberschuss nicht zur Erfüllung der vereinbarten Liefermengen, so wird der Verbrauch von Kohlen aus Deutschland, Frankreich und Belgien verhältnismässig rationiert; zur Ueberwachung der Ausführung der vorgenannten Massregel wird ine Kommission aus Vertretern Deutschlands, Frankreichs und Belgiens eingesetzt.

Die Interessen Italiens würden bei dieser Abmachung zu berücksichtigen sein.

RÉPONSE À LA NOTE N° 8.

A Son Excellence,

M. le Comte BROCKDORFF-RANTZAU, Président de la Délégation allemande,
Versailles.

Paris, le 24 mai 1919.

Monsieur le Président,

J'ai l'honneur de vous accuser réception de vos lettres des 13 et 16 Mai 1919. Comme elles portent sur le même sujet, j'ai jugé préférable de n'y faire qu'une seule réponse.

A propos des observations générales contenues dans votre première lettre, je conteste formellement, au nom des Gouvernements alliés et associés, que dans le Traité de Paix, comme vous le suggérez, « les territoires allemands soient l'objet de marchés d'une souveraineté à l'autre comme s'ils étaient des pions dans un jeu ». En fait, les vœux des populations de tous les territoires visés seront pris en considération et les modalités de ces consultations populaires ont été fixées avec soin eu égard aux situations locales.

Dans les territoires cédés à la Belgique, toute liberté est assurée à l'opinion populaire de s'exprimer, dans un délai de six mois. La seule exception faite est relative à la partie du territoire du Moresnet prussien située à l'ouest de la route de Liège à Aix-la-Chapelle dont la population est inférieure à 500 habitants et dont les bois sont transférés à la Belgique à titre de réparation partielle des destructions de forêts opérées par l'Allemagne sur le territoire belge.

En ce qui concerne le Slesvig, c'est à la demande du Gouvernement danois et des populations que la Conférence de la Paix s'est saisie de la question.

Quant aux habitants du bassin de la Sarre, la « domination » que vous qualifiez d'« odieuse » dans votre lettre est l'administration de la Société des Nations. Le régime tel qu'il est décrit à la Section IV du Traité a été soigneusement élaboré avec l'idée, non seulement de trouver une compensation pour la destruction des mines de charbon dans le Nord de la France, mais encore d'assurer les droits et le bien-être de la population. Le Traité assure aux habitants le maintien de toutes leurs libertés actuelles, leur garantit dans l'ordre fiscal et social une série d'avantages spéciaux; en outre, il prévoit après un délai de quinze ans un plébiscite qui permettra à cette population, de caractère si complexe, de déterminer en toute liberté, et non pas forcément à l'avantage de la France ou de l'Allemagne, le statut définitif du territoire où elle vit.

Comme la plus grande partie de vos deux notes est consacrée au statut du bassin de la Sarre, je dois déclarer que les Gouvernements alliés et associés ont

choisi cette forme particulière de réparation, parce qu'ils ont estimé que la destruction des mines dans le Nord de la France avait été un acte d'une telle nature qu'une réparation spéciale et exemplaire devait être exigée; la simple fourniture d'une quantité déterminée ou indéterminée de charbon ne saurait en tenir lieu. Le plan dans ses lignes générales doit donc être maintenu; les Puissances alliées et associées ne sont pas disposées à en envisager un autre.

Pour cette raison, la suggestion de votre première lettre sur les différents moyens de suppléer au manque de charbon, suggestion que vous indiquez avec plus de précision dans l'annexe à votre deuxième lettre, ne peut être acceptée. En particulier, aucun arrangement de cette nature ne pourrait donner à la France la même sécurité et la même certitude que lui assureront la complète propriété et la libre exploitation des mines de la Sarre.

De même, la cession proposée d'actions de charbonnages situés en territoire allemand et soumis à une exploitation allemande serait d'une valeur douteuse pour les actionnaires français, et créerait une confusion d'intérêts français et allemands qui ne peut être actuellement considérée.

Le transfert complet et immédiat à la France des mines situées près de la frontière française constitue une solution plus rapide, plus efficace et plus nette du problème des compensations des mines françaises détruites ; cette solution a encore l'avantage de faire un emploi complet de ces mines comme moyen de payement sur le compte général des réparations.

Certains passages de votre lettre du 13 semblent trahir une interprétation inexacte du sens et de l'intention de plusieurs articles.

Aucune confusion n'existe dans le Traité entre les contrats commerciaux dont fera l'objet le charbon de la Ruhr (Annexe V de la Partie VIII) et la cession des mines de la Sarre. Les deux questions sont essentiellement distinctes.

Votre interprétation de la clause 36 de l'Annexe donne comme certain que cette clause aura pour conséquence un résultat que les Gouvernements alliés et associés n'ont jamais envisagé. Afin d'écarter toute possibilité d'erreur et d'éviter les difficultés que vous appréhendez au sujet de la capacité pour l'Allemagne d'effectuer le payement en or visé dans cette clause, les Gouvernements alliés et associés ont décidé de la modifier en partie; ils proposent de substituer au dernier paragraphe de ladite clause la rédaction suivante :

« L'obligation de la part de l'Allemagne d'effectuer ce payement sera prise en considération par la Commission des Réparations, et, à cette fin, l'Allemagne pourra fournir une première hypothèque sur son capital ou ses revenus de toutes manières qui seront acceptées par la Commission des Réparations.

« Si néanmoins l'Allemagne, un an après la date à laquelle le payement aurait dû être effectué, n'y a pas satisfait, la Commission des Réparations y pourvoiera, en conformité avec les instructions qui pourront lui être données par la Société des Nations, et si cela est nécessaire en liquidant la partie des mines en question ».

NOTE N° 9.

(*TRADUCTION.*)

A son Excellence le Président de la Conférence de Paix, etc.,

Monsieur CLEMENCEAU.

Versailles, le 17 mai 1919.

MONSIEUR LE PRÉSIDENT,

En raison de la teneur de l'article 438 du Projet des Conditions de Paix, la Délégation allemande se voit dans l'obligation d'adresser aux Gouvernements des États alliés et associés la déclaration suivante concernant le règlement de la question des missions religieuses chrétiennes.

Depuis plus de deux siècles, des missionnaires allemands appartenant aux deux confessions de la religion chrétienne se sont voués dans toutes les parties du globe au relèvement religieux, moral et matériel des populations indigènes. Leur œuvre a été d'autant plus couronnée de succès qu'ils se bornèrent à leur rôle d'éducateurs et gagnèrent de la sorte,

(*TRANSLATION.*)

To His Excellency the President of the Peace Conference, etc.,

Mr. CLEMENCEAU.

Versailles, May 17th 1919.

SIR,

The provision contained in Article 438 of the Draft of the Conditions of Peace imposes on the German Delegation the duty of submitting to the Governments of the Allied and Associated States the following declaration on the treatment of the question of religious missions.

Since more than two hundred years German missionaries of both Christian confessions have been devoting themselves in all parts of the world to the work of religious, ethnical and economical elevation of the inhabitants of those parts. Their work has been crowned with all the more success as they have confined it to the task of education, and

---

An Seine Exzellenz den Präsidenten der Friedenskonferenz, etc.

Herrn CLEMENCEAU.

Versailles, den 17. Mai 1919.

HERR PRÄSIDENT,

Im Hinblick auf den Inhalt des Artikels 438 des Entwurfs der Friedensbedingungen fühlt sich die deutsche Delegation verpflichtet, den Regierungen der alliierten und assoziierten Staaten nachstehende Erklärung über die Behandlung der Missionsfrage zu geben.

Seit mehr als zweihundert Jahren haben deutsche Missionäre beider christlichen Konfessionen in allen Erdteilen sich der religiösen, sittlichen und wirtschaftlichen Hebung der Bevölkerungen gewidmet. Ihre Tätigkeit ist mit um so reicherem Erfolg gekrön it weors den, als sich auf ihre erzieherische Aufgabe beschränkten und so, neben dem Vertrauen der Regierungen, die Dankbarkeit

en même temps que la confiance des Gouvernements, la reconnaissance des populations dans leur champ d'activité. Et c'est à cet essor prometteur que l'on veut mettre brusquement un terme. En effet, si l'article 438 devait être appliqué, les missions allemandes seraient expulsées violemment de tous leurs champs d'activité, exception faite du domaine colonial néerlandais. Elles seraient dépouillées de leurs droits légalement acquis du fait que leur seraient soustraits leurs biens, fruits des collectes faites par ces missions parmi les fidèles en Allemagne et dont la gestion leur a été confiée. Les missionnaires seraient expulsés du centre de leur activité en vue de laquelle ils s'étaient préparés et éduqués spécialement.

Mais il s'agit là d'un enjeu plus important encore que les biens et que l'activité professionnelle des missionnaires allemands. Plus d'un million et demi de convertis, de catéchumènes et d'élèves appartenant à toutes les races humaines perdraient de la sorte leurs guides moraux et risqueraient de retomber dans leur état primitif. Les personnes que des missions appartenant à d'autres nationalités tenteraient d'envoyer à leur

have thus at the same time earned the confidence of the Governments and the gratitude of the population of their spheres of action. This promising development is to be precipitately interrupted. In sooth, if Article 438 is carried into effect, the German missions would be forcibly ousted from all their spheres of action, with the exception of the colonial empire of the Netherlands. They would be deprived of their well-gotten rights by the seizure of their property, which has been acquired with the charitable gifts to mission-work, subscribed by the Christian community at home, and handed over to their fiduciary administration. The missionaries would be driven out of their activity, for which they have been especially prepared and trained.

More, however is at stake than the property and professional work of the German missionaries. More than one and a half million converts, catechumens and pupils of all races would lose their spiritual guides and would be exposed to the danger of relapsing. The persons which, by mission societies of other nations, would be eventually sent out in their place, to take charge of the deserted spheres of work, would not be able to

---

der Bevölkerung ihrer Arbeitsgebiete erworben haben. Diese vielversprechende Entwickelung will man jäh abbrechen. In der Tat, wenn der Artikel 438 zur Ausführung gelangen sollte, so würden die deutschen Missionen aus allen ihren Arbeitsfeldern mit Ausnahme des niederländischen Kolonialreichs gewaltsam verdrängt. Sie würden ihrer wohlerworbenen Rechte beraubt, indem ihnen das Eigentum entzogen würde, das durch Missionsalmosen der heimatlichen Christenheit erworben und ihnen zur Verwaltung anvertraut ist.

Die Missionare würden aus ihrer Wirksamkeit gestossen, für die sie sich besonders vorbereitet und ausgebildet haben.

Aber es steht mehr auf dem Spiel, als das Eigentum und die Berufstätigkeit der deutschen Missionare. Mehr als anderthalb Millionen Taufbewerber und Schüler aller Rassen würden ihre geistigen Führer verlieren und in die Gefahr des Rückfalls geraten. Die Persönlichkeiten, die etwa durch Missionsgesellschaften anderer Nationalität als Ersatz in die verwaisten Arbeitsstellen gesandt würden, würden dem Zwecke schon deshalb nicht entsprechen, weil sie der Zahl nach nicht

place devenue vide ne pourraient répondre au but proposé, ne serait-ce que parce que leur chiffre serait insuffisant. En outre, ils ne connaîtraient ni la langue des populations, ni leur pays et ne posséderaient pas leur confiance, car ces avantages ne s'acquièrent que par un travail continu et dévoué de plusieurs années, comme celui qu'ont fourni les missionnaires allemands.

L'exclusion des missions allemandes comme ultime mesure de la guerre universelle aurait un caractère particulièrement haineux. En cette heure, qu'une des plus hautes personnalités du monde religieux a qualifiée d'heure décisive pour les missions chrétiennes, l'armée des missions chrétiennes serait privée d'une aide indispensable, le christianisme serait entravé dans l'accomplissement d'une de ses plus nobles tâches, et le progrès des populations serait ralenti. Quand on compare l'article 438 du Projet de Paix avec les stipulations de l'Acte du Congo qui garantissent protection et liberté aux missions, on reconnaît avec effroi à quel point on rend la situation juridique des missions chrétiennes plus précaire et l'on diminue la confiance dans l'œuvre, si l'on porte atteinte pour des raisons politiques à leur caractère supranational. Si l'on s'engageait dans

fulfil their object, alone on account of their being too few in number. Moreover, they would neither be versed in the language of the country, nor would they enjoy the confidence of the population. Those advantages can only be acquired by many years of devoted toil, such as has been performed by the German missionaries.

The expulsion of German mission work, as last measure of the world-war, would give an especially odious aspect. In the present time, which has been authoritatively termed as the decisions hour of Christian mission, the army of Christian mission would be deprived of an indispensable auxiliary force, Christianity would be hindered in the fulfilment of her high task and the advancement of nations would be impeded. A comparison of Article 438 of the Peace Draft with the provisions of the Congo Act, ensuring protection and liberty to mission work, shows in a startling light to what extent the legal position of Christian missions is impaired and the confidence in their activity diminished, if their supranationality is encroached upon on political grounds. If this way were further proceeded on, not only the German missions but also Christian mission work

---

genügen könnten. Überdies würden sie weder der Sprache und des Landes kundig sein, noch das Vertrauen der Bevölkerung besitzen. Diese Vorteile werden nur durch eine hingebende, viele Jahre fortgesetzte Arbeit erworben, wie sie die deutschen Missionäre geleitet haben.

Der Ausschluss der deutschen Mission würde als letzte Massregel des Weltkrieges einen besonders gehässigen Charakter haben. In dieser Zeit, die von berufener Seite als die Entscheidungsstunde der Weltmission bezeichnet worden ist, würde das Heer der christlichen Mission einer unentbehrlichen Hilfskraft beraubt, die Christenheit würde in der Erfüllung ihrer hohen Aufgabe behindert, und der Aufstieg der Völker gehemmt werden. Vergleicht man den Artikel 438 des Friedensentwurfs mit den Bestimmungen der Kongo-Acte, die den Schutz und die Freiheit der Missionen gewährleisten, so erkennt man mit Bestürzung, in welchem Grade die Rechtslage der christlichen Mission verschlechtert und das Vertrauen in ihre Tätigkeit vermindert wird, wenn man aus politischen Gründen ihren supranationalen Charakter antastet. Auf dem hier eingeschlagenen Weg würde man nicht nur die

cette voie, on aboutirait à amener non seulement les missions allemandes, mais les missions chrétiennes en général, dans un état de dépendance de la puissance politique, contraire à leur essence et à leurs méthodes.

Les missions des peuples représentés par les Gouvernements alliés et associés ont accompli, comme la Délégation allemande le reconnaît volontiers, une œuvre éminente et exemplaire. La Délégation allemande ne saurait en conséquence croire que ces Gouvernements aient conscience des suites dégradantes qu'entraînerait l'article 438. En tout cas le Gouvernement allemand considère l'exigence de l'acceptation de l'article 438 comme incompatible avec sa dignité. S'il l'acceptait, il se placerait en contradiction avec les principes libéraux dont le peuple allemand lui a confié la garde. Mais il porterait en outre une atteinte profonde aux convictions les plus sacrées de tous les croyants allemands.

Le projet de Paix contient un certain nombre de conditions susceptibles de donner l'impression qu'elles sont destinées bien plus à faire obstacle à la réconciliation des peuples qu'à la favoriser. A ces dernières appartient l'article 438 dont les suites déplorables se feraient sentir encore de longues années. Pour

as a whole, would be reduced to dependence from political power, which is contrary to its nature and to its methods of working.

The missions of the nations represented by the Allied and Associated Governments have, as the German Delegation readily acknowledges, done admirable and exemplary work. The German Delegation cannot therefore believe that these Governments are conscious of the depraving consequences which Article 438 would have to entail. The German Government, at any rate, looks upon the demand to assent to Article 438 as an imputation incompatible with its dignity. By giving such assent it would act contrary to the principles of liberty which it has been charged to uphold by the German Nation. It would, moreover, deeply offend the most solemn convictions of all classes of the Christian population.

In the Peace Draft a number of provisions are contained which might call forth the impression as if they were destined to prevent, rather than to initiate the reconciliation of nations. Among these is Article 438, the disastrous consequences of which would make themselves felt for many years to come.

---

deutsche, sondern die christliche Mission überhaupt in eine Abhängigkeit von der politischen Macht bringen, die ihrem Wesen und ihren Methoden widerspricht.

Die Missionen der Völker, die von den alliierten und assoziierten Regierungen vertreten werden, haben, wie die deutsche Delegation gern anerkennt, Hervorragendes und Vorbildliches geleistet. Die deutsche Delegation vermag daher nicht zu glauben, dass diese Regierungen sich der depravierenden Folgen bewusst sind, die der Artikel 438 nach sich ziehen müsste. Jedenfalls findet die deutsche Regierung die Zumutung, den Artikel ihrerseits anzunehmen, mit ihrer Würde nicht vereinbar. Wenn sie ihm zustimmte, käme sie in Widerstreit zu den freiheitlichen Grundsätzen, mit deren Wahrung sie das deutsche Volk beauftragt hat. Sie würde aber auch die heiligsten Überzeugungen aller christlichen Volkskreise empfindlich kränken.

In dem Friedensentwurf gibt es eine Anzahl Bedingungen, die den Eindruck machen könnten, als seien sie dazu bestimmt, die Wiederaussöhnung der Völker viel mehr zu verhindern, als anzu-

prévenir cela, la Délégation allemande recommande la constitution d'une Commission mixte d'experts qui auraient pour tâche de discuter verbalement les moyens les plus propices de régler les effets de la guerre universelle quant aux missions chrétiennes.

Veuillez agréer, Monsieur le Président, les assurances de ma haute considération.

Signé : BROCKDORFF-RANTZAU.

To avoid this German Delegation recommends that a mixed Committee of experts be appointed, which would be charged with discussing by word of mouth the most suitable way for adjusting the effects of the world-war on Christian mission work.

Accept, Sir, the assurance of my high esteem.

Signed : BROCKDORFF-RANTZAU.

---

bahnen. Zu diesen gehört der Artikel 438, dessen unheilvolle Folgen noch viele Jahre zu spüren sein würden. Um dies zu verhüten, empfiehlt die deutsche Delegation, einen gemischten Ausschuss von Sachverständigen einzusetzen, der den Auftrag hätte, mündlich zu erörtern, in welcher Weise die Wirkungen des Weltkriegs auf die christliche Mission am zweckmässigsten geregelt würden.

Genehmigen Sie, Herr Präsident, den Ausdruck meiner ausgezeichneten Hochachtung.

Gez. : BROCKDORFF-RANTZAU.

NOTE N° 10.

(*TRADUCTION*)

A son Excellence le Président de la Conférence de la Paix, etc.,

Monsieur CLEMENCEAU.

Versailles, le 20 mai 1919.

MONSIEUR LE PRÉSIDENT,

La Délégation allemande de la Paix a l'intention de faire encore parvenir prochainement aux Gouvernements alliés et associés des communications sur les points suivants, communications qui, d'après son avis, se rangent sous la définition des suggestions d'ordre pratique :

1. Une note concernant les questions territoriales de l'Est;

2. Une note concernant l'Alsace-Lorraine;

3. Une note concernant les territoires occupés;

(*TRANSLATION*)

To His Excellency the President of the Peace Conference, etc.,

Mr. CLEMENCEAU.

Versailles, May 20th 1919.

SIR,

The German Peace Delegation intends during the next days to submit communications to the Allied and Associated Governments on the following points, which in the eyes of the Delegation fall under the definition of suggestions of a practical nature :

1. A note concerning territorial questions in the East;

2. A note concerning Alsace-Lorraine;

3. A note concerning the occupied territories;

An Seine Exzellenz den Präsidenten der Friedenskonferenz etc.,

Herrn CLEMENCEAU.

Versailles, den 20. Mai 1919.

HERR PRÄSIDENT,

Die deutsche Friedensdelegation beabsichtigt, in den nächsten Tagen noch über folgende Punkte Mitteilungen an die alliierten und assoziierten Regierungen gelangen zu lassen, von denen sie annimmt, dass sie unter den Begriff der praktischen Vorschläge fallen :

1. Eine Note über die territorialen Ostfragen;

2. Eine Note über Elsass-Lothringen;

3. Eine Note über die besetzten Gebiete;

4. Une note concernant l'étendue et l'exécution de l'engagement de réparation pris par l'Allemagne;

5. Une note concernant le traitement pratique ultérieur des questions du droit ouvrier;

6. Une note concernant le traitement de la propriété allemande à l'étranger ennemi.

En outre, on est en train d'élaborer un résumé des observations auxquelles le Projet de Traité de Paix, dans ses dispositions de détail, donne sujet au Gouvernement allemand.

Vu que les questions ci-dessus mentionnées sont en partie de nature très compliquée et qu'il a fallu les discuter à fond avec les experts tant à Versailles qu'à Berlin, elles ne pourront point être vidées toutes dans le délai de quinze jours indiqué par Votre Excellence, le 7 courant, nonobstant que la Délégation aille s'efforcer de remettre autant de ces notes que possible dans ledit délai. Dans ces circonstances, je fais, au nom de la Délégation allemande, la proposition de regarder, dès à présent, le contenu des notes envisagées comme faisant l'objet de la discussion par écrit, et de nous accor-

4. A note concerning extent and discharge of the obligation undertaken by Germany in view of reparation;

5. A note concerning the further practical treatment of the questions of Labour Law;

6. A note concerning the treatment of German private property in enemy countries.

Besides this a syllabus is being prepared of the observations which the German Government are called for by the Draft of the Treaty of Peace in its detailed provisions.

The problems hereby involved being in part of a very complicated nature and it having been necessary to discuss them extensively with the experts in Versailles as well as with those in Berlin, it will not be possible to dispose of them within the time limit of 15 days notified by Your Excellency on the 7th inst. although the Delegation will take pains to transmit as many notes as possible within the limit. Having regard to this I beg, in the name of the German Peace Delegation, to move that the contents of the intended Notes be regarded as having already been made subject of

---

4. Eine Note über Umfang und Durchführung der von Deutschland übernommenen Schadensersatzpflicht;

5. Eine Note über die weitere praktische Behandlung der Fragen des Arbeiterrechts;

6. Eine Note über die Behandlung des deutschen Privateigentums im feindlichen Ausland.

Ausserdem ist eine Zusammenfassung der Bemerkungen in Arbeit, zu denen der Entwurf des Friedensvertrags in seinen Einzelbestimmungen der deutschen Regierung Anlass bietet.

Da die hier behandelten Fragen zum Teil sehr verwickelter Art sind und mit den Sachverständigen sowohl in Versailles, als in Berlin eingehend erörtert werden mussten, werden sie in der von Euerer Exzellenz am 7. d. M. bezeichneten Frist von fünfzehn Tagen nicht sämtlich erledigt werden können, wenn die Delegation sich auch bemühen wird, möglichst viele der Noten innerhalb der Frist zu übergeben. Mit Rücksicht hierauf stelle ich namens der deutschen Friedensdelegation den Antrag, den Inhalt der in Aussicht genommenen Noten schon jetzt als zum Gegenstand der schrift-

der le délai requis pour son exposition plus approfondie.

Veuillez agréer, Monsieur le Président, l'assurance de ma haute considération.

Signé : BROCKDORFF-RANTZAU.

discussion in writing, and that the requisite time be granted to us for a more detailed exposition.

Accept, Sir, the assurance of my high esteem.

Signé : BROCKDORFF-RANTZAU.

---

lichen Erörterung gemacht anzusehen und uns für seine eingehendere Darlegung die erforderliche Frist zu gewähren.

Genehmigen Sie, Herr Präsident, den Ausdruck meiner ausgezeichneten Hochachtung.

Gez. : BROCKDORFF-RANTZAU.

RÉPONSE À LA NOTE N° 10.

A Son Excellence

M. le Comte BROCKDORFF-RANTZAU, Président de la Délégation allemande,

Versailles.

Paris, le 21 mai 1919.

Monsieur le Président,

J'ai l'honneur de vous accuser réception de votre lettre du 20 mai. Vous voulez bien m'indiquer que les questions sur lesquelles la Délégation allemande désire présenter des observations sont si complexes que les mémoires de la Délégation allemande ne peuvent être prêts dans le délai de quinze jours qui vous a été accordé le 7 courant. Vous demandez en conséquence une prolongation de ce délai.

En réponse, j'ai l'honneur de faire savoir à Votre Excellence que les Gouvernements alliés et associés consentent à prolonger le délai jusqu'à jeudi 29 courant.

Veuillez agréer, Monsieur le Président, les assurances de ma haute considération.

Signé : CLEMENCEAU.

NOTE N° 11.

(*TRADUCTION.*)

A Son Excellence le Président
de la Conférence de la Paix, etc.,

Monsieur CLEMENCEAU.

Versailles, le 22 mai 1919.

MONSIEUR LE PRÉSIDENT,

J'ai l'honneur de Vous accuser réception au nom de la Délégation allemande de Votre réponse du 14 mai 1919 donnée à notre note concernant la législation ouvrière internationale.

La Délégation allemande constate que les Gouvernements alliés et associés sont d'accord avec le Gouvernement démocratique de ce que la paix intérieure et le progrès de l'humanité dépendent de la solution des questions ouvrières. Mais la Délégation allemande n'est pas d'accord avec les Gouvernements alliés et associés au sujet des moyens de résoudre cette question.

(*TRANSLATION.*)

To His Excellency The President of
the Peace Conference, etc.,

Monsieur CLEMENCEAU.

Versailles, May 22nd, 1919.

SIR,

In the name of the German Delegation I have the honour to acknowledge the receipt of your Reply-note, dated May 14th, 1919, which has been given us on our Note concerning International Labour Legislation.

The German Delegation takes note of the fact that the Allied and Associated Governments are of one mind with the German Democratic Government in believing domestic peace and the advancement of humanity to be dependent on the solution of labour questions. The german Delegation, however, does not agree with the Allied and Associated Governments as to the ways and means of arriving at the solution.

An seine Exzellenz den Präsidenten der Friedenskonferenz, etc., etc.,

Herrn CLEMENCEAU.

Versailles, den 22. Mai 1919.

HERR PRÄSIDENT,

Ich habe die Ehre, namens der deutschen Delegation den Empfang Ihrer Antwortnote vom 14. Mai 1919 zu bestätigen, die auf unsere Note betreffend die internationale Arbeitergesetzgebung erteilt worden ist.

Die deutschen Delegation stellt fest, dass die alliierten und assoziierten Regierung en mit der deutschen Volksregierung darin einig sind, dass der innere Friede und der Fortschritt der Menschheit von des Lösung der Arbeiterfragen abhängt. Die deutsche Delegation ist mit den alliierten und assoziierten Regierungen aber über die Mittel zur Lösung dieser Frage nicht einig.

Pour éviter des malentendus et des fausses interprétations la Délégation allemande croit nécessaire d'expliquer plus amplement les prémisses de principe de sa note du 10 mai 1919.

Selon la manière de voir du Gouvernement démocratique allemand ce sont les ouvriers eux-mêmes qui ont la parole décisive dans les questions du droit ouvrier et de la protection ouvrière. La Délégation allemande avait l'intention de donner l'occasion, avant la fin des négociations de paix, aux représentants autorisés des ouvriers de tous les pays de prendre cette décision et d'amener un accord entre le projet des conditions de Paix, la proposition du Gouvernement démocratique allemand et les résolutions de la Conférence internationale des Syndicats ouvriers à Berne du 5 au 9 février 1919. A l'encontre de cette proposition, les Gouvernements alliés et associés ne croient pas nécessaire de convoquer dans ce but une Conférence ouvrière à Versailles.

La Conférence ouvrière internationale de Washington projetée, à laquelle Vous renvoyez dans Votre réponse du 14 mai 1919, ne peut point remplacer la Con-

In order to avoid misunderstandings and false impressions, the German Delegation deems it to be necessary to elucidate the fundamental conditions precedent underlying their note of May 10th, 1919.

In the opinion of the German Democratic Government the final decision in questions of Labour Law and Labour Protection belongs to the workers *themselves.* It was the intention of the German Delegation to give occasion, even while the negociations of Peace are proceeding, to the legitimate representatives of the working people of all countries of casting their vote on this point and bringing into conformity the Draft of the Conditions of Peace, the proposal of the German Democratic Government and the resolutions of the International Trade Unions Conference held at Berne from February 5th to 9th 1919. Contrary to this proposal, the Allied and Associated Governments do not think necessary to call a Labour Conference at Versailles for this purpose.

The International Labour Conference contemplated to be held at Washington, to which you refer in your Reply-note of May 14th 1919, cannot replace the con-

---

Um Missverständnisse und falsche Auffassungen zu verhindern, hält es die deutsche Delegation für notwendig, die grundsätzlichen Voraussetzungen ihrer Note vom 10. Mai 1919 näher zu erläutern.

Nach der Auffassung der deutschen Volksregierung haben in Fragen des Arbeiterrechts und des Arbeiterschutzes das entscheidende Wort die Arbeiter **selbst** zu sprechen. Es war die Absicht der deutschen Delegation, den berufenen Vertretern der Arbeiterschaft aller Länder noch während der Friedensverhandlungen Gelegenheit zu geben, diese Entscheidung zu treffen und eine Übereinstimmung zwischen dem Entwurfe der Friedensbedingungen, dem Vorschlag der deutschen Volksregierung und den Beschlüssen der internationalen Gewerkschaftskonferenz in Bern vom 5. bis 9. Februar 1919 herbeizuführen. Entgegen diesem Vorschlag erachten es die alliierten und assoziierten Regierungen nicht für nötig, zu diesem Zwecke eine Arbeiterkonferenz nach Versailles einzuberufen.

Die beabsichtigte internationale Arbeiterkonferenz in Washington, auf die Sie in Ihrer Antwortnote vom 14. Mai 1919 verweisen, kann die von uns geforderte Konferenz **nicht** ersetzen, weil sie

férence exigée par nous, attendu qu'elle doit avoir lieu suivant les principes posés par le projet de Traité de Paix en vue d'organiser le travail. Cependant, ce projet néglige les demandes de la Conférence internationale des Syndicats ouvriers à Berne et cela sous deux rapports essentiels.

La première différence porte sur la représentation des ouvriers. D'après la proposition de la Conférence internationale des Syndicats ouvriers de Berne; la moitié des participants à la Conférence ayant droit de vote doit consister des représentants des ouvriers syndiqués de chaque pays. La Délégation allemande, en remettant le procès-verbal de la Conférence internationale des Syndicats ouvriers de Berne, a effectué son adhésion à cette proposition. Par contre, le projet du Traité de Paix des Gouvernements alliés et associés ne concède aux ouvriers dans la Conférence internationale qu'un quart du droit de vote; car dans cette Conférence chaque pays doit être représenté par deux représentants de Gouvernement, un patron et un ouvrier seulement. Les Gouvernements sont même en état, en vertu de l'article 390 du Projet du Traité de Paix, d'exclure le vote de l'ouvrier en ne convoquant pas un pa-

ference demanded by us, because it is to be held on the principles which are established by the Draft of the Treaty of Peace for the organisation of Labour. The latter, however, disregards the demands raised by the International Trade Union Conference at Berne in two material directions.

The first divergence is in respect of the representation of the workers. According to the proposal of the International Labour Conference at Berne one half of the members of the conference entitled to vote must consist of representatives of the workers of each country who are organised in Trade Unions. The German Delegation has endorsed this proposal by transmitting the protocol of the International Trade Union Conference at Berne. Contrary to this, the Draft of the Treaty of Peace grants to the workers only one quarter of the total votes at the International Conference; for, according to the Draft of the Allied and Associated Governments, each country is to be represented by two Government Delegates, one employer and only one worker.

The Governments are even in a position, according to Article 390 of the Draft of the Treaty of Peace, to exclude the worsentatives of practical life. This system

---

nach den Grundsätzen stattfinden soll, die der Friedensvertragsentwurf für die Organisation der Arbeit aufstellt. Dieser berücksichtigt aber die Forderungen der internationalen Gewerkschaftskonferenz in Bern nach zwei wesentlichen Richtungen nicht.

Der erste Unterschied betrifft die Vertretung der Arbeiter. Nach dem Vorschlag der Berner internationalen Gewerkschaftskonferenz muss die Hälfte der stimmberechtigten Konferenzteilnehmer aus Vertretern der gewerkschaftlich organisierten Arbeiter jedes Landes bestehen. Die deutsche Delegation hat sich durch die Überreichung des Protokolls der internationalen Gewerkschaftskonferenz in Bern diesem Vorschlag angeschlossen. Demgegenüber wird den Arbeitern nach dem Friedensvertragsentwurf des alliierten und assoziierten Regierungen auf der internationalen Konferenz nur ein Viertel der Stimmberechtigung zugestanden; denn dort soll jedes Land durch zwei Regierungsvertreter, einen Arbeitgeber und nur einen Arbeitervertreten werden. Die Regierungen haben es sogar in der Hand, gemäss Artikel 390 des Friedensvertragsentwurfs die Stimme des Arbeiters durch die Nichtberufung eines Arbeitgebers auszuschalten und damit die Regierungs-

tron, et de faire de cette manière de la bureaucratie gouvernementale vis-à-vis des hommes de la vie pratique un facteur décisif dans les questions ouvrières. Un tel système est contraire aux principes démocratiques défendus jusqu'ici par les ouvriers de toutes les nations et il renforcera chez les ouvriers l'impression qu'à l'avenir aussi ils ne doivent plus être que l'objet d'une législation gouvernée par des intérêts capitalistes.

La seconde différence porte sur l'efficacité juridique des résolutions de la Conférence. D'après les résolutions de la Conférence internationale des Syndicats ouvriers à Berne, il devra sortir du parlement international du travail non seulement des Conventions internationales dépourvues de force de loi, mais des lois internationales qui, dès le moment où elles auront été votées, doivent avoir la même efficacité (force de loi) que des lois nationales (voir la Proclamation adressée aux ouvriers de tous les pays résolue par la Conférence internationale des Syndicats ouvriers à Berne, en 1919, sur la proposition de M. Jouhaux, Délégué pour la France). Le projet du gouvernement démocratique allemand fait sienne cette résolution et fait dépendre le vote de telles lois de l'assentiment de quatre cinquièmes des

is at variance with the democratic principles which have, to the present day, been upheld and fought for in common by the whole international work-people, and will deepen the impression held among the workers that they are, as before, furthermore only to be the object of a legislation governed by the interest of private capital.

The second divergence refers to the legally-binding force of the resolutions of the Conference. According to the resolution of the International Trade Union Conference at Berne the International Parliament of Labour is to issue not only International Conventions without legally binding force, but also International Laws which, from the moment of their adoption, are to have the same effect (legally binding force) as national laws (Proclamation to the workers of all countries, adopted by the International Trade Union Conference at Berne, 1919, at the motion of Jouhaux, the delegate of France). The Draft of the German Democratic Government endorses this resolution and makes the passing of such laws depend on the assent of four fifth of the nations represented. No such resolutions can be passed by

---

bureaukratie gegenüber den Männern des praktischen Lebens in Arbeiterfragen zum ausschlaggebenden Faktor zu machen. Ein solches System verstösst gegen die von der gesamten internationalen Arbeiterschaft bisher gemeinsam verfochtenen demokratischen Grundsätze und wird bei den Arbeitern den Eindruck verstärken, dass sie auch weiterhin nur noch Gegenstand einer von privatkapitalistischen Interessen beherrschten Gesetzgebung sein sollen.

Der zweite Unterschied betrifft die Rechtswirksamkeit der Beschlüsse der Konferenz. Nach den Beschlüssen der internationalen Gewerkschaftskonferenz in Bern sollen aus dem internationalen Parlament der Arbeit nicht nur internationale Konventionen ohne Rechtskraft, sondern internationale Gesetze hervorgehen, die vom Augenblick ihrer Annahme an dieselbe Wirksamkeit (Rechtskraft) wie nationale Gesetze haben sollen (Proklamation an die Arbeiter aller Länder, beschlossen von der internationalen Gewerkschaftskonferenz in Bern 1919 auf Antrag Jouhaux Delegierten für Frankreich). Der Entwurf der deutschen Volksregierung übernimmt diesen

nations représentées. Des résolutions pareilles ne pourront pas du tout être prises (1) par une conférence se réunissant conformément à la Partie XIII du projet de Traité de Paix. Au contraire, cette conférence pourra seulement faire des propositions ou des projets que les Gouvernements intéressés sont à même d'accepter ou de refuser, et encore demande-t-on pour ces propositions non obligatoires une majorité de deux tiers des votants.

Ainsi le projet des conditions de paix s'éloigne tellement des résolutions de la Conférence internationale des Syndicats ouvriers à Berne qu'une délibération et un vote des organisations ouvrières dans les négociations de paix sont absolument nécessaires. Par ce fait, on ferait en même temps droit à la demande de la Conférence internationale des Syndicats ouvriers à Berne qui veut que les demandes minimums votées par les ouvriers soient, dès la conclusion de la paix, érigées en droit international par la Société des Nations. C'est ce qui crée

(1) Note du Secrétariat général. — Ce passage et ce qui suit a été mal rendu; le texte allemand dit: « De telles résolutions ne pourront même pas être prises par une Conférence... mais uniquement pourront être faites des propositions et déposés des projets que les Gouvernements... »

kers vote by not nominating an employer and thus giving to governmental bureaucrats the casting vote as against the repre- a conference which is called on the basis of Part XIII of the Draft of the Treaty of Peace, but only Recommendations or Drafts which the Governments concerned may adopt or repudiate, and for such non-obligatory proposals a majority of two thirds of the votes cast is even required.

In so providing, the Draft of the Conditions of Peace deviates to such an extent from the resolutions of the International Trade Union Conference at Berne that a discussion and decision by the Organisations of Labour, as part of the Peace Negotiations, is absolutely imperative. This would at the same time be in accordance with the demand raised by the International Trade Union Conference at Berne that the minimum claims of Labour agreed upon be, already at the conclusion of Peace, turned into International Law by the Society of Nations.

Beschluss und macht die Annahme solcher Gesetze von der Zustimmung von 4/5 der vertretenen Nationen abhängig. Derartige Beschlüsse können von einer Konferenz, die auf Grund des Teils XIII des Friedensvertragsentwurfs zusammentritt, überhaupt nicht gefasst werden, sondern nur Vorschläge oder Entwürfe, die die beteiligten Regierungen annehmen oder ablehnen können, — und für diese unverbindlichen Vorschläge wird sogar noch eine Mehrheit von 2/3 der Abstimmenden verlangt.

Damit entfernt sich der Entwurf der Friedensbedingungen von den Beschlüssen der internationalen Gewerkschaftskonferenz in Bern so weit, dass eine Beratung und Beschlussfassung der Arbeiterorganisationen bei den Friedensverhandlungen unbedingt nötig ist. Es würde hiermit zugleich dem Verlangen der internationalen Gewerkschaftskonferenz in Bern entsprechen, wonach die beschlossenen Mindestforderungen der Arbeiter durch die Gesellschaft der Nationen schon beim Friedensschluss zu internationalem Recht erhoben werden sollen. Hierdurch wird auch das

aussi les fondements les plus solides de la paix mondiale, tandis qu'un traité conclu (1) par les Gouvernements sans l'assentiment des ouvriers organisés de tous les pays n'apportera pas au monde la paix sociale.

Les Gouvernements alliés et associés n'accordent pas de place dans leur réponse à ces considérations. Comme il appert de ce qui vient d'être exposé, on n'a pas eu égard dans la Partie XIII du projet de Traité de paix aux résolutions de la Conférence internationale à Berne, de manière qu'en réalité on n'a pas tenu compte de la préoccupation manifestée par le Gouvernement démocratique allemand au sujet de la justice sociale. Il importe de constater ce fait. Si, d'une part, nous apprenons par la réponse que des représentants des Syndicats ouvriers des pays représentés par les Gouvernements alliés et associés ont pris part à l'élaboration des articles des conditions de paix relatifs aux ouvriers, nous constatons, d'autre part, que ceux-ci n'ont fait connaître par aucune manifestation qu'ils ont changé d'avis en ce qui concerne les résolutions de la Conférence des Syndi-

(1) Note du Secrétariat général. — Le texte allemand ajoute : « seulement ».

Moreover a firm foundation for the Peace of the World shall be erected by this means, whereas a Treaty concluded by the Governments alone without the assent of the organised workers of all countries will never bring forth social peace to the world.

The Allied and Associated Governments give no place to these considerations in their Reply. As have above Treaty of Peace, so that the fears expressed by the German Democratic Government with regard to social justice are in reality not taken into account. This fact must be noted. If we are apprized by the Reply-note that the representatives of the Trade Unions of the countries represented by the Allied and Associated Governments have taken part in the elaboration of the clauses of the Conditions of Peace relating to labour, we must on the other hand make note of the fact that they have made no announcement of any kind notifying a change of their views on the resolutions of the International Trade Union Conference at Berne, much less of an abandonment of these resolutions which they themselves have adopted.

festeste Fundament für den Weltfrieden geschaffen. Denn ein ohne Zustimmung der organisierten Arbeiter aller Länder nur von den Regierungen allein geschlossener Vertrag wird der Welt den sozialen Frieden nicht bringen.

Die alliierten und assoziierten Regierungen geben diesen Erwägungen in ihrer Antwort keinen Raum. Wie sich aus den vorstehenden Darlegungen ergibt, sind die Beschlüsse der Berner internationalen Gewerkschaftskonferenz im Teil XIII des Friedensvertragsentwurfs tatsächlich nicht berücksichtigt, so dass in Wirklichkeit der Sorge, welche die deutsche Volksregierung hinsichtlich der sozialen Gerechtigkeit geäussert hat nicht Rechnung getragen ist. Diese Tatsache muss festgestellt werden. Wenn wir aus der Antwort erfahren, dass Vertreter der Gewerkschaften der durch die alliierten und assoziierten Regierungen vertretenen Länder bei der Ausarbeitung des Artikel der Friedensbedingungen, welche auf die Arbeiter Bezug haben, beteiligt gewesen sind, so stellen wir andererseits fest, dass diese durch keinerlei Kundgebungeneine Aenderung ihrer Meinung über

cats ouvriers de Berne ou qu'ils ont même abandonné les résolutions prises par eux-mêmes.

La Délégation allemande répète sa proposition de convoquer encore pendant les négociations de paix une Conférence des représentants des organisations territoriales de tous les Syndicats ouvriers. Au cas où cette demande soit encore une fois rejetée il importe au moins que les chefs des Syndicats ouvriers de tous les pays se prononcent. En demandant ceci en second lieu nous voulons arriver à ce que les dispositions du Traité de Paix relatives au travail soient approuvées aussi par toutes les organisations syndicales.

Veuillez agréer, Monsieur le Président, les assurances de ma haute considération.

Signé : BROCKDORFF-RANTZAU.

The German Delegation again moves to call a conference of the Representatives of the national organizations of all Trade Unions, before the Negotiations of Peace are terminated. Should this motion again be rejected, an utterance of the leaders of the Trade Unions of all countries is at least necessary. In moving this in the second line, we desire to bring about, that the provisions of the Treaty of Peace relating to Labour may also have the approval of all Trade Union Organizations.

Accept, Sir, the assurance of my high esteem.

Signed : BROCKDORFF-RANTZAU.

---

die Beschlüsse der internationalen Gewerkschaftskonferenz in Bern oder gar eine Preisgabe dieser von ihnen selbst gefassten Beschlüsse haben bekannt werden lassen.

Die deutsche Delegation wiederholt ihren Antrag auf Einberufung einer Konferenz der Vertreter der Landesorganisationen aller Arbeitergewerkschaften noch während der Friedensverhandlungen. Sollte er wiederum abgelehnt werden, so ist mindestens eine Aeusserung der Führer der Gewerkschaften aller Länder erforderlich. Indem wir dies in zweiter Linie beantragen, wollen wir herbeiführen, dass die Bestimmungen des Friedensvertrags, welche auf die Arbeiter Bezug haben, auch die Billigung der gesamten Gewerkschaftsorganisationen besitzen.

Genehmigen Sie, Herr Präsident, die Versicherung meiner ausgezeichneten Hochachtung.

Gez. : BROCKDORFF-RANTZAU.

NOTE N° 12.

(*TRADUCTION.*)

A Son Excellence le Président de la Conférence de la Paix, etc.,

Monsieur CLEMENCEAU.

Versailles, le 22 mai 1919.

MONSIEUR LE PRÉSIDENT,

Les dispositions des conditions de paix concernant la propriété privée des ressortissants de part et d'autre sont dictées, en premier lieu, par la tendance des Gouvernements alliés et associés de traiter tous les biens privés allemands étant dans leur territoire en masse homogène de partage, qui doit servir à satisfaire, dans une procédure semblable à celle de faillite, et les créances privées de leurs nationaux et les prétentions d'état aux indemnités de guerre. Cette tendance doit être réalisée par une série de dispositions qui auraient pour résultat que, dans tous les pays soumis à l'influence des Gouvernements alliés et associés, les biens allemands seraient confisqués, et que la

(*TRANSLATION.*)

To His Excellency The President of the Peace Conference, etc.,

Mr. CLEMENCEAU.

Versailles, May 22th, 1919.

SIR,

The provisions of the Conditions of Peace concerning private property of the nationals of both parties are chiefly inspired by the tendency of the Allied and Associated Governments to treat all German private property situated within their sphere of power as an uniform mass for distribution out of which, in a bankruptcy-like procedure, both the private claims of their nationals and the state-claims to war indemnity are to be satisfied. This aim is to be arrived at by means of a series of provisions which, if carried through, would lead to the result that all German property situated in countries which are under the influence of the Allied and Associated Governments

---

An Seine Exzellenz den Präsidenten der Friedenskonferenz etc.,

Herrn CLEMENCEAU.

Versailles, den 22. Mai 1919.

HERR PRÄSIDENT,

Die Bestimmungen der Friedensbedingungen über das Privateigentum der beiderseitigen Staatsangehörigen sind in erster Linie von dem Bestreben der alliierten und assoziierten Regierungen diktiert, das gesamte in ihrem Machtbereich befindliche deutsche Privatvermögen als eine einheitliche Teilungsmasse zu behandeln, aus der in einem konkursähnlichen Verfahren sowohl die Privatforderungen ihrer Staatsangehörigen als auch die staatlichen Ansprüche auf Kriegsentschädigung befriedigt werden sollen. Dieses Bestreben soll durch eine Reihe von Vorschriften verwirklicht

RÉPONSE À LA NOTE N° 11.

A Son Excellence Monsieur le Comte de BROCKDORF-RANTZAU,
Président de la Délégation allemande,
Versailles.

MONSIEUR LE PRÉSIDENT,

Au nom des Gouvernements alliés et associés, j'ai l'honneur de vous accuser réception de votre note complémentaire du 22 mai 1919, concernant la législation internationale du travail (Conditions de Paix, Section XIII).

Voici leur réponse :

1. La Délégation allemande pose ce principe que, pour le Gouvernement démocratique allemand, la décision finale, en matière de législation ouvrière, appartient aux salariés. Les Démocraties alliées et associées, qui ont eu une très longue expérience des institutions démocratiques, considèrent qu'il est de leur devoir de collaborer avec les travailleurs à l'élaboration de cette législation. Mais elles estiment que les lois doivent être votées par les représentants de la communauté toute entière.

2. Les Gouvernements alliés et associés relèvent une erreur fondamentale dans la note du Gouvernement allemand du 22 mai 1919, savoir que les vues et les intérêts des Gouvernements doivent nécessairement être en opposition avec ceux des travailleurs. Un certain nombre de Gouvernements démocratiques comptent actuellement dans leur sein des représentants accrédités du Travail et le prétendu antagonisme ne saurait vraisemblablement se rencontrer que dans les Gouvernements qui n'ont de démocratique que le nom.

3. Les Gouvernements alliés et associés n'ont pas trouvé dans votre lettre des indications pratiques sur la façon dont les principes qu'elle énonce pourraient, dans chaque cas et sous une forme définie, trouver leur expression dans le Traité de Paix.

Notre organisation internationale du travail, laquelle a été soumise à des représentants des travailleurs, est à même de traiter pratiquement toute proposition présentée par l'un ou par l'autre de ses membres adhérents. Il n'est d'ailleurs pas exact de dire qu'il n'a pas été tenu compte des revendications présentées par le Congrès syndical international de Berne : en effet, les questions soulevées par ses résolutions ainsi que toutes autres suggestions de même nature, ont été discutées, soigneusement examinées et, pour la plupart, incorporées soit dans le préambule de la Partie XIII, soit dans les principes généraux qui doivent guider la Société des Nations et l'Organisation internationale du travail dans sa poursuite de la justice sociale. De toute évidence, il n'est nullement besoin qu'un autre Congrès vienne soit répéter ces vœux, soit créer une confusion inutile et occasionner des retards, en ajoutant ou en retranchant quelque chose à leur teneur.

J'ajoute que la plus large publicité a été donnée au projet d'organisation internationale du travail ; les chefs responsables des associations ouvrières ont donc eu toutes facilités pour formuler leurs propositions.

NOTE. — Délégation allemande.

4. Les Gouvernements alliés et associés se sont dès maintenant mis d'accord pour accepter l'idée d'admettre, à brève échéance, des représentants de l'Allemagne dans l'organisation internationale du travail et pour demander à la Conférence de Washington de leur reconnaître, aussitôt après sa session, tous les droits et privilèges des membres en ce qui concerne cette organisation et son Conseil d'administration.

5. Alors que les vœux émis par le Congrès de Berne, en février 1919, exprimaient les aspirations des travailleurs et formulaient les réformes qu'ils souhaitaient pour l'avenir, la Conférence de Washington fournit les moyens de réaliser celles de ces revendications qui peuvent, sans retard, être sanctionnées par la loi. L'Organisation du travail permettra en outre, aux autres revendications, d'aboutir progressivement sur la base des principes directeurs dès maintenant affirmés.

La Commission du travail instituée par la Conférence de la paix a examiné toutes les questions mentionnées dans votre lettre comme étant du domaine de l'Organisation internationale du travail, y compris celle d'un Code international pour la protection des marins, code qui serait rédigé spécialement avec la collaboration des Unions des gens de mer (ci-joint copie de cette résolution).

6. La Commission du travail a également émis un vœu (dont vous trouverez copie ci-inclus) tendant à donner, dès qu'il sera possible, à l'Organisation internationale du travail, le pouvoir de prendre des résolutions ayant force légale internationale. Mais une législation internationale du travail ne peut aujourd'hui être mise en vigueur uniquement par des résolutions votées dans des conférences. Les travailleurs d'un pays ne sont pas encore prêts à se laisser, en toute chose, lier par des lois que leur imposeraient des représentants d'autres pays. Il s'ensuit que les conventions internationales, telles que les prévoit le Traité de paix, sont pour le moment plus efficaces qu'une législation ouvrière internationale proprement dite, dont on ne peut assurer l'observation par des sanctions pénales.

7. En ce qui concerne l'assertion que l'on s'écarte des principes démocratiques, la proposition faite par les Gouvernements alliés et associés va, comme on l'a déjà fait remarquer, plus loin que la proposition allemande. En effet, les trois quarts des délégués de la Conférence du travail représenteront directement ou indirectement les aspirations de la masse de la population : les deux délégués gouvernementaux représentent, d'une façon générale l'ensemble de la nation et les délégués du travail représentent directement les travailleurs ; les patrons n'obtiennent qu'un quart de la représentation totale. La théorie soutenue par la Délégation allemande que l'article 390 du projet permet « d'exclure les travailleurs » est tout à fait erronée, attendu que les délégués des gouvernements — tout au moins ceux des Démocraties alliées et associées — représenteraient encore la masse des populations de ces pays.

Il convient de rappeler ensuite que, dans beaucoup d'États, un très grand nombre de travailleurs s'emploient dans l'agriculture et ne sont pas, en général, groupés en associations professionnelles. Il semble donc tout particulièrement indiqué que leurs gouvernements représentent leurs intérêts au sein de la Conférence.

8. Il y a plus : La proposition de la Délégation allemande permettrait de réduire à néant la législation la plus favorable, si un cinquième des Gouvernements repré-

sentés aux conférences lui faisait opposition. Il importe tout particulièrement de faire remarquer que, aux termes de la proposition de la Délégation allemande, chaque État disposerait d'une voix dans ces conférences et que les votes de Gouvernements ne représentant peut-être qu'une infime minorité de l'ensemble des travailleurs du monde seraient à même de faire obstacle à n'importe quelle proposition. La proposition des Puissances alliées et associées forme un éclatant contraste avec cette conception autocratique : elle permet non seulement le vote, dans les conférences, par délégués et non par Gouvernements, mais elle admet en outre qu'une proposition formulée par les deux tiers des Délégués soit inscrite à l'ordre du jour.

9. A l'heure actuelle, on prépare activement la première réunion de l'Organisation Internationale du travail qui doit avoir lieu en octobre.

De toute évidence, il n'est nullement besoin de faire intervenir un Congrès du travail à Versailles. Bien plus, la proposition faite par la Délégation allemande d'ajourner les négociations en vue d'organiser un congrès de ce genre va à l'encontre de l'intérêt même des salariés du monde entier : plus que tous autres, ces derniers aspirent au rétablissement de la paix qui doit mettre un terme à la situation créée par les quatre années d'agression allemande. Les Gouvernements alliés et associés, préoccupés de satisfaire d'aussi légitimes aspirations, s'efforcent, non pas de retarder, mais au contraire de hâter la conclusion de la paix; leur désir est de faire adopter des mesures de progrès social qui auraient déjà pu sans doute être réalisées si l'attaque de l'Allemagne n'avait détourné l'effort et la pensée du monde entier vers la lutte pour la liberté et n'avait contraint les peuples à subordonner la poursuite d'un autre idéal à la défense de leur indépendance.

Signé : CLEMENCEAU.

capacité juridique privée des ressortissants de l'Empire allemand serait essentiellement restreinte.

D'abord, il est arrêté que toutes les mesures prises déjà au courant de la guerre contre les biens privés allemands en pays ennemis seront maintenues comme valides (voir l'article 297 *d*). Cette disposition est, il est vrai, rédigée à la réciprocité (1), mais cette réciprocité n'est qu'apparente. Car les ressortissants ennemis doivent être indemnisés complètement de tout dommage causé par les lois allemandes d'exception; en outre, ils doivent avoir la faculté de demander comme bon leur semblera la restitution en entier et éventuellement, dans le cas où une telle restitution ne serait pas possible, même une compensation en biens équivalents (voir l'article 297 *e*, *f* et *g*). Par contre, on refuse à l'Allemand atteint de lois ennemies d'exception, non seulement toute possibilité de *restitutio in integrum*, mais aussi tout droit d'indemnisation vis-à-vis des États ennemis ou de leurs autorités, de sorte que ces dernières ne soient pas même responsables dans le cas où il pourrait être

(1) Note du Secrétariat général. — Le texte allemand porte : «ist zwar gegenseitig gefaszt», c'est-à-dire : «Cette disposition est, il est vrai, comprise dans le sens de la réciprocité».

would be confiscated and all German nationals would be materially restricted in their legal capacity.

In the first place it is provided that all measures taken during the war against German private property in enemy countries are to remain in force as legally binding (Article 297 *d*). This clause, it is true, provides for reciprocity, but only a semblance of reciprocity is given, for the enemy nationals are to be entitled to full compensation for all damages caused to them by German exceptional laws, furthermore they are to be granted the right of, in their free option, demanding restitution in integrum, and eventually, if such restitution cannot be effected, of even claiming equivalents in specie (Article 297 *e*, *f*, *g*.). On the other hand, however, German nationals who have been subjected to exceptional laws of enemy countries are not only to be debarred from all possibility of replacement into the former state, but are also deprived of any claim to compensation against the enemy states or their authoritie, so that the latter are not even then liable if it can be proved that German

werden, die das Ergebnis haben würden, dass in allen dem Einfluss der alliierten und assoziierten Regierungen unterliegenden Ländern die deutschen Besitztümer verfallen und die deutschen Reichsangehörigen in ihrer privaten Rechtsfähigkeit wesentlich beschränkt wären.

Zunächst wird bestimmt, dass alle bereits während des Krieges gegen das deutsche Privatvermögen in feindlichen Ländern getroffenen Massnahmen als rechtsgültig aufrechterhalten bleiben (Artikel 297 d). Diese Bestimmung ist zwar gegenseitig gefasst, die Gegenseitigkeit ist aber nur eine scheinbare. Denn die gegnerischen Staatsangehörigen sollen für jeden ihnen durch die deutschen Ausnahmegesetze verursachten Schaden volle Entschädigung erhalten; ausserdem soll ihnen die Befugnis gewährt werden, nach freiem Belieben, die *restitutio in integrum* und unter Umständen, falls eine solche *restitutio* nicht möglich ist, sogar einen Ersatz in gleichartigen Vermögensgegenständen zu verlangen (Artikel 297 e, f und g). Dagegen bleibt den von feindlichen Ausnahmegesetzen getroffenen Deutschen nicht nur jede Möglichkeit der Wierdereinsetzung in den vorigen

prouvé que la propriété allemande a été victime, en pays ennemis, de manœuvres intéressées et frauduleuses (voir le § 2 de l'Annexe à l'article 298).

L'effet des mesures prises, pendant la guerre, par les Gouvernements alliés et associés ne suffirait pourtant pas à mettre la main, pour les buts envisagés, sur tous les biens allemands à leur portée. C'est pourquoi il est prévu d'une part que, tandis que l'Allemagne est obligée d'abroger immédiatement toutes les lois d'exception émises par elle, la liquidation des biens allemands à l'étranger pourra être poursuivie aussi après la conclusion de la paix, même avec des mesures de guerre à décréter nouvellement (Article 297 *a* et *b*). Vu qu'aucun terme n'a été fixé à cet effet, il paraît que les Gouvernements ennemis veulent même se réserver la possibilité d'étendre la procédure de liquidation à ces biens allemands qui n'entreront dans leurs territoires qu'à l'avenir. Mais, à côté de cette prolongation des mesures de guerre, il se range une extension territoriale de leur emploi, laquelle est encore d'une plus grande portée. Car on veut forcer l'Allemagne à remettre tous les titres se trouvant entre les mains d'Allemands,

property in enemy countries has fallen a victim to corrupt and fraudulent machinations (§ 2 of the Annex to Article 298.)

The operation of the measures taken by the Allied and Associated Governments during the war would, however, not suffice to lay hand on all available German property for the purposes contemplated. It is therefore on the one hand provided that, whereas Germany must immediately abrogate all exceptional laws enacted by her, the liquidation of German property in enemy countries may be proceeded with after the conclusion of Peace even under new war measures which may be enacted (Article 297 *a* and *b*). No time limit being fixed herefore, the enemy Governments evidently go so far as to reserve for themselves the possibility of extending the process of liquidation to such German property which may come within their territory in the future. Besides this temporal prolongation of war measures, an extension as to the area of their application is contemplated which is of even greater moment. For Germany is to be forced to deliver up all securities held by her nationals and relat-

---

Stand, sondern auch jeder Entschädigungsanspruch gegen die feindlichen Staaten oder ihre Organe versagt, so dass diese nicht einmal dann haftbar sind, wenn das deutsche Eigentum in feindlichen Ländern nachweisbar eigennützigen oder betrügerischen Machenschaften zum Opfer gefallen ist (§ 2 des Anhangs zu Artikel 298).

Die Wirkung der von den alliierten und assoziierten Regierungen während des Krieges getroffenen Massnahmen würde indes nicht ausreichen, um das greifbare deutsche Vermögen für die beabsichtigten Zwecke restlos zu erfassen. Deshalb wird einmal vorgesehen, dass, während Deutschland alle von ihm erlassenen Ausnahmegesetze sofort aufheben muss, die Liquidation des deutschen Auslandsbesitzes auch nach Friedensschluss sogar mit neu zu erlassenden Kriegsmassnahmen fortgesetzt werden darf (Artikel 297 a und b). Da hierfür keinerlei zeitliche Schranke gesetzt ist, wollen sich die gegnerischen Regierungen anscheinend sogar die Möglichkeit vorbehalten, auch diejenigen deutschen Vermögenswerte, die erst künftig in ihre Gebiete gelangen, in das Liquidationsverfahren einzubeziehen. Neben diese zeitliche Erstreckung der Kriegsmassnahmen tritt ferner aber eine örtliche Ausdehnung ihrer Anwendung, die von noch grösserer Tragweite ist. Deutschland soll nämlich gezwungen werden, alle im Besitze von Deutschen befindlichen Werttitel herauszugeben, die ein Recht an einem

titres qui se rapportent (1) à des biens situés sur les territoires des Gouvernements alliés et associés. D'après cela on aurait à remettre, entre autres choses, toutes les actions et obligations de sociétés ennemies (§ 10 de l'Annexe à l'article 298). Ensuite, on veut soumettre à la liquidation les biens allemands dans les territoires à céder par l'Allemagne, de manière que, par exemple, la propriété des nombreux Allemands en Alsace-Lorraine auxquels on n'accorde pas la nationalité française ou auxquels on ne permet pas expressément de continuer à séjourner dans le pays, et notamment l'entière propriété privée allemande dans les colonies allemandes soit livrée à la vente forcée (articles 53 et 121). Enfin, on veut ajouter, en plus, à la masse de partage presque tous les biens allemands se trouvant en Russie, en Chine, en Autriche, en Hongrie, en Bulgarie et en Turquie. Puisque les Gouvernements alliés et associés ne peuvent pas, sans plus, liquider directement des biens situés dans lesdits pays, ils choisissent le détour de concéder à la Commission des Réparations, en plus

(1) NOTE DU SECRÉTARIAT GÉNÉRAL. — «...die ein Recht... Verbriefen», dans le texte allemand, c'est-à-dire : «qui garantissent un droit sur les biens...».

ing to rights in property situated in the territory of the Allied and Associated Governments. According to this, all shares and debentures of enemy companies would, inter alia, have to be delivered up (§ 10 of the Annex to Article 298). Furthermore German property situated in the territories to be ceded by Germany is to be subjected to liquidation, so that, e. g., the property of the numerous Germans in Alsace-Lorraine, who are not granted French nationality or are not expressly permitted to remain in the country, and particularly the whole of German private property in the German colonies is subjected to compulsary sale (Article 53, Article 121). Finally almost all German property situated in Russia, China, Austria, Hungary, Bulgaria and Turkey is to be added to the mass for distribution. The Allied and Associated Governments not being able to apply forthwith a direct process of liquidation in these countries, they select the circuitous way of empowering the Reparation Commission, beyond its other capacities, to demand from the

im Gebiete der alliierten und assoziierten Regierungen befindlichen Vermögensgegenstände verbriefen. Danach wären unter anderem alle Aktien und Obligationen feindlicher Gesellschaften auszuliefern (§ 10 des Anhangs zu Artikel 298). Ferner soll der Liquidation der deutsche Besitz in den von Deutschland abzutretenden Gebieten unterworfen werden, so dass z B. das Eigentum der zahlreichen Deutschen in Elsass-Lothringen, denen nicht die französische Staatsangehörigkeit zuerkannt oder der weitere Aufenthalt im Lande ausdrücklich gestattet wird, und namentlich das gesamte deutsche Privateigentum in den deutschen Kolonien dem Zwangsverkauf verfällt (Artikel 53, Artikel 121). Endlich soll der Teilungsmasse auch noch fast der gesamte deutsche Besitz zugeschlagen werden, der sich in Russland, China, Österreich, Ungarn, Bulgarien und der Türkei befindet. Da die alliierten und assoziierten Regierungen in diesen Ländern ein unmittelbares Liquidationsverfahren nicht ohne weiteres zur Anwendung bringen können, wählen sie den Umweg, dass die Commission des Réparations neben ihrer sonstigen Machtvollkommenheit auch die Befugnis erhält, von der

des indemnités réclamées, à cause de l'application des lois d'exception à leur de ses autres pouvoirs, la faculté d'exiger du Gouvernement allemand l'expropriation immédiate des entreprises allemandes d'utilité publique sises dans ces pays-là et des concessions allemandes dans lesdites contrées (voir l'article 260).

L'emploi des produits obtenus par cette réalisation des biens allemands à l'effet d'une répartition en guise de faillite s'effectue de la façon suivante (voir l'article 297 *h* et le § 4 de l'annexe à l'article 298). Les produits obtenus (1) seront payés immédiatement en numéraire, et cela dans la monnaie du Gouvernement ennemi intéressé, au taux de change d'avant-guerre. Il s'ensuit que l'Allemagne aurait éventuellement à restituer le multiple des montants réellement obtenus par elle. Par contre, les produits de la liquidation de biens allemands obtenus par les Gouvernements alliés et associés ne sont points payés à l'Allemagne, mais ils sont grevés d'une triple hypothèque et par là soustraits complètement et d'une manière définitive à la disposition de l'ayant-droit allemand. Ils serviront, en premier lieu, au payement

(1) Note du Secrétariat général. — Le texte allemand ajoute : en Allemagne.

be satisfied therefrom the claims of nationals of the enemy state concerned to German Government the immediate expropriation of all German public utility undertakings and all German concessions situated in these countries (Article 260).

The appropriation of the net proceeds, derived from these sales of German property, for distribution by way of bankruptcy is provided for in the following manner (Article 297 *h* and § 4 of the Annex to Article 298). The net proceeds realised in Germany are to be payed in cash immediately in the currency of the enemy Government concerned at the pre-war rate of exchange, so that Germany would eventually be obliged to pay back a multiplex sum of the proceeds actually collected. On the other hand the proceeds realised by the Allied and Associated Governments from the liquidation of German property are not to be paid to Germany but, instead, are to be charged with a treble mortgage and thus to be wholly and finally withdrawn from the right of disposal by the German entitled thereto. In the first place are to

deutschen Regierung die sofortige Enteignung der in jenen Ländern gelegenen zu öffentlichen Zwecken dienenden deutschen Unternehmungen und der dortigen deutschen Konzessionen zu fordern (Artikel 260).

Die Verwendung der durch diese Versilberung deutscher Vermögensgegenstände erzielten Erlöse zur konkursmässigen Aufteilung wird in folgender Weise durchgeführt (Artikel 297 h und § 4 des Anhangs zu Artikel 298). Die in Deutschland erzielten Erlöse werden sofort in bar, und zwar in der Währung der beteiligten gegnerischen Regierung vom Vorkriegskurs ausgezahlt, so dass Deutschland unter Umständen das Mehrfache der tatsächlich von ihnen erzielten Beträge zu vergüten hätte. Die von den alliierten und assoziierten Regierungen aus der Liquidation deutschen Besitzes erzielten Erlöse werden dagegen nicht an Deutschland ausgezahlt, sondern mit einer dreifachen Hypothek belastet und dadurch der Verfügung des deutschen Berechtigten vollständig und endgültig entzogen. An erster Stelle werden daraus befriedigt die Schadensersatzansprüche der Angehörigen des beteiligten gegnerischen Staates wegen der Anwendung von Ausnahmegesetzen gegen

propriété en Allemagne, par les ressortissants de l'État ennemi intéressé, ensuite au payement des créances que ces ressortissants ont sur des Allemands et enfin au payement des réclamations introduites pour tous les actes commis par le Gouvernement allemand ou par des autorités allemandes postérieurement au 31 juillet 1914 et avant que l'État ennemi en cause ne participât à la guerre. (Il paraît qu'il est réservé au libre arbitre du Gouvernement ennemi intéressé de juger d'une manière autoritaire cette dernière espèce de réclamation) (1). Ils serviront en second lieu au payement des indemnités et des créances que les ressortissants des États alliés et associés ont sur les États alliés avec l'Allemagne ou sur leurs ressortissants, en sorte que, par exemple, la propriété privée allemande garantisse également les créances que les ressortissants britanniques ont sur le Gouvernement turc ou sur les ressortissants turcs. Ce qui reste après satisfaction de ces deux catégories de réclamations servira ensuite à couvrir en partie l'indemnité de guerre à payer par l'Allemagne en étant porté au compte de compensation de la Com-

(1) Note du Secrétariat général. — Le texte signifie plus exactement : La compétence pour l'appréciation de cette dernière sorte de réclamations d'indemnités semble devoir être laissée à la libre estimation du Gouvernement ennemi intéressé.

compensation on account of exceptional laws having been applied against their property in Germany, further, private claims of such nationals against German nationals and lastly claims of such nationals to compensation growing out of all acts committed by the German Government or by German authorities since July 31th 1914 and before the enemy state concerned entered into the war. (The authoritative appreciation of compensation claims of the latter kind is evidently to be left over to the free judgment of the enemy Government concerned.) In the second place are to be satisfied claims to compensation and private claims of nationals of the Allied and Associated States against the states allied with Germany or against the nationals of such states, thus making German private property liable e. g. also for the claims of British national against the Turkish Government or against Turkish nationals. The assets remaining after these two categories of claims have been satisfied are then to be applied to the payment of the war-indemnity owed by Germany by being transferred to the clearing account

ihr Eigentum in Deutschland, ferner die Privatforderungen dieser Angehörigen gegen Deutsche sowie schliesslich ihre Schadensersatzansprüche wegen aller Akte, die von der deutschen Regierung oder von deutschen Behörden zwischen dem 31. Juli 1914 und dem Eintritt des beteiligten gegnerischen Staates in den Krieg begangen worden sind. (Die massgebende Beurteilung dieser letzteren Art von Schadensersatzansprüchen bleibt anscheinend dem freien Ermessen der beteiligten gegnerischen Regierung überlassen.) An zweiter Stelle werden befriedigt die Schadensersatzansprüche und Privatforderungen von Angehörigen der alliierten und assoziierten Staaten gegen die mit Deutschland verbündeten Staaten oder deren Angehörige, so dass das deutsche Privateigentum z. B. auch für Forderungen britischer Staatsangehörigen an die türkische Regierung oder an türkische Staatsangehörige haftet. Der nach Befriedigung dieser beiden Kategorien von Ansprüchen noch verbleibende Rest soll alsdann mit zur Deckung der von Deutschland zu zahlenden Kriegsentschädigung

mission des Réparations. Ces modalités peuvent, il est vrai, être changées en ce sens que les produits des liquidations allemandes ne seront pas payés en espèce, mais seront également imputés sur le compte des produits des liquidations adverses. Toutefois, un tel règlement, dont l'exécution en détail ne ressort pas clairement des dispositions du projet, ne sera effectué qu'au cas que le Gouvernement ennemi en cause le considère pour opportun.

La Délégation allemande se voit obligée de déclarer que le règlement susmentionné lui paraît en principe inacceptable, puisqu'il est en contradiction sous différents rapports avec les idées les plus élémentaires d'une paix de droit. Cette contradiction saute d'autant plus aux yeux qu'il s'agit, en ces questions de droit privé, d'un domaine qui devrait être en tout cas exclu d'un traitement orienté d'après des points de vue de suprématie politique.

Si, comme cela est proposé par la partie adverse, les empiètements sur les biens privés effectués pendant la guerre à la suite des lois d'exception doivent être, en principe, considérés comme fait accompli et maintenus, ceci devrait être

of the Reparation Commission. This mode of procedure may, it is true, be departed from, it being provided that the proceeds of German liquidations need not be paid in cash but may be set off against the proceeds of enemy liquidations. Such proceeding, the details of which cannot clearly be inferred from the provisions of the Draft, is however only to be adopted if the enemy Government concerned so thinks fit.

The German Peace Delegation feel bound to declare that the arrangement set forth above appears to them to be inacceptable in principle, as being in different respects opposed to the most elementary conceptions of a Peace of Right. This inconsistency is all the more manifest as the questions of private law here at issue belong to a subject-matter which should under all circumstances be excluded from a treatment guided by motives of political power.

If, as is proposed by the other side, the aggressions against private property effected during the war on grounds of exceptional laws be in principle acknowledged and upheld as final, this should of course apply equally to both parties.

---

herangezogen werden indem er auf das Abrechnungskonto der Commission des Rèparations überwiesen wird. Diese Modalitäten können allerdings dahin geändert werden, dass die deutschen Liquidationserlöse nicht bar auszuzahlen sind, sondern auf die gegnerischen Liquidationserlöse mitverrechnet werden. Eine solche Regelung, deren Durchführung im einzelnen aus den Bestimmungen des Entwurfs nicht klar ersichtlich ist, tritt aber nur dann ein, wenn es der beteiligten gegnerischen Regierung angebracht erscheint.

Die deutsche Friedensdelegation sieht sich zu der Erklärung verpflichtet, dass ihr die im vorstehenden wiedergegebene Regelung grundsätzlich unannehmbar erscheint, da sie mit den elementarsten Gedanken eines Rechtsfriedens nach verschiedenen Richtungen hin im Widerspruch steht. Dieser Widerspruch springt um so offener in die Augen, als es sich bei diesen Fragen des Privatrechts um ein Gebiet handelt, das unter allen Umständen von einer nach machtpolitischen Gesichtspunkten orientierten Behandlungsweise ausgeschlossen bleiben sollte.

Wenn, wie von der Gegenseite vorgeschlagen wird, die während des Krieges auf Grund von Ausnahmegesetzen vorgenommenen Eingriffe in das Privateigentum grundsätzlich als vollendete

admis évidemment de même pour les deux parties. En tout cas, un tel règlement ne pourrait pourtant se rapporter qu'aux mesures prises pendant la guerre. On peut laisser en dehors de la discussion la question de savoir si et jusqu'à quel point de telles mesures peuvent être considérées comme admissibles pendant la guerre; pourtant il ne devrait pas y avoir de doute que ces mesures, désignées toujours comme actes de guerre par les autorités qui en sont responsables, devraient prendre fin elles aussi avec la suspension des hostilités aux fronts. Du côté allemand, on doit donc, en principe, défendre ce point de vue que toutes les dispositions de ce genre qui n'ont été prises qu'après la conclusion de l'armistice sont illégales, parce qu'elles constituent une continuation des hostilités. C'est encore plus énergiquement que l'Allemagne doit repousser l'exigence de consentir à une continuation des empiètements sur le bien privé même après la conclusion de la paix. Par cela, au lieu du rétablissement de la paix l'état de guerre économique serait en réalité éternisé.

Un autre point de vue qui a été évidemment de même oublié par les Gouvernements alliés et associés amène au

In any case, however, such settlement should only be applicable to measures adopted during the war. It may be left out of discussion whether and to what extent such measures may be regarded as admissible during the war; there should, however, be no doubt as to the necessity of these measures — which have always been designated as acts of warfare by the authorities responsible therefore — being immediately brought to a close on the cessation of the hostilities at the front. Germany must therefore in principle maintain the point of view that all measures of the kind here referred to which have been taken after the conclusion of the Armistice are illegal, as representing a continuation of hostilities. With still more emphasis, however, the imputation put to Germany, of assenting to a continuation of the aggressions against private property even beyond the conclusion of peace, must be repudiated. This would, instead of restoring peace, in truth mean to perpetuate economic war.

Another point of view which has evidently also been disregarded by the Allied and Associated Governments leads to the

---

Tatsache anerkannt und aufrechterhalten bleiben sollen, so müsste dies selbstverständlich für beide Teile gleichmässig gelten. In jedem Falle könnte sich aber eine derartige Regelung nur auf diejenigen Massnahmen beziehen, die während des Krieges getroffen worden sind. Die Frage, ob und inwieweit solche Massnahmen während des Krieges als zulässig angesehen werden können, mag hier unerörtert bleiben; darüber sollte jedoch kein Zweifel bestehen, dass diese Massnahmen, die von den dafür verantwortlichen Stellen stets als Akte der Kriegsführung bezeichnet worden sind, mit der Einstellung der Feindseligkeiten an den Fronten auch ihrerseits ihr Ende hätten finden müssen. Deutscherseits muss daher grundsätzlich der Standpunkt vertreten werden, dass alle erst nach Abschluss des Waffenstillstandes getroffenen Anordnungen der in Rede stehenden Art rechtswidrig sind, weil sie eine Fortsetzung der Feindseligkeiten bedeuten. Mit noch grösserem Nachdruck muss aber das an Deutschland gestellte Ansinnen zurückgewiesen werden, einer Fortsetzung der Eingriffe in das Privateigentum selbst über den Friedensschluss hinaus zuzustimmen. Damit würde an Stelle der Wiederherstellung des Friedenszustandes in Wahrheit der Zustand des Wirtschaftskriegs verewigt werden.

Ein anderer Gesichtspunkt, der von den alliierten und assoziierten Regierungen offenbar gleich-

même résultat. L'emploi de la propriété à l'étranger des particuliers allemands proposé par le projet de paix revient à une confiscation de biens privés aussi vaste qu'il doit en résulter un ébranlement général des bases de la vie juridique internationale. Dans la situation présente, il devrait précisément être du devoir des États de remettre en pleine valeur, dans les relations internationales, le principe de l'inviolabilité de la propriété privée qui a été exposé à de si nombreures restrictions durant la guerre. Du côté allemand, on était d'avis, jusqu'à présent, que cette thèse serait défendue par les Gouvernements alliés et associés avec la même conséquence, qu'elle a été exprimée par un arrêt de la Cour suprême anglaise, le House of Lords, du 25 janvier 1918, lors d'un procès entre une firme allemande et anglaise. Dans ce jugement, il a été dit :

« Que la confiscation de la propriété des ressortissants ennemis n'était pas de la loi anglaise. Naturellement, l'ennemi ne pourrait pas élever des prétentions concernant la restitution de sa propriété avant le rétablissement de la paix, mais, après la conclusion

same result. The proposed appropriation of the German private property situated in foreign countries amounts kind to a so extensive confiscation of private property of all kind, that a general undermining of the fundamental principles of international legal intercourse will of necessity result therefrom. Under the present conditions it ought to be the special task of the Powers to bring the principle of inviolability of private property, which has been subjected to so many restrictions during the war, into full force again in international intercourse. Germany has up to now presumed that this view would be advocated by the Allied and Associated Governments with the same consistency as has been expressed in a judgement of the highest English Law Court, the house of Lords, on January 25th 1918 in a lawsuit between a German and an English firm. In this judgment the following passage is contained :

« It was not the law of this country that the property of enemy subjects were confiscated. Until the restoration of peace the enemy could of course make no claim to have it delivered up to him; but when peace was restored, he was considered entitled to his

---

falls ausser Acht gelassen worden ist, führt zu demselben Ergebnis. Die vorgeschlagene Verwendung des im Ausland befindlichen Eigentums deutscher Privatpersonen läuft auf eine derart weitgehende Konfiskation von Privatbesitz aller Art hinaus, dass eine allgemeine Erschütterung der Grundlagen des internationalen Rechtslebens die Folge sein muss. Es sollte gerade unter den gegenwärtigen Verhältnissen die Aufgabe der Staaten sein, im internationalen Verkehr den Grundsatz der Unantastbarkeit des Privateigentums, der im Verlauf des Krieges so zahlreichen Einschränkungen ausgesetzt gewesen ist, wieder voll zur Geltung zu bringen. Deutscherseits ist bisher angenommen worden, dass diese Auffassung von den alliierten und assoziierten Regierungen mit derselben Folgerichtigkeit vertreten werden würde, wie sie ein Urteil des höchsten englischen Gerichtshofs, des House of Lords vom 25. Januar 1918 in dem Rechtsstreit einer deutschen und einer englischen Firma zum Ausdruck gebracht hat. In diesem Urteil wurde ausgesprochen :

« Es sei nicht englisches Gesetz, dass das Eigentum feindlicher Staatsangehörigen konfisziert werde. Selbstverständlich könne der Feind bis zur Wiederherstellung des Friedens keine Ansprüche auf Herausgabe seines Eigentums erheben; aber nach Friedensschluss müsse er wieder in den

de la paix, il devrait rentrer en possession de sa propriété et ce avec tous les fruits que le bien aurait produits entre temps. »

La Suprême Cour allemande s'est rangée du côté de la même manière de voir dans un arrêt de principe bien connu, rendu le 26 octobre 1914, par lequel des droits privés français ont été reconnus comme persistants en Allemagne pendant la guerre. Cette manière de voir préconisée pendant la guerre par la justice des deux parties serait intervertie dans son contraire par le Traité de paix si les Gouvernements alliés et associés mettaient maintenant la main sur chaque bien privé allemand à leur portée pour satisfaire par là aux créances de l'État et des particuliers qui n'ont rien à faire avec le propriétaire frappé. Un tel emploi paraît arbitraire dans une mesure excessivement grande au cas qu'il ne s'agisse même pas de créances sur l'Allemagne ou sur des ressortissants allemands mais de créances sur les États alliés à l'Allemagne et leurs ressortissants. Si les Gouvernements alliés et associés essaient d'enlever à ce procédé le caractère de confiscation en voulant imposer expressément à l'Allemagne l'obligation d'indemniser les propriétaires frappés, cela ne change en rien l'essence de la chose.

property with any fruits which it might have borne in the meantime. »

The same view has been taken by the highest German court in a well known leading judgment of October 26th 1914 by which the private rights of a French subject are acknowledged as continuing to exist in Germany during the war. This conception which has been upheld by the courts of both parties during the war would be turned into its reverse by the Treaty of Peace if the Allied and Associated Governments henceforth lay hands on all German private property within their reach in order to satisfy therefrom state and private claims which are not directed against the concerned owner himself. Such appropriation must appear as especially arbitrary if not even claims against Germany or against German nationals are involved but claims against the States allied with Germany and the nationals of such States. If the Allied and Associated Governments try to veil the confiscatory character of the procedure by expressly providing for the indemnification of the owners through means of the German Empire, they cannot thereby change the nature of the matter.

Besitz seines Eigentums gelangen, und zwar mit allen Früchten, die das Eigentum in der Zwischenzeit getragen habe. »

Die gleiche Auffassung hat auch das höchste deutsche Gericht in einem bekannten grundsätzlichen Urteil vom 26. Oktober 1914 vertreten, durch welches französische Privatrechte während des Krieges als in Deutschland fortbestehend anerkannt wurden. Diese von der Gerichtsbarkeit beider Parteien während des Krieges hochgehaltene Auffassung würde durch den Friedensvertrag in ihr Gegenteil verkehrt werden, wenn die alliierten und assoziierten Regierungen nunmehr auf jeden erreichbaren deutschen Privabesitz die Hand legen, um daraus staatliche und private Forderungen zu befriedigen, die sich nicht gegen den betroffenen Eigentümer selbst richten. In besonders hohem Masse willkürlich muss eine derartige Verwendung in dem Falle erscheinen, wo es sich nicht einmal um Forderungen gegen Deutschland oder deutsche Staatsangehörige, sondern um Forderungen gegen die mit Deutschland verbündeten Staaten und deren Angehörige handelt. Wenn die alliierten und assoziierten Regierungen versuchen, diesem Vorgehen den Charakter der Konfiskation dadurch zu nehmen, dass sie das deutsche Reich ausdrücklich zur Schadloshaltung der betroffenen Eigentümer verpflichten wollen, so wird damit an dem Wesen der Sache nitchts geändert.

Les conséquences funestes qui résulteraient au point de vue économique de la confiscation envisagée des biens allemands à l'étranger ont déjà été mentionnées dans ma note du 13 courant, et sont trop évidentes pour nécessiter des explications plus amples. D'autre part, la Délégation allemande de la Paix a conscience de ce que la pression des charges résultant du Traité de paix sur toute la vie économique allemande ne permettra pas de maintenir le bien allemand à l'étranger dans son étendue présente. Pour pouvoir satisfaire à ses engagements pécuniaires, l'Allemagne devra plutôt sacrifier ce bien à l'étranger dans une large mesure. Elle est prête à le faire. Seulement, du côté allemand on doit insister pour que la disposition à l'égard des biens à l'étranger soit réglée d'une manière tenant compte du point de vue juridique exposé plus haut. La Délégation allemande de la Paix est convaincue qu'un compromis entre ce point de vue et les intérêts des Gouvernements alliés et associés pourrait être trouvé. Un nombre de scrupules qu'on a fait ressortir serait écarté par le fait même que le principe de réciprocité serait appliqué ainsi qu'il correspond à l'esprit de la

The disastrous consequences which the contemplated confiscation of Germany's property abroad would entail from an economical point of view have already been mentioned in my note dated 13th inst. and are too patent to require further illustration. On the other hand the German Peace Delegation is conscious of the fact that under the pressure of the burden resulting from the Peace Treaty for the whole future of German economic life German property abroad cannot be maintained in its former extent. In order to be able to discharge her pecuniary obligations Germany will rather have to sacrifice this property abroad in a large measure. To do so she is prepared, Germany must however maintain that the right of disposal over property abroad be regulated in a manner having regard to the legal principle above enunciated. The German Peace Delegation is convinced that between this point of view and the interests of the Allied and Associated Governments a compromise could be found. A number of the scruples pointed out would already be made to vanish if het principles of reciprocity were applied, as is in concordance with the spirit of the League of Nations. For the rest it

---

Die verhängnisvollen Folgen, die mit der in Aussicht genommenen Beschlagnahme des deutschen Auslandsbesitzes in wirtschaftlicher Hinsicht verbunden sein würden, sind bereits in meiner Note vom 13. d. M. erwähnt worden und liegen zu klar zutage, als dass sie noch einer näheren Darlegung bedürften. Andererseits ist sich die deutsche Friedensdelegation dessen bewusst, dass der Druck, den die aus dem Friedensvertrag hervorgehenden Lasten in Zukunft auf das gesamte deutsche Wirtschaftsleben ausüben werden, es nicht gestattet, den deutschen Auslandsbesitz in dem bisherigen Umfang aufrechtzuerhalten. Um seinen Zahlungsverpflichtungen nachkommen zu können, wird Deutschland vielmehr diesen Auslandsbesitz in weitem Masse opfern müssen. Dazu ist es bereit. Nur muss deutscherseits daran festgehalten werden, dass die Verfügung über den Auslandsbesitz in einer Weise geregelt wird, die dem oben dargelegten Rechtsstandpunkt Rechnung trägt. Die deutsche Friedensdelegation ist überzeugt, dass sich zwischen diesem Standpunkt und den Interessen der alliierten und assoziierten Regierungen ein Ausgleich finden liesse. Eine Reihe der hervorgehobenen Bedenken würde schon dadurch ausgeräumt werden, dass der Grundsatz der Gegenseitigkeit Anwendung fände, wie er dem Geiste des Völkerbundes entspricht. Im übrigen

Société des Nations. Du reste, il serait nécessaire de soumettre en détail les questions s'y rattachant à des délibérations orales des experts de part et d'autre.

Veuillez agréer, Monsieur le Président, les assurances de ma haute considération.

Signé : BROCKDORFF-RANTZAU.

would indeed be requisite that the questions at issue be discussed *viva voce* in detail by the experts of both parties.

Accept, Sir, the assurance of my high esteem.

Signed : BROCKDORFF-RANTZAU.

---

wäre allerdings erforderlich, dass die einschlägigen Fragen im einzelnen von den beiderseitigen Sachverständigen einer mündlichen Beratung unterzogen werden.

Genehmigen Sie, Herr Präsident, den Ausdruck meiner ausgezeichneten Hochachtung.

Gez. : BROCKDORFF-RANTZAU.

NOTE N° 13.

(*TRADUCTION.*)

Son Excellence le Président de la Conférence de la Paix, etc.

Monsieur CLEMENCEAU.

Versailles, le 24 mai 1919.

MONSIEUR LE PRÉSIDENT,

Le contenu de la lettre de Votre Excellence en date du 20 courant sur la question de la responsabilité de l'Allemagne en ce qui concerne les conséquences de la guerre a démontré à la Délégation allemande de la paix que les Gouvernements alliés et associés se sont entièrement mépris sur le sens dans lequel le Gouvernement allemand et le peuple allemand se sont implicitement déclarés d'accord au sujet de la note du Secrétaire d'État Lansing en date du 5 novembre 1918. Pour éclaircir ce malentendu, la Delégation allemande se voit obligée de rappeler à

(*TRANSLATION.*)

His Excellency the President of the Peace Conference, etc.,

Mr. CLEMENCEAU.

Versailles, May 24th, 1919.

SIR,

The content of your Excellency's note of 20 th inst., concerning the question of Germany's responsibility for the consequences of the war, have shown the German Peace Delegation that the Allied and Associated Governments have completely misunderstood the sense in which the German Government and the German nation tacitly gave their assent to the note of Secretary of State Lansing of November 5th 1918. In order to clear up this misunderstanding the German Delegation find themselves compelled to call back to the memory of the Allied

---

Seiner Exzellenz dem Präsidenten der Friedenskonferenz, etc.,

Herrn CLEMENCEAU.

Versailles, den 24. Mai 1919.

HERR PRÄSIDENT,

Der Inhalt des Schreibens Euerer Exzellenz vom 20. d. M. über die Frage der Verantwortlichkeit Deutschlands für die Folgen des Krieges hat der deutschen Friedensdelegation gezeigt, dass die alliierten und assoziierten Regierungen den Sinn vollständig missverstanden haben, in dem die deutsche Regierung und das deutsche Volk sich mit der Note des Staatssekretärs Lansing vom 5. November 1918 stillschweigend einverstanden erklärten. Um dieses Missverständnis aufzuklären,

la mémoire des Gouvernements alliés et associés les événements antérieurs à cette note.

Le Président des États-Unis d'Amérique avait, à différentes reprises, solennellement déclaré que la guerre mondiale ne devrait pas finir par une paix de force, mais par une paix de droit et que l'Amérique n'était entrée en lice que pour cette paix de droit. C'est pour ce but de guerre que fut créée la formule : « Point d'annexions, point de contributions, point de dommages-intérêts en guise de punition. » Mais d'autre part, le Président a exigé péremptoirement le rétablissement du droit violé. Ce qu'il y a de positif dans cette demande fut exprimé dans les quatorze points que le Président a établis dans son message du 8 janvier 1918. Ce dernier exige du peuple allemand deux choses surtout : premièrement, de renoncer à des parties importantes du territoire de l'Empire à l'Ouest et à l'Est sous le point de vue de l'autodisposition nationale; deuxièmement de promettre la restauration des territoires occupés de la Belgique et du Nord de la France. Le Gouvernement allemand et le peuple allemand pouvaient accepter ces deux exigences, puisque le principe de l'autodisposition correspondait à la nouvelle

and Associated Governments the events which preceded that note.

The President of the United States of America had several times solemnly declared that the world-war should be terminated not by a Peace of Might, but by a Peace of Right, and that America had entered the war solely for this Peace of Right. For this war-aim the formula was established :

« No annexions, no contributions, no punitive damages ». On the other hand however the President demanded the unconditional restitution of the violated Right. The positive side of this demand found expression in the fourteen points which were laid down by President Wilson in his message of January 8 th 1918. This message contains two principal claims against the German nation: Firstly, the surrender of important parts of German territory in the West and in the East on the basis of national self-determination; secondly, the promise to restore the occupied territories of Belgium and the North of France. Both demands could be acceded to by theGerman Government and the German Nation, as the principle of self-determination was concordant with the new demo-

---

sieht sich die deutsche Delegation genötigt, den alliierten und assoziierten Regierungen die Ereignisse ins Gedächtnis zurückzurufen, die jener Note voraufgehen.

Der Präsident der Vereinigten Staaten von Amerika hatte zu verschiedenen Malen feierlich erklärt, dass der Weltkrieg nicht mit einem Machtfrieden, sondern mit einem Rechtsfrieden enden solle, und dass Amerika nür für diesen Rechtsfrieden in den Kampf gezogen sei. Für dieses Kriegsziel wurde die Formel geprägt; « Keine Annexionen, keine Kontributionen, keine Strafzahlungen ». Auf der anderen Seite verlangte aber der Präsident unbedingt die Wiederherstellung des verletzten Rechtszustands. Die positive Seite dieser Forderung fand ihren Ausdruck in den vierzehn Punkten, die der Präsident in seiner Botschaft vom 8. Januar 1918 niedergelegt hat. Sie verlangt von dem deutschen Volk hauptsächlich zweierlei : erstens, den Verzicht auf wichtige Teile des Reichsgebiets im Westen und Osten unter dem Gesichtspunkt der nationalen Selbstbestimmung; zweitens, das Versprechen der Wierderherstellung der besetzten Gebiete Belgiens und Nordfrankreichs. Auf beide Forderungen konnten sich die deutsche Regierung und das deutsche Volk einlassen, weil der

constitution démocratique de l'Allemagne et que les Allemands, par une agression contraire au droit des gens, savoir la violation de la neutralité belge, avaient porté le fléau de la guerre dans lesdits territoires à restaurer.

L'ancien Gouvernement avait d'ailleurs déjà reconnu le droit d'autodisposition du peuple polonais ainsi que le tort fait à la Belgique.

Or, si la lettre de l'Entente transmise le 5 novembre 1918 au Gouvernement allemand par le Secrétaire d'Etat Lansing a donné à la notion de la restauration des territoires envahis une interprétation plus détaillée, il paraissait s'entendre de soi-même, à la manière de voir allemande, que le devoir de réparation constaté dans l'interprétation ne pouvait pas s'appliquer à d'autres territoires que ceux dont les dommages subis ne pouvaient être niés comme étant illégaux et dont les hommes d'Etat dirigeants chez l'adversaire avaient énergiquement désigné la restauration comme but de guerre. C'est ainsi que le Président Wilson, dans son message du 8 janvier 1918, a expressément caractérisé la réparation du tort fait à la Belgique comme l'acte salutaire, sans lequel toute la structure et toute la validité du droit des gens seraient à tout jamais ébran-

cratic constitution of Germany, and as the territories to be restored had been aggressed by Germany with the terrors of war through an act contrary to the law of Nations, namely by the violation of Belgium's neutrality.

The right of self-determination of the Polish nation had, as a matter of fact, already been acknowledged by the former German Government, just the same as the wrong done to Belgium.

When, therefore, in the note the Entente transmitted by Secretary of State Lansing on November 5th 1918 to the German Government a more detailed interpretation was given of what was meant by restoration of the occupied territories, it appeared from the German point of view to be a matter of course that the duty to make compensation, established in this interpretation, could not relate to other territories than those the damaging of which had to be admitted as contrary to Right and the restoration of which had been proclaimed as war-aim by the leading enemy statesmen. Thus President Wilson in his message of January 8th 1918 expressly termed the reparation of the wrong done to Belgium as the healing act without which the whole structure and validity of international law would be for ever impaired. In a like

---

Grundsatz der Selbstbestimmung der neuen demokratischen Verfassung Deutschlands entsprach und die herzustellenden Gebiete von deutscher Seite durch eine völkerrechtswidrige Handlung, nämlich durch die Verletzung der Neutralität, mit den Schrecken des Krieges überzogen worden waren.

Das Selbstbestimmungsrecht des polnischen Volks hatte übrigens schon die frühere Regierung ebenso anerkannt, wie das an Belgien verübte Unrecht.

Wenn nun das durch den Staatssekretär Lansing vom 5. November 1918 an die deutsche Regierung übermittelte Schreiben der Entente den Begriff der Wiederherstellung der besetzten Gebiete einer näheren Auslegung unterzog, so erschien es für die deutsche Auffassung selbstverständlich, dass die Ersatzpflicht, die in der Auslegung festgestellt wurde, sich nicht auf andere Gebiete beziehen konnte, als die, deren Schädigung als rechtswidrig zuzugeben war und deren Herstellung die leitenden Staatsmänner der Gegner als Kriegsziel betont hatten. So hat Präsident Wilson die Wiedergutmachung des Unrechts an Belgien in seiner Botschaft vom 8. Januar 1918

lées. De même, le premier Ministre anglais, M. Lloyd George, a dit dans son discours à la Chambre des Communes le 22 octobre 1917 :

« L'entier rétablissement politique, territorial et économique de l'indépendance de la Belgique et son indemnisation, en tant que celle-ci serait possible, pour la destruction de ses villes et de ses provinces ont toujours constitué les principales demandes du Gouvernement britannique et de ses alliés. Ce n'est point demander une indemnité de guerre, comme celle imposée à la France en 1871 par l'Allemagne. Ce n'est point chercher à débarrasser l'un des belligérants des frais de la guerre pour en charger l'autre. »

Ce qui vient d'être dit par rapport à la Belgique, l'Allemagne devait aussi le reconnaître pour le Nord de la France, puisque les armées allemandes n'étaient parvenues dans les territoires français qu'en violant la neutralité belge.

C'est de cette agression que le Gouvernement allemand a avoué la responsabilité de l'Allemagne, mais non pas en ce qui concerne une prétendue culpabilité en fait de l'origine de la guerre ou le fait extrinsèque que la déclaration formelle de la guerre est venue de sa part. Ce qui, aux yeux du Gouvernement

manner the English Prime Minister, Mr. Lloyd George, in his speech held in the House of Commons on October 22nd 1917 proclaimed :

« The first requirement always put forward by the British Government and their Allies has been the complete restoration, political, territorial and economic of the independence of Belgium and such reparation as can be made for the devastation of its towns and provinces. This is no demand for war indemnity, such as that imposed on France by Germany in 1871. It is not an attempt to shift the cost of warlike operations, from one belligerent to another. »

What is here said of Belgium, Germany had to acknowledge also with regard to the North of France, as the German armies had only reached the French territories by the violation of Belgium's neutrality.

It was for this aggression that the German Government admitted Germany to be responsible, it did not admit Germany's alleged responsibility for the origin of the war or for the merely incidental fact that the formal declaration of war had emanated from Germany. The importance of State Secretary

---

ausdrücklich als den heilenden Akt bezeichnet, ohne den die ganze Struktur und Geltung des Völkerrechts für immer erschüttert sein würde. Ebenso hat der englische Premierminister Herr Lloyd George in seiner Rede im Unterhause am 22. Oktober 1917 gesagt :

« Die vornehmsten Forderungen der britischen Regierung und ihrer Verbündeten waren stets die völlige, politische, territoriale und wirtschaftliche Wiederherstellung der Unabhängigkeit Belgiens und seine Entschädigung, soweit eine solche möglich ist, für die Zerstörung seiner Städte und Provinzen. Das ist keine Forderung einer Kriegsentschädigung, wie die, die 1871 Frankreich von Deutschland auferlegt wurde. Es ist kein Versuch, die Kosten der Kriegführung von dem einen Kriegführenden auf den anderen abzuwälzen. »

Was hier für Belgien gesagt wird, musste Deutschland auch für Nordfrankreich anerkennen, da die deutschen Heere nur auf dem Wege über die verletzte belgische Neutralität die französischen Gebiete erreicht hatten.

Dieser Angriff war es, für den die deutsche Regierung Deutschlands Verantwortlichkeit zugab, nicht aber eine angebliche Schuld am Ausbruch des Krieges oder die äusserliche Tatsache, dass die formelle Kriegserklärung von seiner Seite ausgegangen war. Die Bedeutung der Note des Staats-

allemand donnait de l'importance à la note du Secrétaire d'État Lansing, c'était que l'obligation de réparer ne fût pas limitée à la restauration des valeurs réelles, mais se trouvât étendue à tout dommage subi dans le territoire envahi par la population civile en corps ou biens, fût-il causé au cours des opérations militaires soit par terre, soit par mer, soit par la voie des airs.

Le peuple allemand a bien ressenti ce qu'il y avait d'unilatéral à ce procédé consistant à vouloir lui imposer la restauration de la Belgique et du Nord de la France, tout en lui déniant le droit d'être indemnisé pour l'invasion et la dévastation de ses territoires de l'Est par les troupes du tsarisme russe d'après un plan arrêté de longue main. Mais il a reconnu que, d'après le droit des gens formel, il fallait apprécier l'agression russe autrement que l'invasion de la Belgique et par conséquent il s'est abstenu de réclamer, en ce qui le concerne, une compensation.

Or, si les Gouvernements alliés et associés défendaient le point de vue d'après lequel une indemnisation est due pour tout acte contraire au droit des gens commis pendant la guerre, la Délégation allemande ne conteste pas la jus-

Lansing's note for Germany rather lays in the fact of the duty to make reparation not being limited to the restoration of material value, but being extended to every kind of damage suffered by the civilian population in the occupied territory, in persons or in property, during the continuance of warfare, be it by land, by sea or from the air.

The German Nation was certainly conscious of the one sidedness lying in their being charged with the restoration of Belgium and Northern France, but being denied compensation for the territories in the East of Germany which had been invaded and devastated by the troops of Russian Tsarism acting on a long premeditated plan. They have, however, acknowledged that the Russian aggression must, according to the formal provisions of the Law of Nations be differently stated, than the invasion of Belgium and have therefore desisted from demanding compensation on their part.

If the Allied and Associated Governments should now maintain the view that compensation is due for every act contrary to the Law of Nations which has been committed during the war, the German Delegation does not dispute the

---

sekretärs Lansing lag für die deutsche Regierung darin, dass die Entschädigungspflicht sich nicht auf die Wiederherstellung der Sachwerte beschränkte, sondern auf jeden Schaden ausgedehnt wurde, den die Zivilbevölkerung im besetzten Gebiet an Person oder Eigentum erlitten hatte, mochte er in Verlauf der Kriegshandlungen zu Lande, zu Wasser oder von der Luft aus herbeigeführt sein.

Das deutsche Volk hat die Einseitigkeit wohl empfunden, die darin lag, dass mann ihm die Wiederherstellung Belgiens und Nordfrankreichs auferlegte, während man ihm eine Entschädigung für die Gebiete des deutschen Ostens versagte, die von den Truppen des russischen Zarismus nach einem von länger Hand vorbereiteten Plan überfallen und verwüstet worden waren. Es hat aber anerkannt, dass der russische Uberfall nach formellem Völkerrecht anders zu beurteilen war als der Einfall in Belgien, und deshalb von einer Ersatzforderung seinerseits Abstand genommen.

Wenn nunmehr die alliierten und assoziierten Regierungen die Auffassung vertreten sollten, dass für jede völlkerrechtswidrige Handlung, die im Kriege begangen worden ist, Schadenersatz geschuldet wird, so will die deutsche Delegation die grundsätzliche Richtigkeit dieses Standpunkts

tesse, en principe, de ce point de vue; mais elle fait remarquer qu'alors l'Allemagne, elle aussi, a un compte considérable de dommages à dresser et que les devoirs d'indemnisation qu'ont ses adversaires, notamment vis-à-vis de la population civile allemande, si gravement lésée par le blocus affamant contraire au droit des gens, ne sont pas limités à la période où la guerre fut faite de part et d'autre, mais qu'ils s'appliquent aussi tout particulièrement à cette période où la guerre menée par les Puissances alliées et associées n'était plus faite que contre une Allemagne qui, de son plein gré, s'était mise hors d'état de se défendre. En tout cas, la manière de voir des Gouvernements alliés et associés s'écarte de l'accord que l'Allemagne avait fait avant la conclusion de l'armistice. Elle fait surgir à l'horizon des négociations de paix une série infinie de différends et ne pourrait trouver de solution pratique que par le moyen d'une juridiction d'arbitrage internationale et impartiale, juridiction telle qu'elle est prévue à l'article XIII, alinéa 2 du Projet des Conditions de Paix. Il y est dit :

« Parmi ceux qui sont généralement susceptibles de solution arbitrale, on déclare

correctness in principle of this standpoint; they beg, however, to point out that in such case Germany also has a considerable damage account to set up and that the duty to compensate incumbent on her adversaries, particularly as against the German civilian population, which has suffered immeasurable injury by the blocade of starvation, a measure opposed to the Law of Nations if not limited to the time when actual warfare was still being carried on from both sides, but arises, in special pregnancy with regard to the time when only a one-sided war was waged by the Allied and Associated Powers against a Germany which has voluntarily laid down arms. This view of the Allied and Associated Governments, at any rate, depart from the agreement which Germany had entered into before the Armistice was concluded. It raises an endless series of controversial questions on the horizon of the Peace negotiations and can only be brought to a practical solution through a system of impartial international arbitration, an arbitration as provided for in Article 13, Part 2, of the Draft of the Conditions of Peace. This clause prescribes :

« Disputes as to the interpretation of a treaty, as to any question of international law,

---

nicht bestreiten; sie macht aber darauf aufmerksam, dass dann auch Deutschland eine erhebliche Schadenrechnung aufzustellen hat, und dass die Ersatzverpflichtungen seiner Gegner, insbesondere gegenüber der durch die völkerrechtswidrige Hungerblockade unermesslich geschädigten deutschen Zivilbevölkerung, sich nicht auf die Zeit beschränken, wo der Krieg noch beiderseits geführt wurde, sondern ganz besonders auch für die Zeit zutreffen, wo es nur noch eine Kriegführung der alliierten und assoziierten Mächte gegen das freiwillig wehrlos gewordene Deutschland gab. Jedenfalls entfernt sich die Auffassung der alliierten und assoziierten Regierungen von der Vereinbarung, die Deutschland vor Abschluss des Waffenstillstands getroffen hatte. Sie lässt eine endlose Reihe von Streitfragen am Horizont der Friedensverhandlungen emporsteigen und könnte zu einer praktischen Lösung nur durch eine unparteiische internationale Schiedsgerichtsbarkeit gebracht werden, eine Schiedsgerichtsbarkeit, wie sie in Artikel 13 Abs. 2 des Entwurfs der Friedensbedingungen vorgesehen ist. Dieser Absatz bestimmt :

« Zu den Fragen, die im allgemeinen eine schiedsrichterliche Lösung zulassen, gehören die Streitfragen über alle Punkte des internationalen Rechtes über die Auslegung eines Vertrages, über

tels les différends relatifs à l'interprétation d'un traité, à tout point de droit international, à la réalité de tout fait qui, s'il était établi, constituerait la rupture d'un engagement international, ou à l'étendue ou à la nature de la réparation due pour une telle rupture. »

Votre Excellence fait remarquer ensuite dans sa lettre du 20 courant que, d'après les principes du droit international aucun peuple ne peut éteindre une obligation déjà encourue par son Gouvernement en modifiant son régime politique ou en transformant son personnel dirigeant. La Délégation allemande ne songe nullement à contester la justesse de ce principe; elle ne proteste pas non plus contre l'exécution de l'accord introduit sur l'offre de l'ancien Gouvernement en date du 5 octobre 1918, mais contre la punition prévue dans le projet de paix pour les prétendues fautes de ses anciens dirigeants politiques et militaires. Le Président des États-Unis d'Amérique a déclaré le 4 décembre 1917 que la guerre ne devrait se terminer par un acte de vengeance quelconque, qu'aucune nation, aucun peuple ne serait dépouillé ni puni parce que ses souverains irresponsables auraient commis quelque injustice grave et exécrable. La Délégation allemande ne

as to the existence of any fact which if established would constitute a breach of any international obligation, or as to the extent and nature of the reparation to be made for any such breach, are declared to be among those which are generally suitable for submission to arbitration. »

Your Excellency has further pointed out in your note of 20th inst., that according to the principles of international law no nation could, through an alteration of its political form of government or through a change in the persons of its leaders, cause to be extinguished and obligation once incurred by its Government. The German Peace Delegation is far from contesting the correctness of this principle; they also do not protest against the execution of the agreement introduced by the former Government proposal of October 5th, 1918, but they do take objection to the punishment, provided for by the Draft of the Peace Treaty, for the alleged offences of the former political and military leaders of Germany. The President of the United States of America on December 4th, 1917 declared that the war should not end in vindictive action of any kind, that no nation or people should be robbed or punished because

---

das Bestehen jeder Tatsache, deren Eintreten die Verletzung einer internationalen Verpflichtung bedeuten würde, oder über die Ausdehnung und die Art der Wiedergutmachung die im Falle einer solchen Verletzung zu leisten wäre. »

Euere Exzellenz weisen ferner in Ihrem Schreiben vom 20 d. M. darauf hin, dass nach den Grundsätzen des internationalen Rechts kein Volk durch eine Veränderung seiner politischen Regierungsform oder durch einen Wandel in den Personen seiner Führer eine von seiner Regierung einmal eingegangene Verpflichtung zum Erlöschen bringen kann. Die deutsche Friedensdelegation ist weit davon entfernt, die Richtigkeit dieses Grundsatzes zu bestreiten; sie verwahrt sich auch nicht gegen die Durchführung des durch das Angebot der früheren Regierung vom 5. Oktober 1918 eingeleiteten Abkommens, sondern gegen die in dem Friedensentwurf enthaltene Bestrafung für die angeblichen Vergehen seiner früheren politischen und militärischen Leiter. Der Präsident der Vereinigten Staaten von Amerika hat am 4. Dezember 1918 erklärt, dass der Krieg nicht mit einem Racheakt irgend einer Art beendet werden solle, dass keine Nation, kein Volk beraubt oder

se réfère pas à cette promesse ou à des promesses semblables pour se soustraire à quelque obligation que ce soit dictée par le droit des gens; mais elle se croit le droit de les rappeler au moment où l'on veut imposer au peuple allemand la responsabilité des origines de la guerre et de tous les dommages de guerre.

Dans les négociations officielles peu de temps encore avant la conclusion de l'armistice, il fut promis au peuple allemand que le sort de l'Allemagne serait changé fondamentalement si on le séparait de celui de ses Gouvernants. La Délégation allemande ne voudrait pas interpréter les paroles de votre Excellence en ce sens que la promesse des Gouvernements alliés et associés n'aurait été alors qu'une ruse de guerre destinée à paralyser la résistance du peuple allemand et que maintenant on voudrait reprendre cette promesse.

Enfin votre Excellence fait valoir que les Puissances alliées et associées ont le droit de traiter l'Allemagne par les mêmes méthodes que celle-ci aurait appliquées de son côté lors du traité de Francfort et lors du traité de Brest-Litovsk. Pour le moment, la Délégation allemande se

the irresponsible rulers of the country had themselves done deep and abominable wrong. The German Delegation does not plead these or other premises to evade any obligation incumbent on Germany by the Law of Nations, but they feel intitled to call them to memory if the German nation is to be held responsible for the origin of the war and made liable for its damages.

Whilst the public negotiations immediately preceding the conclusion of the Armistice were still going on, the German nation was promised, that Germany's let would be fundamentally altered if it were severed from the fate of its rulers. The German Delegation would not like to take your Excellency's words to mean that the promise made by the Allied and Associated Governments at that time was merely a ruse of war employed to paralyse the resistance of the German nation, and that this promise is now to be withdrawn.

Your Excellency has finally contendod that the Allied and Associated Governments had the right to treat Germany after the same methode as had been adopted by her in the Peace Treaties of Frankfort and Brest-Litowsk. The German Delegation for the present refrains

---

bestraft werden solle, weil die unverantwortlichen Herrscher des Landes ihrerseits ein schweres und verabscheuungswürdiges Unrecht begangen haben. Die deutsche Delegation beruft sich nicht auf diese und ähnliche Zusagen, um sich irgend welchen völkerrechtlichen Verpflichtungen zu entziehen; aber sie fühlt sich berechtigt, an sie zu erinnern, wenn man dem deutschen Volke die Verantwortung für den Ausbruch des Krieges und die Haftbarkeit für alle Kriegsschäden auferlegen will.

Noch in den öffentlichen Verhandlungen kurz vor Abschluss des Waffenstillstands wurde dem deutschen Volk versprochen, dass Deutschlands Schicksal eine grundlegende Aenderung erfahren würde, wenn man es von dem seiner Herrscher trennte. Die deutsche Delegation möchte die Worte Euerer Exzellenz nicht dahin verstehen, dass die Zusage der alliierten und assoziierten Regierungen damals nur eine Kriegslist war, um den Widerstand des deutschen Volkes zu lähmen, und dass die Zusage heute zurückgenommen werden soll.

Schliesslich machen Euere Exzellenz geltend, dass die alliierten und assoziierten Mächte das Recht haben, Deutschland nach denselben Methoden zu behandeln, die es beim Frankfurter Frieden und beim Frieden von Brest-Litowsk seinerseits angewendet habe. Die deutsche Delegation unterlässt

dispense d'examiner sur quel point ces deux traités se distinguent du projet de traité dont il s'agit actuellement; car il est trop tard aujourd'hui pour les Gouvernements alliés et associés de fonder des droits sur ces précédents. C'était le moment de le faire lorsqu'ils avaient le choix d'accepter ou de refuser les quatorze points du Président des États-Unis d'Amérique comme base de la paix. Dans ces quatorze points la réparation de l'injustice de 1870-1871 était expressément demandée, et le traité de Brest-Litovsk y était présenté comme un exemple rebutant. A ce moment-là, les Gouvernements alliés et associés n'ont pas voulu prendre comme modèle une paix de force qui appartient au passé.

Le peuple allemand qui n'a jamais assumé la responsabilité de ce que la guerre avait éclaté a le droit de demander que ses adversaires lui fassent savoir pour quelles raisons et avec quelles preuves ils vont faire de sa faute pour tous les dommages et pour toutes les souffrances de cette guerre la base des conditions de paix. C'est pourquoi il ne peut pas se contenter qu'on le paye de l'observation que les matériaux concernant la question des responsabilités et rassemblés par une Commission spéciale par les soins des

from examining in what respects those two Acts of Peace differ from the present Peace Draft, for it is now too late for the Allied and Associated Governments to found a claim of right on these precedences. The moment for so doing had came when they were put before the alternative of accepting the fourteen point's of the President of the United States of America as basis of Peace or rejecting them. In these fourteen points the reparation of the wrong done in 1870-1871 was expressly demanded and the Peace of Brest-Litowsk was spoken of as deterrent example. The Allied and Associated Governments at that time declined to take a peace of violence of the past as a model.

The German nation never having assumed the responsibility for the origin of the war, has a right to demand that it be informed by its opponents from what reasons and on what evidence the conditions of peace are based on Germany's being to blame for all damages and all sufferings of this war. It can not therefore consent to be put off with the remark that the data on the question of responsability collected by the Allied and Associated Governments through a special Commission are documents of

---

es vorläufig, zuprüfen, inwiefern sich jene beiden Friedensschlüsse von dem heute vorliegenden Friedensentwurf unterscheiden; denn für die alliierten und assoziierten Regierungen ist es heute zu spät, auf jene Präjudizien einen Rechtsanspruch zu gründen. Der Augenblick hierfür war gekommen, als sie vor der Wahl standen, die vierzehn Punkte des Präsidenten der Vereinigten Staaten von Amerika als Friedensbasis anzunehmen oder abzulehnen. In diesen vierzehn Punkten wurde ausdrücklich die Wiedergutmachung des Unrechts von 1870/71 verlangt und von dem Frieden von Brest-Litowsk als von einem abschreckenden Beispiel gesprochen. Die alliierten und assoziierten Regierungen haben es damals abgelehnt, sich einen Gewaltfrieden der Vergangenheit zum Muster zu nehmen.

Das deutsche Volk, das niemals die Verantwortlichkeit für den Ausbruch des Krieges auf sich genommen hat, kann mit Recht verlangen, dass ihm seine Gegner mitteilen, aus welchen Gründen und mit welchen Beweismitteln sie seine Schuld an allen Schäden und Leiden dieses Krieges als Unterlage der Friedensbedingungen machen. Es kann sich daher nicht mit der Bemerkung abspeisen

Gouvernements alliés et associés sont une affaire interne desdits Gouvernements. Cette question qui est vitale pour le peuple allemand doit être discutée en toute publicité ; les méthodes de la diplomatie secrète ne sont pas ici de mise. Le Gouvernement se réserve de revenir sur ce sujet.

Veuillez agréer, Monsieur le Président, les assurances de ma haute considération.

Signé : BROCKDORFF-RANTZAU.

an internal nature of these Governments. This, a question of life or death for the German nation, must be discussed in all publicity; methods of secret diplomacy are here out of place. The German Government reserve for themselves the liberty of coming back on the subject.

Accept, Sir, the assurance of my high esteem.

Signed : BROCKDORFF-RANTZAU.

---

lassen, das von den alliierten und assoziierten Regierungen durch eine besondere Kommission in der Frage der Verantwortlichkeit gesammelte Material sei eine innere Angelegenheit dieser Regierungen. Diese Lebensfrage des deutschen Volks muss in aller Oeffentlichkeit erörtert werden; Methoden der Geheimdiplomatie sind hierbei nicht am Platze. Die deutsche Regierung behält sich vor, auf die Angelegenheit zurückzukommen.

Genehmigen Sie, Herr Präsident, den Ausdruck meiner ausgezeichneten Hochachtung.

Gez. : BROCKDORFF-RANTZAU.

NOTE N° 14.

(*TRADUCTION.*)

A Son Excellence le Président de la Conférence de la Paix, etc.,

M. CLEMENCEAU.

Versailles, le 26 mai 1919.

MONSIEUR LE PRÉSIDENT,

Dans ma lettre du 17 courant, concernant le traitement des missions évangéliques et catholiques, il a été omis par une faute d'écriture dans l'original allemand, à la deuxième phrase du troisième alinéa, derrière les mots : « mehr als anderthalb Millionen » le mot « Neuchristen », tandis que les expressions correspondantes se trouvent dans la traduction française et anglaise. Je prie Votre Excellence de vouloir prendre connaissance de la correction sus-indiquée du texte allemand.

Veuillez agréer, Monsieur le Président, les assurances de ma haute considération.

Signé : BROCKDORFF-RANTZAU.

(*TRANSLATION.*)

To His Excellency the President of the Peace Conference, etc.,

Mr. CLEMENCEAU.

Versailles, 26th May 1919.

SIR,

In my note dated 17th inst., concerning the treatment of the German Evangelic and Catholic Mission, in the second sentence of the part following the second break the word « Neuchristen », behind the words « mehr als anderthalb Millionen », has been omitted in the German original texte through a clerical error, whereas the French and English translations contain the equivalent words. I beg of Your Excellency to take note of the above correction of the German text.

Accept, Sir, the assurance of my high seteem.

Signed : BROCKDORFF-RANTZAU.

An Seine Exzellenz den Präsidenten der Friedenskonferenz, etc.

Herrn CLEMENCEAU.

Versailles, den 26. Mai 1919.

HERR PRÄSIDENT,

In meinem Schreiben vom 17. d. M. über die Behandlung der deutschen evangelischen und katholischen Mission ist im deutschen Urtext im zweiten Satz des dritten Absatzes hinter den Worten « mehr als anderthalb Millionen » das Wort « Neuchristen » durch ein Schreibversehen ausgelassen, ährend sich in der französischen und englischen Uebersetzung die entsprechenden Ausdrücke finden. Ich bitte Euere Exzellenz von der vorstehenden Verbesserung des deutschen Textes Kenntnis nehmen zu wollen.

Genehmigen Sie, Herr Präsident, den Ausdruck meiner ausgezeichneten Hochachtung.

Gez. : BROCKDORFF-RANTZAU.

NOTE N° 15.

(*TRADUCTION.*)

A Son Excellence le Président de la Conférence de la Paix, etc.,

Monsieur CLEMENCEAU.

Versailles, le 28 Mai 1919.

MONSIEUR LE PRÉSIDENT,

J'ai l'honneur de faire parvenir ci-joint à Votre Excellence la première partie du Mémoire (1) dans lequel la Délégation allemande de la Paix définit l'attitude qu'elle prend vis-à-vis du Projet du Traité de Paix remis à elle le 7 mai 1919 par les Gouvernements des Puissances alliées et associées.

Le reste du Mémoire suivra demain.

Veuillez agréer, Monsieur le Président, les assurances de ma haute considération.

Signé : BROCKDORFF-RANTZAU.

(*TRANSLATION.*)

To His Excellency the President of the Peace Conference, etc.,

Mr. CLEMENCEAU.

Versailles. May 28th 1919.

SIR,

I have the honour of sending enclosed to Your Excellency the first part of the Memorial (1) in which the German Peace Delegation is defining its attitude regarding the Draft of the Treaty of Peace presented to it on May 7th 1919 by the Governments of the Allied and Associated Powers.

The remainder of the Memorial will follow to morrow.

Accept, Sir, the assurance of my high esteem.

Signed BROCKDORFF-RANTZAU.

An Seine Exzellenz den Präsidenten der Friedenskonferenz, etc.

Herrn CLEMENCEAU.

Versailles, den 28. Mai 1919.

HERR PRÄSIDENT,

Ich habe die Ehre, Euerer Exzellenz anbei den ersten Teil der Denkschrift (1) zu übersenden, in der die deutsche Friedensdelegation zu den ihr am 7. Mai 1919 von den Regierungen der alliierten und assoziierten Mächte überreichten Friedensvertragsentwurf Stellung nimmt.

Der Rest der Denkschrift wird morgen nachfolgen.

Genehmigen Sie, Herr Präsident, die Versicherung meiner ausgezeichneten Hochachtung.

Gez. : BROCKDORFF-RANTZAU.

---

(1) Les observations de la Délégation allemande font l'objet d'un fascicule séparé.

NOTE N° 16.

(*TRADUCTION.*)

A Son Excellence le Président de la Conférence de la Paix, etc.

Monsieur CLEMENCEAU.

Versailles, le 29 mai 1919.

MONSIEUR LE PRÉSIDENT,

J'ai l'honneur de vous remettre ci-jointes les observations de la Délégation allemande au sujet du projet de Traité de Paix. Nous étions venus à Versailles dans l'espoir de recevoir des propositions de Paix fondées sur la base convenue. Nous avions la ferme volonté de faire tout ce qui était en notre pouvoir pour remplir les lourds engagements pris par nous. Nous avions espéré obtenir la Paix du droit que l'on nous avait promise. Nous étions épouvantés en apprenant par ce document les prétentions que la force victorieuse de l'adversaire nous impose.

(*TRANSLATION.*)

To His Excellency the President of the Peace Conference, etc.

Mr CLEMENCEAU.

Versailles, may 29th 1919.

SIR,

I have the honour to transmit herewith the observations of the German Delegation on the Draft on the Treaty of Peace. We had come to Versailles in the expectation of receiving a proposal of peace founded on the basis mutually agreed upon. We had the firm intention of doing everything in our power to fulfil the heavy obligations which have been assumed by us. We hoped to get the Peace of Right which has been promised us. We vere aghast when, in reading that document, we learned what demands Might triumphant has raised against us. The deeper

---

An Seine Exzellenz den Präsidenten der Friedenskonferenz, etc.

Herrn CLEMENCEAU.

Versailles, den 29. Mai 1919.

HERR PRÄSIDENT,

Ich habe die Ehre, Ihnen in der Anlage die Bemerkungen der deutschen Delegation zu dem Entwurf des Friedensvertrags zu überreichen. Wir waren nach Versailles in der Erwartung gekommen, einen auf der vereinbarten Grundlage aufgebauten Friedensvorschlag zu erhalten. Wir hatten den festen Willen, alles zu tun, was in unseren Kräften stand, um den schweren von uns übernommenem Verpflichtungen nachzukommen. Wir hofften auf den Frieden des Rechts, den man uns verheissen. Wir waren entsetzt, als wir in jenem Dokument lasen, welche Forderungen

Plus nous pénétrions l'esprit de ce Traité, plus nous sommes convaincus qu'il est inexécutable. Les exigences en dépassent la force du peuple allemand.

Pour reconstituer l'Empire polonais on nous demande de renoncer à des territoires incontestablement allemands, c'est-à-dire à presque l'entière province de la Prusse occidentale, en majeure partie allemande, à des parties allemandes de la Poméranie, à Danzig foncièrement allemande; nous devrions laisser transformer la vieille ville hanséatique en un « État libre » sous la suzeraineté polonaise. On nous demande de consentir à ce que la Prusse orientale soit amputée au corps de l'État, comdamnée à dépérir, et à ce qu'elle soit privée de sa partie septentrionale avec la ville de Memel purement allemande. On nous demande de renoncer à la Haute Silésie en faveur de la Pologne et de la Tchéo-Slovaquie, bien qu'elle soit étroitement rattachée à l'Allemagne par des liens politiques, depuis plus de 750 ans, qu'elle soit imbue de vie allemande et qu'elle constitue la base de l'industrie dans toute l'Allemagne orientale. On nous demande de céder à la Belgique des arrondissements en majeure partie allemands sans garanties suffisantes de l'indépen-

we penetrated into the spirit of this Treaty, the more we became convinced of its impracticability. The demands raised go beyond the power of the German nation.

For the purpose of the re-establishment of the Polish Empire we are to renounce territory uncontestedly German, that is to say, almost the whole of the Province of West-Prussia prevailingly German, German parts of Pomerania, the genuine German city of Danzic; we are to allow the hold Hanse-town to be converted into a « Free City » under Polish suzerainty. We are to give our consent to East Prussia's being amputated from the organism of the state, to its being condemned to decay and to its being deprived of its northern part with the pure German town of Memel. In favour of Poland and the Tchecko-Slovak State we are to surrender Upper Silesia in spite of its being, since upwards of 750 years, in close political union with Germany, of its pulsing, with German life and of its constituting the foundation for the industry in the whole of Eastern Germany. Districts with a German majority are to be ceded to Belgium by way of a plebiscite, only subsequently to be entered upon and without sufficient

die siegreiche Gewalt des Gegners an uns stellt. Je tiefer wir in den Geist dieses Vertrages eindrangen, um so mehr überzeugten wir uns von seiner Undurchführbarkeit. Die Zumutungen dieses Vertrages gehen über die Kraft des deutschen Volkes.

Wir sollen zur Wiederherstellung des polnischen Reiches auf unbestritten deutsches Gebiet verzichten, fast auf die ganze überwiegend deutsche Provinz Westpreussen, auf deutsche Teile Pommerns, auf das kerndeutsche Danzig, sollen die alte Hansestadt in einen Freistaat polnischer Suzeränität umwandeln lassen. Wir sollen darein willigen, dass Ostpreussen vom Staatskörper amputiert, zum Absterben verurteilt und seines nördlichsten Teiles mit dem rein deutschen Memel beraubt wird. Wir sollen zu Gunsten Polens und Tschecho-Slowakiens auf Oberschlesien verzichten, obgleich es, seit mehr als 750 Jahren in enger politischer Verbindung mit Deutschland steht, von deutschem Leben erfüllt ist und die Grundlage für die Industrie im ganzen östlichen Deutschland bildet. Überwiegend deutsche Kreise sollen an Belgien abgetreten werden, ohne genügende Garantien für die Unabhängigkeit einer erst nachträglichen Abstimmung. Das rein deutsche Saargebiet

dance d'un plébiscite futur. On se propose de détacher de l'Empire la région absolument allemande de la Sarre et de préparer l'annexion ultérieure à la France, quoique nous devions à la France du charbon seulement et non pas des hommes.

On demande à occuper des territoires rhénans pendant quinze ans et les Alliés seront libres de refuser de rendre ce pays; entre temps ils pourraient faire tout pour rompre les liens économiques et moraux qui le rattachent à la mère-patrie et pour détourner la volonté de la population indigène.

Une Allemagne ainsi dépecée et affaiblie devrait, quoiqu'on ait expressément renoncé à la restitution de frais de guerre, se déclarer prête en principe à supporter tous les frais de guerre de l'adversaire, sommes qui dépassent d'un multiple l'entière fortune allemande, publique et privée. Pour le moment, les adversaires, en s'éloignant de la base convenue pour la réparation des dommages causés à la population civile, exigent de l'Allemagne de répondre de ses alliés aussi. La somme à payer serait fixée par les adversaires seuls et serait sujette à des modifications et des augmentations ultérieures. Elle devrait être limitée par la capacité du peuple allemand, capacité graduée non d'après

guaranties for its unbiassed character. The genuine German Saar-District is to be severed from our Empire and its subsequent incorporation into France is to be prepared, althoug we do not owe France human beings, but merely coals.

Rhineland is to be occupied for fifteen years, and after this time the Allies are to be in a position of refusing to restore the territory; in the meantime they can do everything to sever the economic and moral relations with the mother-country and finally to forge the mind of the native population.

A Germany thus mutilated and weakened is, although her adversaries did expressly remunciate any claim to a restitution of the costs of war, to declare her readiness in principle to charge herself with all the costs of war of all the adversaries, sums which would exceed several times the entire public and private wealth of Germany. For the present the adversaries demand, going beyond the basis agreed upon, compensation for the damages caused to the civilian population, Germany being more over held ansverable for her Allies too. The sum to be paid is to be assessed in a one-sided manner by the adversaries alone and is to be subject to ulterior changes and

---

soll von unserem Reiche gelöst und seine spätere Angliederung an Frankreich vorbereitet werden, obgleich wir Frankreich keine Menschen, sondern nur Kohlen schulden.

Fünfzehn Jahre lang soll rheinisches Gebiet besetzt sein, und die Alliierten es nach fünfzehn Jahren in der Hand haben, die Rückgabe des Landes zu verweigern; in der Zwischenzeit können sie alles tun, um die wirtschaftlichen und moralischen Verbindungen mit dem Mutterlande zu lösen und schliesslich den Willen der einheimischen Bevölkerung zu fälschen.

Ein so zerstückeltes und geschwächtes Deutschland soll sich, obgleich auf Erstattung der Kriegskosten ausdrücklich verzichtet wurde, grundsätzlich bereit erklären, alle Kriegskosten der Gegner zu tragen, Summen, die das gesamte deutsche Staats- und Privatvermögen um ein Mehrfaches übersteigen würden. Einstweilen fordern die Gegner über die vereinbarte Grundlage hinaus Ersatz der Schäden der Zivilbevölkerung, wobei Deutschland auch für seine Bundesgenossen haften soll. Die zu zahlende Summe soll von den Gegnern einseitig festgesetzt werden und späterer Abänderung und Erhöhung unterliegen. Die Grenze soll die Leistungsfähigkeit des deutschen Volkes bilden;

sa manière de vivre mais seulement d'après sa faculté de satisfaire par son travail aux exigences de l'ennemi. Le peuple allemand serait ainsi condamné à une corvée perpétuelle.

Malgré les exigences aussi monstrueuses on nous veut rendre en même temps impossible la reconstruction de notre vie économique. On nous demande de livrer nôtre marine marchande, de renoncer à toutes les valeurs à l'étranger, de céder aux adversaires la propriété dans toutes les entreprises se trouvant à l'étranger et même dans les pays alliés. Les États adverses se réservent le droit de confisquer tous les biens allemands. Aucun négociant allemand résidant dans leur pays ne serait à l'abri de ces mesures de guerre.

On nous demande de renoncer entièrement à nos colonies; même dans ces colonies les missionnaires allemands n'auront pas le droit d'exercer leur profession. Nous devions donc renoncer à toute activité politique, économique et morale.

Même à l'intérieur nous devrions abandonner notre droit de disposer de nous-mêmes. La Commission internationale des réparations aurait un pouvoir dicta-

augmentations. The productive capacity of the German Nation is to set the limit, graduated not according to its standard of living, but solely according to its capability of satisfying by its work the exactions of the ennemies. The German Nation would, therefore, be condamned to perpetual slave-work.

In spite of such monstrous demands the re-building of our economic system is at the same time made impossible. We are to surrender our merchant fleet. We are to give up all foreign interests. We are to transfer to our opponents the property of all German undertakings abroad, even of those situated in countries allied to us. Even after the conclusion of peace the enemy states are to be empowered to confiscate all German property. No German merchant will then, in their countries, be safe from such war measures.

We are to completely renounce our colonies, not even in these German missionaries are to have the right of exercising their profession. We are, in other words, to renounce every kind of political, economical and moral activity.

But more than this, we are also to resign the right of self-determination in domestic affairs. Dictatorial povers are onferred on the International Reparation

---

abgestuft nicht nach seiner Lebenshaltung, sondern lediglich nach seiner Fähigkeit, die Forderungen der Feinde durch seine Arbeit zu erfüllen. Das deutsche Volk wäre also zu dauernder Sklavenarbeit verurteilt.

Trotz solcher ungeheuerlichen Forderungen wird uns gleicheizeitig der Wiederaufbau unseres Wirtschaftslebens unmöglich gemacht. Wir sollen unsere Handelsflotte ausliefern. Wir sollen auf alle Auslandswerte verzichten. Wir sollen das Eigentum an allen deutschen Auslandsunternehmungen selbst in den verbündeten Ländern auf die Gegner übertragen. Auch nach Friedensschluss sollen die feindlichen Staaten das Recht haben, alles deutsche Vermögen zur Einziehung zu bringen. Kein deutscher Kaufmann wird in ihren Ländern vor solchen Kriegsmassnahmen geschützt sein. Auf unsere Kolonien sollen wir vollständig verzichten, nicht einmal dort sollen deutsche Missionare das Recht haben, ihren Beruf auszuüben. Wir sollen also auf jede politische, wirtschaftliche und ideelle Betätigung verzichten.

Sogar im Innern sollen wir unser Selbstbestimmungsrecht aufgeben. Die internationale Kom-

torial sur toute la vie du peuple, soit dans le régime économiqce, soit dans les mesures de civilisation; ces droits dépassent de beaucoup ceux que l'Empereur, le Conseil Fédéral et le Reichstag ensemble ont exercés sur le territoire de l'Empire. Cette Commission disposerait en maîtresse absolue des budgets de l'État, des communes et des individus. Les ressorts de l'instruction et de l'hygiène relèveraient également de la Commission. Elle pourrait tenir la nation allemande toute entière dans une servitude intellectuelle. Pour augmenter les payements forcés, elle pourrait supprimer la prévoyance sociale ouvrière allemande.

Dans d'autres domaines encore on veut suspendre la souveraineté de l'Allemagne. On veut soumettre les rivières principales à une Administration internationale, contraindre l'Allemagne à construire sur son territoire tels canaux et lignes de chemins de fer que détermineront les adversaires. Elle devrait consentir à des Traités dont le contenu lui est inconnu et que ses adversaires conclueront avec les États récemment constitués de l'Est, même à ceux concernant les frontières du pays. La Nation allemande est exclue de la Société des Nations à laquelle on confie la communauté du travail de l'univers.

Commission over our whole national life in economic and cultural matters; its power by far exceeding those ever enjoyed within the German empire by the Emperor, the German Federal Council and the Reichstag put together. This Commission has the unrestrained power of disposal ower the economic system of the state, of the municipalities and of private individuals. All matters of education and public health likewise depend on it. The Commission is able to keep the whole German Nation in intellectual slavery. It can, in order to augment the payments of Serfdom, inhibit the whole system of social care for the working classes in Germany.

Also in other respects Germany's right of sovereignty is abrogated. Her principal rivers are placed under international administration, she is obliged to build on her own territory the canals and railways desired by the ennemy, she must, without knowing the contents, assent to agreements which her adversaries intend concluding with the new states in the East and which affect Germany's own boundaries. The German people is excluded from the League of Nations to which all common work of the world is confided.

---

mission für Wiedergutmachung erhält diktatorische Gewalt über unser gesamtes Volksleben in Wirtschaft und Kultur, ihre Befugnisse gehen weit über die hinaus, die der Kaiser, der deutsche Bundesrat und der Reichstag zusammen jemals im Reichsgebiet besessen haben. Diese Kommission verfügt unbeschränkt über die Wirtschaft des Staates, der Kommunen und der Einzelnen. Auch das gesamte Bildungs-und Gesundheitswesen ist von ihr abhängig. Sie kann das ganze deutsche Volk in geistiger Knechtschaft halten. Sie kann, um die Frohnzahlungen zu erhöhen, die soziale Fürsorge für die deutschen Arbeiter unterbinden.

Auch auf anderen Gebieten wird Deutschlands Souveränität aufgehoben. Seine Hauptströme werden internationaler Verwaltung unterstellt, es mus auf seinen Gebieten die von den Gegnern gewünschten Kanäle und Eisenbahnen bauen, es muss den Verträgen unbekannten Inhalts zustimmen, die von seinen Gegnern mit den neuen Staaten des Ostens geschlossen werden sollen, selbst über seine eigenen Grenzen. Das deutsche Volk ist aus dem Bunde der Völker ausgeschlossen, dem alle gemeinschaftliche Arbeit der Welt anvertraut ist.

Une nation entière est donc ainsi sommée de signer sa propre proscription, voir sa sentence de mort.

L'Allemagne sait qu'il lui faut faire des sacrifices pour obtenir la Paix. L'Allemagne sait qu'elle s'est engagée par des conventions à faire ces sacrifices et elle emploiera ses forces jusqu'aux dernières limites pour les réaliser.

1. L'Allemagne offre de désarmer la première avant toutes les autres nations pour démontrer qu'elle les aidera volontiers à amener l'ère nouvelle de la Paix. Elle abandonne le service militaire obligatoire et, abstraction faite de dispositions transitoires, elle reporte le chiffre de son armée à 100,000 hommes. Elle renonce même aux bâtiments de combat que ses adversaires se proposent de lui laisser. Mais elle présume qu'elle soit reçue immédiatement et à droits égaux dans la Société des Nations. Elle présume qu'il soit fondée une vraie Société de Nations renfermant toutes les Nations de bonne volonté, même des adversaires d'aujourd'hui. La Société doit s'inspirer du sentiment de sa responsabilité vis-à-vis de l'humanité et disposer d'un pouvoir coercitif assez fort et assez sûr pour protéger les frontières de ses membres.

Thus a whole nation is called upon to sign its own proscription, yea, even its own death warrant.

Germany knows that she must bring sacrifices in order to come to Peace. Germany knows that she has promised such sacrifices by agreement and wishes to carry them through to the utmost limit she can possibly go to.

1. Germany offers to take the lead before all other nations in disarming herself, in order to show that she is willing to help them in bringing forth the new era of the Peace of Right. She will give up compulsery service and will, apart from transitory provisions, diminish her army to 100.000 men. She is even prepared to surrender the battleships which her opponents intend leaving her. But she hereby acts on the assumption that she will be immediately admitted, as a state with equal rights, into the League of Nations. She presumes that a genuine League of Nations is to be formed, comprising all nations that are of good will, also the enemies of today. The League must be based on a sense of responsability to wards mankind and must be equipped with compulsory powers, strong and reliable enough to defend the boundaries of its members.

So soll ein ganzes Volke seine eigene Achtung, ja sein Todesurteil unterschreiben.

Deutschland weiss, dass es Opfer bringen muss, um zum Frieden zu kommen. Deutschland weiss, dass es solche Opfer vertragsgemäss zugesichert hat, und will darin an die äusserste Grenze dessen gehen, was ihm möglich ist.

1. Deutschland bietet an, mit der eigenen Entwaffnung allen anderen Völkern voranzugehen, um zu zeigen, dass es helfen will, das neue Zeitalter des Rechtsfriedens herbeizuführen. Es gibt die allgemeine Wehrpflicht auf und verringert, von Uebergangsbestimmungen abgesehen, sein Heer auf 100.000 Mann. Es verzichtet sogar auf die Schlachtschiffe, die ihm seine Feinde noch lassen wollen. Aber es setzt voraus, dass es sofort als gleichberechtigter Staat in den Völkerbund aufgenommen wird. Es setzt voraus, das ein echter Völkerbund entsteht, der alle Nationen einschliesst, die guten Willens sind, auch die Feinde von heute. Der Bund muss von einem Verantwortungsgefühl gegenüber der Menschheit getragen werden und über eine Zwangsgewalt verfügen, die stark und zuverlässig genug ist, um die Grenzen seiner Mitglieder zu schützen.

2. Quant aux questions territoriales, l'Allemagne accepte sans réserve le programme wilsonien. Elle renonce à sa souveraineté en Alsace Lorraine, mais elle y désire un plébiscite libre. Elle cède à la Pologne la majeure partie de la province de Posen, les arrondissements incontestablement habités par les Polonais y compris la capitale de Posen. Elle est prête à concéder aux Polonais un accès libre et sûr à la mer sous une garantie internationale en leur accordant des ports francs à Dantzig, à Königsberg, à Memel, en réglant la navigation sur la Vistule par un acte international, et en stipulant des tarifs spéciaux de chemins de fer. L'Allemagne est prête à assurer l'approvisionnement de la France en charbon provenant notamment du bassin de la Sarre jusqu'à ce que les mines françaises soient restaurées. Les régions de Slesvig qui sont en majeure partie danoises seront cédées au Danemark en vertu d'un plébiscite. L'Allemagne demande que le droit de libre disposition soit respecté en Autriche et en Bohême pour toutes les nationalités y compris les Allemands.

Elle est prête à placer toutes ses colonies sous l'administration collective de la Société des Nations, si elle en est reconnue mandataire.

2. In territorial questions Germany unreservedly endorses the Wilson-programme. She renounces her sovereignty in Alsace-Lorraine, désires however a free plebiscite to be carried through there. She cedes to Poland the greatest part of the province of Posnania, the districts incontestably inhabited by Poles, as well as the capital, Posen. She is ready to grant to the Poles a free and secure access to the sea under international guarantee, through conceding free ports in Danzig, Königsberg, and Memel, trough a Vistula shipping-act and through special railway conventions. Germany is prepared to assure France being supplied with coals, chiefly from the Saar-territory, till the French mines have been restored to working order. The prevailingly Danish districts of Slesvig will be handed over to Danmark on the basis of a plebiscite. Germany demands that the right of selfdetermination be respected also in favour of the Germans in Austria and Bohemia.

She is prepared to submit her entire colonies to the joint administration of the League of Nations on condition of being recognised as its mandatory.

---

2. In territorialen Fragen stellt sich Deutschland rückhaltlos auf den Boden des Wilson-Programmes. Es verzichtet auf seine Staatshoheit in Elsass-Lothringen, wünscht aber dort eine freie Volksabstimmung. Es tritt den grössten Teil der Provinz Posen, die unbestreitbar polnisch besiedelten Gebiete nebst der Hauptstadt Posen an Polen ab. Es ist bereit, den Polen durch Einräumung von Freihäfen in Danzig, Königsberg und Memel, durch eine Weichsel-Schiffahrts-Akte und durch besondere Eisenbahnverträge freien und sicheren Zugang zum Meere unter internationaler Garantie zu gewähren. Deutschland ist bereit, die wirtschaftliche Versorgung Frankreichs mit Kohlen besonders aus dem Saargebiet bis zur Wiederherstellung der französischen Bergwerke zu sichern. Die vorwiegend dänischen Gebiete Schleswigs werden auf Grund einer Volksabstimmung Dänemark überlassen. Deutschland verlangt, dass das Selbstbestimmungsrecht auch zu Gunsten der Deutschen in Oesterreich und Böhmen geachtet wird.

Es ist bereit, seine sämtlichen Kolonien der Gemeinschaftsverwaltung des Völkerbundes zu unterstellen, wenn es als dessen Mandatar anerkannt wird.

3. L'Allemagne est prête à effectuer le payement qu'elle a assumé par le programme de Paix convenu jusqu'à concurrence de cent milliards de marks en or au maximum, savoir vingt milliards de marks or jusqu'au 1er mai 1926, ensuite les quatre-vingt milliards de marks or restants par des annuités ne portant pas d'intérêts. Ces annuités devront constituer, en principe, un pourcentage déterminé du budget de l'Empire et des États allemands. L'annuité s'approcherait du total de l'ancien budget de paix. Pendant les premières dix années les annuités ne dépasseraient pas la somme d'un milliard de marks or chacune. Le contribuable allemand ne devrait pas être moins imposé que celui de l'État le plus imposé représenté à la Commission des Réparations.

Mais l'Allemagne sous-entend qu'elle n'a pas d'autres sacrifices territoriaux à faire que ceux qui ont été mentionnés plus haut et qu'elle retrouve son entière liberté d'action économique à l'intérieur et à l'extérieur.

4. L'Allemagne est prête à vouer toute sa force économique au service de la réparation. Elle désire collaborer activement à la restauration des territoires

3. Germany is prepared to make the payments incumbent on her according to the programme of Peace agreed upon up to the maximum amount of a hundred milliards marks gold, namely twenty milliard marks gold until May 1st 1926, the remaining eighty milliard marks gold afterwards by annual instalments bearing no interest. The principle is acknowledged that these instalments are to constitute a definite percentage of the revenues of the German Empire and those of its federal states. The instalment will nearly come up to the budget of former peace times. During the first ten years the instalment is not to exceed one milliard marks gold every time. The German tax-payer is to be burdened no less than the tax-payer of the most highly charged state represented on the Reparation Commission.

In conceding this Germany acts on the assumption that she whill have to make no further sacrifices of territory beyond the above mentioned ones, and that she will again be granted freedom of action at home and abroad.

4. Germany is ready to devote her entire economic power to the work of reparation. She is desirous of actively cooperating in the restoration of the de-

---

3. Deutschland ist bereit, die ihm nach dem vereinbarten Friedensprogramm obliegenden Zahlungen bis zur Höchstsumme von 100 Milliarden Mark Gold zu leisten, und zwar 20 Milliarden Mark Gold bis zum 1. Mai 1926, alsdann die restlichen 80 Milliarden Mark Gold in unverzinslichen Jahresraten. Diese Raten sollen grnndsätzlich einen bestimmten Prozentsatz der deutschen Reichs-und Staatseinnahmen ausmachen. Die Rate wird dem früheren Friedensbudget nahekommen. In den ersten zehn Jahren soll die Rate je eine Milliarde Mark Gold nicht übersteigen. Der deutsche Steue zahler soll nicht weniger belastet sein, als der des höchstbelasteten in der Wiedergutmachungskommission vertretenen Staates.

Deutschland setzt hierbei voraus, das ses keine weiteren territorialen Opfer als die vorerwähnten zu bringen hat und wieder wirtschaftliche Bewegungsfreiheit nach innen und aussen erhält.

4. Deutschland ist bereit, seine gesamte wirtschaftliche Kraft dem Dienst der Wiederherstellung zu

détruits dela Belgique et du Nord de la France. Pour couvrir le déficit de production des mines détruites du Nord de la France il devra être livré, pendant les cinq premières années, jusqu'à 20 millions de tonnes de charbon annuellement, pendant les cinq annés suivantes jusqu'à 8 millions de tonnes de charbon annuellement. L'Allemagne rendra possible d'autres livraisons pour la France, la Belgique, l'Italie et le Luxembourg.

En outre, l'Allemagne est prête à fournir des quantités considérables de benzol, de goudron, de houille, de sulfate d'ammoniaque ainsi que des matières colorantes et des produits chimiques et pharmaceutiques.

5. Enfin, l'Allemagne offre de faire l'apport dans un « pool » mondial de son tonnage marchand tout entier, de mettre à la disposition des adversaires une partie des frets à valoir au titre de réparations et de construire pendant des années consécutives sur les chantiers allemands un tonnage supérieur à leurs revendications.

6. Pour remplacer les bateaux de rivière détruits en Belgique et dans le Nord de la France, l'Allemagne offre des bateaux de ses propres effectifs.

vastated territories in Belgium and Northern France. In compensation for the deficiency of output of the destroyed mines in northern France, up to twenty millions tons of coal a year are to be supplied during the first five years, up to eight millions tons of coal a year during the next five years. Germany will contrive to deliver further supplies of coals for France, Belgium, Italy and Luxembourg.

Furthermore Germany is ready to effectuate considerable deliveries of benzol, coal-tar, sulfide of Ammonia, dyestuffs and medicines.

5. Finally Germany offers to contribute her entire tonnage of merchant ships to a world-pool, to place at the opponents disposal part of the freights for being credited to the reparation account, and to build tonnage for them upon German yards for a number of years to an amount exceeding their demands.

6. In compensation for the river-craft destroyed in Belgium and Northern France Germany offers river-craft out of her own stocks.

---

widmen. Es wünscht, bei der Wiederherstellung der zerstörten Gebiete in Belgien und Nordfrankreich werktätig mitzuarbeiten. Für den Produktionsausfall der zerstörten Gruben Nordfrankreichs sollen während der ersten fünf Jahre bis zu 20 Millionen Tonnen Kohle jährlich, während der nächsten fünf Jahre bis zu 8 Millionen Tonnen Kohle jährlich geliefert werden. Deutschland wird weitere Kohlenlieferungen für Frankreich, Belgien, Italien und Luxemburg ermöglichen.

Ferner is Deutschland zu bedeutenden Lieferungen von Benzol, Steinkohlenteer, schwefelsaurem Ammoniak sowie Farbstoffen und Arzneimitteln bereit.

5. Schliesslich bietet Deutschland an, seinen gesamten Handelsschiffsraum in einen Weltpool einzubringen, einen Teil der Frachten den Gegnern zur Verrechnung auf den Schadenersatz zur Verfügung zu stellen und ihnen für eine Reihe von Jahren auf deutschen Werften Tonnage in einer ihre Forderungen übersteigenden Höhe zu bauen.

6. Zum Ersatz der in Belgien und Nordfrankreich vernichteten Flussschiffe bietet Deutschland Flussfahrzeuge aus eigenem Bestande an.

7. Pour remplir le plus vite possible son devoir d'indemnisation, l'Allemagne croit voir un moyen approprié en accordant des participations industrielles, notamment des participations aux mines de charbon qui assureront la livraison de charbon.

8. D'accord avec les ouvriers organisés du monde entier, l'Allemagne veut savoir libres et égaux les ouvriers de tous les pays. Elle veut leur garantir par le Traité de Paix le droit d'y avoir une voix décisive dans les délibérations concernant la politique sociale et l'assurance sociale.

9. La Délégation allemande demande, à nouveau, une enquête neutre sur la responsabilité de la guerre et la culpabilité pendant la guerre. Une Commission neutre devra avoir le droit d'examiner les archives de tous les pays belligérants et d'interroger toutes les personnes principalement engagées.

Ce n'est que la confiance posée dans un examen impartial de la question de la culpabilité qui peut inspirer aux peuples hostiles l'un à l'autre les sentiments nécessaires à la construction de la Société des Nations.

7. Germany deems the granting of participation in industrial concerns, principally in coal-mines to assure the supplies of coal, appropriate ways and means for the accelerated fulfilment of her duty of indemnification.

8. Germany, in unison with the will of the organised workmen of the whole world, wants to see the workmen in all countries free and endowed with equal rights. She means to secure for them in the Treaty of Peace the right of decisive codetermination in all questions of social politics and social insurance.

9. The German Delegation again raise their demand for a neutral inquiry into the question of responsibility for the war and of guilt during the war. An impartial commission should have the right of inspecting the archives of all belligerant countries and examining, as in a court of law, all chief actors of the war.

Only the confidence that the question of guilt will be examined in an unbiassed manner, can give the nations now hostile to each other the disposition of mind necessary to build up the League of Nations.

---

7. Deutschland glaubt, zur beschleunigten Erfüllung seiner Entschädigungspflicht in der Ueberlassung von industriellen Beteiligungen, insbesondere an Kohlengruben zur Sicherung der Kohlenbezüge, einen geeigneten Weg zu sehen.

8. Deutschland will, in Uebereinstimmung mit dem Willen der organisierten Arbeiter der ganzen Welt, die Arbeiter in allen Ländern frei und gleichberechtigt sehen. Es will ihnen im Friedensvertrage das Recht sichern, über die Sozialpolitik und Sozialversicherung selbst entscheidend mitzubestimmen.

9. Die deutsche Delegation stellt erneut ihre Forderung nach einer neutralen Untersuchung über die Verantwortlichkeit für den Krieg und die Schuld während des Krieges. Eine unparteiische Kommission sollte das Recht haben, die Archive aller kriegführenden Länder und aller hauptbeteiligten Personen verantwortlich zu vernehmen.

Nur die Zuversicht, dass die Schuldfrage unbefangen geprüft wird, kann den verfeindeten Völkern die Gesinnung geben, die notwendig ist, um den Völkerbund zu bauen.

Nous ne venons d'énumérer que les propositions les plus importantes que nous avons à soumettre. Quant à d'autres grands sacrifices à faire et quant aux détails, la Délégation se refère au mémoire ci-joint et à son annexe.

Le délai fixé pour l'élaboration de ces mémoires était si court qu'il était impossible de traiter toutes les questions à fond. Une négociation féconde et éclaircissante ne pourrait avoir lieu que par des discussions orales. Cette paix est destinée à être le plus grand Traité d'Histoire. Il n'y a point d'exemple que de négociations aussi étendues se fassent par un échange ne notes écrites seul. Le sentiment des peuples qui ont fait d'immenses sacrifices exige qu'il soit décidé de leur sort par un échange d'idées ouvert et sans réserve d'après le principe : « Accords de paix ouverts conclus ouvertement après laquelle il n'y aura plus d'accords internationaux privés de quelque nature qu'il soit ; mais la diplomatie procédera toujours franchement et publiquement ».

These are merely the most important proposals which we have to make. As regards further extensive sacrifices to be brought by Germany and the details, the Delegation refers to the enclosed memorandum and the annex thereto.

The time-limit set to us for the elaboration of this memorandum was so short that it has not been possible to exhaust all questions. A fruitful and enlightening treatment of the matter could only be attained through oral discussions. This Peace is to be the greatest treaty-work in history. There exists no example of so complex negotiations having been carried through solely by exchange of written notes. The feeling of the nations that have brought such immense sacrifices demands that their fate be settled in an open, unreserved exchang of views, on the principle : « Open convenants of peace, openly arrived at, after which there shall be no private international understandings of any kind, but diplomacy shall proceed always frankly and in the public view. »

Das sind nur die wichtigsten Vorschläge, die wir zu machen haben. Wegen weiterer grosser Opfer sowie wegen der Einzelheiten verweist die Delegation auf die beiliegende Denkschrift und ihre Anlage.

Die für die Ausarbeitung dieser Denkschrift uns gesetzte Frist war so kurz, dass es unmöglich war, alle Fragen zu erschöpfen. Eine fruchtbare und aufklärende Verhandlung könnte nur in mündlichen Unterredungen stattfinden. Dieser Friede soll das grösste Vertragswerk der Geschichte werden. Es gibt kein Beispiel, dass so umfassende Verhandlungen nur durch schriftlichen Notenaustausch geführt worden sind. Die Empfindung der Völker, die so ungeheuere Opfer gebracht haben, verlangt, dass die Bestimmung über ihr Geschick in offenem rückhaltlosem Gedankenaustausch erfolgt, nach dem Grundsatz : « Offene Friedensverträge, die offen zustande gekommen sind ; und danach sollen keine internationalen Vereinbarungen irgendwelcher Art mehr getroffen werden, sondern die Diplomatie immer offen und vor aller Welt arbeiten. »

On exige que l'Allemagne appose sa signature au Traité qu'on lui a remis et qu'elle le remplisse. Même dans sa détresse le droit lui est trop sacré pour qu'elle accepte des conditions dont elle ne peut garantir l'accomplissement. Il est vrai que, dans l'histoire des dernières dizaines d'années, les Traités de Paix des Grandes Puissances ont toujours à nouveau proclamé le droit du plus fort. Mais chacun de ces Traités est du nombre des auteurs ou des prolongateurs de la guerre mondiale. Partout où, pendant cette guerre, le vainqueur a parlé au vaincu, à Brest-Litowsk et à Bucarest, ses paroles de force ne constituaient qu'une semence de discorde. Les idées élevées que nos adversaires avaient les premiers proclamées comme buts de leur guerre ainsi que les principes de l'ère nouvelle d'une Paix juste et durable demandent un autre esprit au Traité à conclure. Il faut la collaboration de tous les peuples, il faut la collaboration des mains et des esprits pour créer la paix durable. Nous ne nous méprenons pas au sujet de l'intensité de la haine et de l'exaspération que cette guerre a engendrée ; et pourtant les forces qui travaillent à l'union de l'humanité sont, à l'heure actuelle, plus fortes que

Germany is asked to set her name under the Treaty presented to her and to fulfil this Treaty. Even in her distress, right deems her too sacred than that she could assent to accept conditions for the fulfilment of which she could not pledge herself. It is true that the treaties concluded by the great powers in the history of the last decades have over and again proclaimed the right of the more powerful. But every one of those treaties is to be counted among the authors and prolongaters of the world-war. Wherever in this war the victor has spoken to the vanquished, in Brest Litowsk and Bukarest, his words of might were only a seed-corn for future strife. The high aims which our adversaries were the first to establish for their war-fare, the new era of a just and durable Peace demand a Treaty of a different mind. Only a cooperation of all nations, a cooperation of hands and intellects, can bring about a permanent peace. We are not under a misapprehension as to the intensity of hatred and bitterness that is caused by this war; and yet the forces at work for the union of mankind are now stronger than ever. It is the historical task of the Peace Conference

---

Deutschland soll den ihm vorgelegten Vertrag mit seiner Unterschrift versehen und ihn erfüllen. Auch in seiner Not is tihm das Recht zu heilig, als dass es sich dazu hergeben könnte, Bedingungen anzunehmen, für deren Erfüllung es nicht einstehen kann. Wohl haben immer wieder in der Geschichte der letzten Jahrzehnte die Friedensverträge der Grossmächte das Recht des Stärkeren verkündet. Aber jeder von diesen Friedensschlüssen gehört zu den Urhebern oder Verlängerern des Weltkrieges. Wo in diesem Kriege der Sieger zum Besiegten gesprochen, in Brest Litowsk und Bukarest, waren seine Machtworte nur eine Aussaat künftigen Unfriedens. Die hohen Ziele, die zuerst unsere Gegner für ihre Kriegführung aufgestellt haben, das neue Zeitalter gesicherten Rechtsfriedens, erfordern einen Vertrag von anderer Gesinnung. Nur ein Zusammenarbeiten aller Völker, ein Zusammenarbeiten der Hände und der Geister kann einen Dauerfrieden schaffen. Wir täuschen uns nicht darüber, wie stark der Hass und die Erbitterung sind, die dieser Krieg erzeugte; und doch sind die Kräfte, die für eine Einigung der Menschheit am Werke sind, jetzt stärker als

jamais. Il est du devoir historique de la Conférence de la Paix de Versailles d'amener cette union.

Agréez, Monsieur le Président, l'assurance de ma haute donsidération.

Signé : BROCKDORFF-RANTZAU.

of Versailles to bring about this union.

Accept, Sir, the assurance of my high esteem.

Signed BROCKDORFF-RANTZAU.

---

je zuvor. Es ist die geschichtliche Aufgabe der Friedenskonferenz von Versailles, diese Einigung herbeizuführeu.

Genehmigen Sie, Herr Präsident, den Ausdruck meiner ausgezeichneten Hochachtung.

Gez.: BROCKDORFF-RANTZAU.

NOTE N° 17.

(*Traduction.*)

A Son Excellence le Président de la Conférence de la Paix, etc.,

Monsieur CLEMENCEAU.

Versailles, le 28 mai 1919.

Monsieur le Président,

La Délégation allemande de la Paix a appris avec satisfaction de la note des Puissances alliées et associées du 20 courant et qui constituait la réponse à la note allemande du 10 courant concernant les prisonniers de guerre et internés civils que les Puissances alliées et associées ont l'intention de traiter leurs prisonniers de guerre et internés civils dans la période qui s'écoulera entre la signature du Traité de paix et leur rapatriement en tenant pleinement compte de leurs sentiments et de leurs besoins. Toutefois, la Délégation allemande de la Paix croit qu'il est de son devoir de faire les remarques suivantes au sujet des observations faites dans la note des Gouvernements alliés et associés du 20 courant.

(*Translation.*)

To His Excellency the President of the Peace Conference, etc.,

Mr. CLEMENCEAU.

Versailles, May 28th, 1919.

Sir,

The German Peace Delegation has with great satisfaction inferred from the note of the Allied and Associated Powers, dated 20th inst., replying to the German note of 10th inst., concerning prisoners of war and interned civilians, that the Allied and Associated Powers in the treatment of prisoners of war and interned civilians during the time from the signing of the Treaty of Peace till their repatriation, desire to give full consideration to the feelings and requirements of the prisoners. The German Peace Delegation nevertheless deems it to be their duty to make the following observations on the statement contained in the note of the Allied and Associated Governments of 20th inst.:

An Seine Exzellenz den Präsidenten der Friedenskonferenz, etc.,

Herrn CLEMENCEAU.

Versailles, den 28. Mai 1919.

Herr Präsident!

Die deutsche Friedensdelegation hat aus der Note der alliierten und assoziierten Mächte vom 20. d. M., mit der die deutsche Note vom 10 d. M. über die Kriegs-und Zivilgefangenen beantwortet worden ist, mit Befriedigung entnommen, dass die alliierten und assoziierten Mächte bei der Behandlung der Kriegs-und Zivilgefangenen in der Zeit zwischen der Unterzeichnung des Friedensvertrags und ihrer Heimbeförderung vollauf deren Gefühlen und Bedürfnissen Rechnung tragen wollen. Gleichwohl hält es die deutsche Friedensdelegation für ihre Pflicht, zu den Ausführungen in der Note der alliierten und assoziierten Regierungen vom 20. d. M. folgende Bemerkungen zu machen :

1. Le refus des Puissances alliées et associées d'améliorer immédiatement le sort des prisonniers de guerre et internés civils par une modification des dispositions y relatives est profondément regrettable. Si, dans la note allemande du 10 courant, on s'est dispensé de donner des suggestions précises dans cet ordre d'idées, cela est dû au fait que ladite note contenait la proposition de désigner dès à présent une Commission pour l'examen des adoucissements à accorder aux prisonniers de guerre et aux internés civils. Cette Commission, dont le refus des Puissances alliées et associées a malheureusement fait échouer la nomination, aurait entre autres dû faciliter les communications postales entre les prisonniers de guerre et internés civils d'une part et leurs familles d'autre part qui sont l'unique consolation morale dans leur malheur. En fait, les prisonniers de guerre et internés civils allemands en Europe reçoivent les envois postaux avec un retard d'au moins quatre à cinq semaines, abstraction faite des nombreux cas où les envois arrivent en destination dévalisés ou se sont entièrement perdus. On peut démontrer par d'innombrables cas que des prisonniers de guerre allemands se trouvant entre les mains des Puissances

1. The refusal of the Allied and Associated Powers to effect an immediate improval in the lot of the prisoners of war and interned civilians by altering the statutary regulations is to be deeply regretted. If the German note of 10th inst., refrained from making definite suggestions in this direction, this was occasioned by the proposal contained therein to immediately appoint a commissission for enquiring into the alleviations to be granted to prisoners of war and interned civilians. This commission, the appointment of which has unfortunately been thwarted by the refusal of the Allied and Associated Powers, was intended, inter alia to facilitate the postal intercourse between the prisoners of war and interned civilians and their families, this being the sole moral solace enjoyed by them in their misfortune. As a matter of fact the German prisoners of war and interned civilians in Europe receive their post with a delay of at least four to five weeks, apart from the many cases in which letters and parcels are opened and pilfered or are lost on the way. Innumerable cases can be proved in which German prisoners of war, held by the Allied and Associated Powers, have been without any communication with

---

1. Die Weigerung der alliierten und assoziierten Mächte, durch eine Aenderung der einschlägigen Bestimmungen das Los der Kriegs-und Zivilgefangenen sofort zu verbessern, ist auf das Tiefste zu bedauern. Wenn die deutsche Note vom 10 d. M. davon abgesehen hat, bestimmte Anregungen in dieser Richtung zu geben, so geschah dies mit Rücksicht auf den darin enthaltenen Vorschlag, unverzüglich eine Kommission zur Prüfung der den Kriegs-und Zivilgefangenen zu gewährenden Erleichterungen zu ernennen. Diese Kommission, deren Einsetzung leider an der Weigerung der alliierten und assoziierten Mächte gescheitert ist, hätte u. a. den Postverkehr der Kriegs-und Zivilgefangenen mit ihren Familien, der den einzigen seelischen Trost in ihrem Unglück bildet, erleichtern sollen. Tatsächlich erhalten die deutschen Kriegs-und Zivilgefangenen in Europa ihre Post mit einer Verspätung von mindestens 4 bis 5 Wochen, abgesehen von den zahlreichen Fällen, wo die Post beraubt eintrifft oder überhaupt verloren geht. Es sind unzählige Fälle nachzuweisen, in denen deutsche Kriegsgefangene, die sich in der Hand der alliierten und assoziierten

alliées et associées sont privés de toute communication avec leur patrie depuis la conclusion de l'armistice. En outre, il aurait été la tâche générale de la Commission proposée de trouver des moyens pour relever la situation des prisonniers de guerre et internés civils sous tous les rapports en leur accordant des salaires plus élevés, en les logeant et en les nourrissant mieux, en élargissant leur liberté de mouvement, en leur garantissant le repos dominical, etc. et de sauver les prisonniers, au moyen de ces mesures, du complet effondrement moral.

their homes since the conclusion of the armistice. It would further in general be the task of the proposed commission to find ways and means of improving the condition of the prisoners of war and interned civilians in all directions, through higher pay, better accomodation and nourishment, more extensive freedom of movement, assurance of Sunday rest, etc., and thereby preserving them from complete moral collapse.

2. Les Puissances alliées et associées refusent, dans leur note du 20 courant, de mettre en liberté les prisonniers de guerre et internés civils qui se sont rendus coupables de crimes ou de délit de droit commun. L'Allemagne ayant consenti, en son temps, à libérer tous les prisonniers de guerre et internés civils des Puissances alliées et associées sans distinction aucune est fondée à insister elle aussi pour que les Gouvernements alliés et associés agissent de la même manière à l'égard des ressortissants allemands. L'Allemagne a mis en liberté des milliers de prisonniers ressortissants des Puissances alliées et associées et qui avaient été condamnés

2. The Allied and Associated Powers in their note of 20th inst., refuse to liberate the prisoners of war and interned civilians, who have become guilty of a crime or an offence. Germany in the same case granted indiscriminate liberation to all prisoners of war and interned civilians; she must therefore now insist on her claim of having her nationals treated in the same way by the Allied and Associated Governments. Germany has set free many thousands of prisoners of war belonging to the Allied and Associated Powers who had been convicted of heavy common crimes and offences, committed on German terri-

---

Mächte befinden, seit Abschluss des Waffenstillstandes ohne jede Verbindung mit der Heimat sind Weitherhin wäre es ganz allgemein die Aufgabe der vorgeschlagenen Kommission gewesen, Mittel und Wege zu finden, um durch höhere Entlöhnung, bessere Unterbringung und Kost, erweiterte Bewegungsfreiheit, Gewährleistung der Sonntagsruhe u. s. w. die Lage der Kriegs-und Zivilgefangenen in jeder Hinsicht zu heben und diese so vor dem völligen seelischen Zusammenbruch zu retten.

2. Die alliierten und assoziierten Mächte lehnen in ihrer Note vom 20. d. M. die Freilassung derjenigen Kriegs-und Zivilgefangenen ab, die sich Verbrechen oder Vergehen haben zuschulden kommen lassen. Deutschland hat seinerzeit die unterschiedslose Freigabe aller Kriegs-und Zivilgefangenen der alliierten und assoziierten Mächte zugestanden; es muss auch auf seinem Anspruch bestehen, dass seinen Angehörigen gegenüber von Seiten der alliierten und assoziierten Regierungen in gleicher Weise verfahren wird. Deutschland hat mehrere Tausende, den alliierten und assoziierten Mächten angehörige Kriegs- und Zivilgefangene freigelassen, die wegen schwerer,

pour de graves crimes ou délits de droit commun commis sur le territoire allemand pendant leur captivité. Parmi les ressortissants d'une seule desdites Puissances ainsi libérés, se trouvaient pas moins de 7 individus qui, pendant leur captivité, ont tué des personnes; 155 ressortissants de la même nationalité avaient été condamnés pour des attentats aux mœurs, notamment pour viol et outrages faits à des enfants. L'un des cas les plus graves est celui du soldat Vuilleques, Émile, du 35e régiment d'infanterie français, qui a tué d'une manière bestiale une vieille paysanne allemande à coups de hache.

La Délégation Allemande de la Paix, en citant ces faits, n'a point l'intention insinuer un blâme à une nation en particulier. Elle estimerait injuste de rendre responsable une nation entière des crimes commis par des individus isolés. Pour cette raison, elle ne saurait admettre que le double assassinat exécrable commis par un individu isolé dont mention est faite dans la note du 20 octobre puisse justifier qu'on refuse aux prisonniers de guerre et internés civils allemands les avantages accordés sans réserve aucune aux prisonniers de guerre et internés civils des Puissances alliées et associées.

tory during their internement. Among these were alone seven persons, nationals of one of the Powers mentioned, who had during their internment become guitly of homicide; a 155 nationals of the same power had convicted of crimes against morality, in particular rape and indecent assault against children. One of the most serious cases was that of the soldier Vuilleques, Emile, 35th French Infantry Regiment, who had murdered an old German peasant woman with an axe in a most bestial manner.

The German Peace Delegation does not intend by innumerating these facts to raise any insinuation against a single nation. They would think it inequitable to make a whole nation responsible for the crimes committed by single persons. Therefore they cannot admitt hat the abominable double murder, mentioned in the note of 20th inst., and committed by a single person, may be taken as justification for refusing to the German prisoners of war and interned civilians the rights unreserveldy granted to the prisoners of war and interned civilians of the Allied and Associated Powers. The German

während der Gefangenschaft auf deutschem Boden begangener gemeiner Verbrechen oder Vergehen verurteilt worden waren. Unter den heimbeförderten Angehörigen einer der alliierten und assoziierten Mächte allein befanden sich 7 Personen, die sich während der Gefangenschaft der Tötung von Menschen schuldig gemacht haben; 155 der gleichen Nation Angehörige waren wegen Sittlichkeitsverbrechen, insbesondere Notzucht und Kinderschändung, verurteilt. Einer der schwersten Fälleist der des Soldaten Vuilleques, Emile, 35. französ. Infanterie-Regiment, der eine alte deutsche Bäuerin in bestialischer Weise mit Axthieben erschlagen hat.

Die deutsche Friedensdelegation will mit der Aufführung dieser Tatsachen keinerlei Vorwurf gegen ein einzelnes Volk erheben. Sie würde es für ungerecht halten, eine gesamte Nation für die Verbrechen Einzelner verantwortlich zu machen. Sie kann darum auch nicht zugeben, dass der in der Note vom 20. d. M. erwähnte von einem Einzelnen begangene verabscheuungswürdige Doppelmord als Begründung dafür dienen darf, den deutschen Kriegs- und Zivilgefangenen die Vorteile vorzuenthalten, die den Kriegs- und Zivilgefangenen der alliierten und assoziierten Mächte ohne Vor-

La Délégation Allemande de la Paix doit d'autant plus persister dans son attitude que le Gouvernement Allemand sait par les listes des punitions transmises à lui par le Gouvenement Français, conformément aux accords conclus, que des prisonniers de guerre allemands ont été condamnés en France à des peines d'emprisonnement de longues années. Au surplus, y jouent un grand rôle des peines de plusieurs années pour refus d'obéissance, donc pour un délit qui, vu les circonstances particulières de la captivité, ne donne même pas à l'adversaire victorieux un droit moral de retenir les prisonniers au delà de la date de la conclusion de la paix.

Les Gouvernements alliés et associés ont déclaré dans leur note du 20 octobre qu'aucune comparaison ne serait possible entre le traitement des prisonniers de guerre par le Gouvernement Allemand d'une part et par les Puissances alliées et associées d'autre part. La Délégation Allemande de la Paix proteste, et cela avec la dernière énergie, contre cette allégation unilatérale qui ne peut constituer une base de la constation objective de la vérité. Le Gouvernement Allemand n'a pas à craindre le jugement du monde

Peace Delegation must all the more insist on their point of view, as it is known to the German Government from the schedules of punishments transmitted to them by the French Government under mutual agreement, that German prisoners of war in France have been sentenced by courts of law to long terms of imprisonment on account of trivial offences against discipline. Among these terms of many years awarded for insubordination — *i. e.* for an offence which does not even give the victorious opponent a moral right to detain prisoners beyond the conclusion of Peace — play a prominent part.

3. The Allied and Associated Governments, in their note of 20th inst., have declared that no comparison could be drawn between the treatment of prisoners of war by the German Government on the one, and by the Allied and Associated Powers on the other hand. The German Peace Delegation must emphatically repudiate this onesided assertion which cannot form a basis for the impartial establishment of the truth. The German Government does not need to fear the world's verdict on the treatment of

---

behalt zugestanden worden sind. Die deutsche Friedensdelegation muss umsomehr auf ihrem Standpunkt beharren, als der deutschen Regierung aus den ihr vertragsmässig von der französischen Regierung übergebenen Straflisten bekannt ist, dass deutsche Kriegsgefangene in Frankreich wegen geringer Vergehen gegen die Disziplin gerichtlich zu langjährigen Freiheitsstrafen verurteilt worden sind; dabei spielen eine besondere Rolle mehrjährige Strafen wegen Gehorsamsverweigerung, also wegen eines Vergehens, das angesichts der besonderen Verhältnisse der Kriegsgefangenschaft auch dem siegreichen Gegner kein moralisches Recht gibt, die Gefangenen über den Zeitpunkt des Friedensschlusses hinaus festzuhalten.

3. Die alliierten und assoziierten Regierungen haben in ihrer Note vom 20. d. M. erklärt, dass kein Vergleich gezogen werden könne in der Behandlung der Kriegsgefangenen durch die deutsche Regierung einerseits und die alliierten und assoziierten Mächte andererseits. Die deutsche Friedensdelegation muss diese einseitige Behauptung, die eine Grundlage für die objektive Feststellung der

en ce qui concerne le traitement des prisonniers de guerre et des internés civils en Allemagne. En tout temps il est disposé à soumettre la question du traitement des prisonniers de guerre et des internés civils par les différentes Puissances belligérantes à l'examen d'une commission composée de membres neutres et désintéressés. Il ne pourrait désirer mieux que l'institution d'une telle autorité impartiale à laquelle il pourrait soumettre, en même temps que les matériaux complets, les preuves nombreuses de traitements inhumains que les prisonniers de guerre allemands on dû endurer et doivent encore en partie endurer en pays ennemi, notamment dans quelques parties de l'Afrique du Nord, dans certains camps, prisons et hôpitaux en Europe ainsi que dans la zone des armées.

Dans cet ordre d'idées, la Délégation allemande de la Paix attire l'attention des Puissances alliées et associées sur une lettre en date du 15 février dernier, adressée à la Croix rouge internationale et dont copie est ci-jointe. Dans cette lettre des ouvrières françaises se sont révoltées en leur qualité de femmes et de mères de mobilisés français, contre les scènes de traitement cruel de prison-

prisoners of war and interned civilians in Germany. They are at any time prepared to submit the question of the treatment of prisoners of war and interned civilians by the different belligerant powers to investigation by a commission composed of neutral and uninterested members. They would warmly acclaim the institution of a such impartial tribunal to which they would be able to submit all data and also the many proofs of inhuman treatment which German prisoners of war have suffered under and in part are still being subjected to, in enemy countries, especially in certain parts of Northafrica, in certain camps, prisons and hospitals in Europe as well as in the zones of the operating armies.

In this connection the German Peace Delegation beg to call the attention of the Allied an Associated Powers to a letter written to the International Red Cross on February 15th, 1919, of which a copy is enclosed. In this letter French working women raise their voices as wives and mothers of mobilised Frenchmen against the aspect of brutal treatment of German prisoners in the department

---

Wahrheit nicht bilden kann, mit aller Entschiedenheit zurückweisen. Die deutsche Regierung hat das Urteil der Welt hinsichtlich der Behandlung der Kriegs- und Zivilgefangenen in Deutschland nicht zu scheuen. Sie ist je derzeit bereit, die Frage derBehandlung der Kriegs- und Zivilgefangenen durch die verschiedenen kriegführenden Mächte der Prüfung einer aus neutralen und unbeteiligten Mitgliedern bestehenden Kommission zu übertragen. Sie würde die Einsetzung einer derartigen unparteiischen Stelle nur warm begrüssen, der sie mit dem gesamten Material auch die zahlreichen Beweise unmenschlicher Behandlung vorlegen könnte, die deusche Kriegsgefangene in Feindesland, namentlich in einzelnen Teilen Nord-Afrikas, in gewissen Lagern, Strafgefängnissen und Lazaretten in Europa, sowie in der Armeezone erdulden mussten und zum Teil noch erdulden müssen.

In diesem Zusammenhang lenkt die deutsche Friedensdelegation die Aufmerksamkeit der alliierten und assoziierten Mächte auf das in Abschrift beigefügte an das Internationale Rote Kreuz gerichtete Schreiben vom 15. Februar 1919 hin. In diesem Schreiben erheben französische Arbeiterinnen als Frauen und Mütter eingezogener Franzosen ihre Stimmen gegen den Anblick grausamer

niers allemands dans le département de Seine-Inférieure, scènes qui, en effet, ne sont pas de nature à justifier la déclaration faite dans la note des Puissances alliées et associées en date du 20 mai dernier.

Veuillez agréer, Monsieur le Président, les assurances de ma haute considération.

Signé: BROCKDORFF-RANTZAU.

of Seine-Inférieure, a fact, which really does not seem adapted to justify the assertion made by the Allied and Associated Powers in their note of 20th May 1919.

Accept, Sir, the assurance of my high esteem.

Signed: BROCKDORFF-RANTZAU.

Behandlung deutscher Gefangener im Departement Seine-Inférieure, der in der Tat nicht geeignet ist, die in der Note der alliierten und assoziierten Mächte vom 22. Mai 1911 aufgestellte Erklärung zu rechtfertigen.

Genehmigen Sie, Herr Präsident, die Versicherung meiner ausgezeichneten Hochachtung.

Gez.: BROCKDORFF-RANTZAU.

ANNEXE.

Saint-Étienne du Rouvray, le 15 février 1919.

Monsieur,

Excusez-nous si nous nous permettons de vous écrire, nous femmes de mobilisés. C'est pour vous faire savoir ce qui se passe dans notre ville de Saint-Étienne.

Les prisonniers allemands qui travaillent sur la voie ferrée travaillent comme des forcés, sont traités, battus comme des chiens et aussi pas nourris. Cela nous crève le cœur, nous autres femmes et mères de mobilisés, car nous voyons que ces hommes meurent de faim. Malgré notre

ENCLOSURE.

St.-Etienne du Rouvray,
February 15th, 1919.

Sir,

Please excuse if we as wives of mobilised soldiers take the liberty of writting to you. We would like to inform you of what is happening in our town of St. Etienne:

The German prisoners of war who are occupied on the railway track are being treated like convicts. They are beaten like dogs and badly fed. That breaks the hearts of us wives and mothers of mobilised soldiers. For we see that these men are dying of hunger. Although we ourselves are in need of

---

ANLAGE.

St. Etienne du Rouvray, den 15. Februar 1919.

Mein Herr,

Entschuldigen Sie, wenn wir Frauen von Einberufenen uns erlauben, Ihnen zu schreiben. Wir möchten Ihnen mitteilen, was sich in unserer Stadt St. Etienne abspielt:

Die deutschen Gefangenen, die auf der Eisenbahn beschäftigt sind, werden wie Sträflinge behandelt. Sie werden wie die Hunde geschlagen und schlecht ernährt. Das bricht uns Frauen und Müttern der Einberufenen das Herz. Denn wir sehen, dass diese Männer vor Hunger sterben. Trotzdem es uns selbst

insuffisance de pain nous ne pouvons faire autrement que de leur en jeter de temps en temps quand le hasard le permet. Ils se jettent dessus comme des bêtes affamées. Ce sont des gardiens français qui les brutalisent pour une simple bouchée de pain. Nous espérons, Monsieur, que vous, vous interviendrez dans cette affaire pour améliorer leur sort. Car nous avons déjà écrit à plusieurs places et nous nous sommes aperçues qu'il n'y avait aucun résultat.

Toutes nos salutations.

Un groupe d'ouvrières
de Saint-Étienne du Rouvray, près Rouen
(Seine-Inférieure).

bread, we cannot do otherwise but to throw pieces of bread to them from time to time when opportunity presents itself. The pounce upon them like famished animals. The French guardsmen treat them brutally, only on account of a bite of bread. We hope, Sir, that you will take steps in this matter in order to alleviate their fate. We have already written to several places on this account but regret to have remained without any success.

We send you our greetings.

A group of working women
in St. Etienne du Rouvray by Rouen
(Seine-Inférieure).

---

an Brot fehlt, können wir nicht anders, als ihnen von Zeit zu Zeit, wenn der Zufall es gestattet, Brot zuzuwerfen. Sie stürzen sich darauf wie ausgehungerte Tiere. Die französischen Wächter behandeln sie roh, nur wegen eines Bissens Brot. Wir hoffen, mein Herr, dass Sie in dieser Angelegenheit einschreiten werden, um ihr Los zu verbessern. Wir haben deswegen schon an mehrere Stellen geschrieben, leider aber ohne jeden Erfolg.

Wir begrüssen Sie :

Eine Gruppe Arbeiterinnen aus St. Etienne du Rouvray bei Rouen (Seine-Inférieure).

NOTE N° 18.

(*Traduction.*)

A Son Excellence le Président de la Conférence de la Paix, etc.,

Monsieur CLEMENCEAU.

Versailles, le 28 mai 1919.

Monsieur le Président,

Dans la lettre de Votre Excellence du 20 mai, les Gouvernements alliés et associés ont refusé de communiquer aux Délégués allemands le rapport fait par les Commissions désignées par eux pour l'examen de la responsabilité des auteurs de la guerre. Mais vu que des parties essentielles du rapport ont été publiées par la presse, les Délégués allemands ont prié une Commission se composant d'Allemands indépendants, savoir : MM. Hans Delbrück, Albrecht Mendelssohn Bartholdy, le Comte Max Montgelas et Max Weber de vouloir bien examiner les faits allégués par ce rapport et de donner leur avis à ce sujet. J'ai l'honneur de faire parvenir à Votre Excellence ci-jointes les observations faites par lesdits Messieurs

(*Translation.*)

To His Excellency the President of the Peace Conference, etc.,

Mr. CLEMENCEAU.

Versailles, May 28th 1919.

Sir,

The Allied and Associated Governments have in Your Excellency's note of May 20th refused to communicate to the German Delegates the report of their Commissions appointed to inquire into the question of the responsibility of the authors of the war. Material parts of the report having, however, been published by the press, the German Delegates have appointed a committee of independent Germans, namely Messrs. Hans Delbrück, Albrecht Mendelssohn Bartholdy, Count Max Montgelas and Max Weber to examine the facts contained in this report and to make a statement thereon. I have the honour to transmit to Your Excellency herewith the observations made by these gentlemen

---

An Seine Exzellenz den Präsidenten der Friedenskonferenz, etc.,

Herrn CLEMENCEAU.

Versailles, den 28. Mai 1919.

Herr Präsident,

Die alliierten und assoziierten Regierungen haben es in dem Schreiben Euerer Exzellenz vom 20. Mai abgelehnt, den Bericht der von ihnen eingesetzten Kommissionen zur Prüfung der Verantwortlichkeit der Urheber der Krieges den deutschen Delegierten mitzuteilen. Da aber wesentliche Teile des Berichtes in der Presse veröffentlicht worden sind, haben die deutschen Delegierten eine Kommission von unabhängigen Deutschen, nämlich die Herren Hans Delbrück, Albrecht Mendelssohn Bartholdy, Graf Max Montgelas und Max Weber, gebeten, die Angaben dieses

au sujet du rapport de la Commission des Gouvernements alliés et associés sur la responsabilité des auteurs de la guerre (1).

Veuillez agréer, Monsieur le Président, les assurances de ma haute considération.

Signé : BROCKDORFF-RANTZAU.

on the report of the Allied and Associated Governments concerning the responsibility of the authors of the war (1).

Accept, Sir, the assurance of my high esteem.

(Signed) BROCKDORFF-RANTZAU.

Berichtes nachzuprüfen und dazu Stellung zu nehmen. Die Bemerkungen (1) der genannten Herren zu dem Bericht der Kommission der alliierten und assoziierten Regierungen über die Verantwortlichkeit der Urheber des Krieges beehre ich mich Euerer Exzellenz in der Anlage zu übersenden.

Genehmigen Sie, Herr Präsident, den Ausdruck meiner ausgezeichneten Hochachtung.

Gez. : BROCKDORFF-RANTZAU.

---

(1) Note du Secrétariat Général. — Les remarques de la Délégation allemande sur les Responsabilités font l'objet d'un fascicule spécial.

NOTE N° 19.

(*TRADUCTION.*)

A Son Excellence le Président de la Conférence de la Paix, etc.,

Monsieur CLEMENCEAU.

Versailles, le 29 mai 1919.

MONSIEUR LE PRÉSIDENT,

Je prends la liberté de faire parvenir ci-joint à Votre Excellence quelques observations concernant les articles 259 et 263 du Projet des Conditions de Paix.

Veuillez agréer, Monsieur le Président, les assurances de ma haute considération.

Signé : BROCKDORFF-RANTZAU.

(*TRANSLATION.*)

To His Excellency the President of the Peace Conference, etc.

Mr. CLEMENCEAU.

Versailles, May 29th, 1919.

SIR,

Enclosed I beg to transmit to Your Excellency a few observations on articles 259 and 263 of the Draft of the Treaty of Peace.

Accept, Sir, the assurance of my high esteem.

(Signed) BROCKDORFF-RANTZAU.

An Seine Exzellenz den Präsidenten der Friedenskonferenz, etc..

Herrn CLEMENCEAU.

Versailles, den 29. Mai 1919.

HERR PRÄSIDENT

In der Anlage erlaube ich mir, Euerer Exzellenz einige Bemerkungen zu den Artikeln 259 und 263 des Entwurfs der Friedensbedingungen ergebenst zu übersenden.

Genehmigen Sie, Herr Präsident, den Ausdruck meiner ausgezeichneten Hochachtung.

Gez. : BROCKDORFF-RANTZAU.

Versailles, le 29 mai 1919.

OBSERVATIONS

CONCERNANT L'ARTICLE 259.

Ad 1. La somme en or déposée à la banque S. Bleichroeder, à Berlin, au nom du Conseil d'administration de la Dette publique ottomane comme garantie de la première émission de billets de monnaie du Gouvernement turc, au montant de 57.919.687,34/100 marks, est, immédiatement après la conclusion de la paix, à la disposition de la dépositaire. La défense d'exportation d'or décrétée par l'Allemagne pourrait être supprimée en ce cas.

Ad 2. Les engagements pris par l'Allemagne envers le Gouvernement impérial turc d'effectuer le payement des bons de Trésor déposés par elle comme garantie de la seconde émission de billets de monnaie et des émissions subséquentes, sont en rapport avec les engagements pris par le Gouvernement impérial turc pour le remboursement des avances reçues. L'annexe qui a été remise au Gouvernement turc avant la conclusion du dernier contrat concernant les avances donne des explications précises au sujet de l'origine de l'engagement pris par l'Alle-

Versailles, May 29th, 1919.

OBSERVATIONS

TO ARTICLE 259.

Ad N° 1. The gold deposited with the Bank of S. Bleichröder in Berlin in the name of the Administration of the Ottoman Public Debt as security for Turkish gold certificates to the amount of 57.919.687,34/100 marks will be placed at te disposal of the depositor immediately after the conclusion of peace. The German prohibition to export gold could in this case be suspended.

Ad N° 2. The obligation incurred by the German Government as against the Imperial Turkish Government for the redemption of the Treasury Bonds which serve as security for the second and subsequent issues of Turkish currency notes stand in conjunction with the obligation assumed by the Imperial Turkish Government to repay the advances received. The enclosed memorandum which was handed to the Turkish Government before conclusion of the last agreement on advances to be made, gives détailed explanation as regards the origin of Germany's

---

Versailles, den 29. Mai 1919.

BEMERKUNGEN

ZU ARTIKEL 259.

Zu No 1. Das auf Namen der Administration de la Dette Publique Ottomane bei dem Bankhause S. Bleichroeder in Berlin hinterlegte Gold zur Deckung für die türkischen Goldzertifikate in Höhe von 57.919.687,34/100 Mark steht nach Friedensschluss sofort zur Verfügung der Hinterlegerin. Das deutsche Goldausfuhrverbot konnte in diesem Falle aufgehoben werden.

Zu No 2. Die Verpflichtungen, welche die deutsche Regierung der Kaiserlich-Türkischen Regierung gegenüber zur Einlösung der Schatzscheine, die als Deckung des türkischen Papiergeldes zweiter und folgender Emissionen dienen, eingegangen ist, stehen im Zusammenhange mit den von der Kaiserlich-Türkischen Regierung übernommenen Verpflichtungen zur Rückzahlung der empfangenen Vorschüsse. Über die Entstehung der Verpflichtung Deutschlands gegenüber der Türkei und

magne envers la Turquie et au sujet de la manière dont on aurait dû donner satisfaction à cet engagement.

Ad 3. Le dépôt en or constitué à la Deutsche Bank à Berlin par le Conseil d'administration de la Dette publique ottomane au montant de 51,378 livres 33 15/40 piastres turques est à la disposition de l'ayant droit de même que le dépôt d'or sous *1*.

Ad 4. L'Allemagne n'a transmis aucune somme en or ni en argent au Ministre turc des finances pour le payement échéant en mai 1919 pour le service de l'emprunt turc intérieur.

Ad 5. Aucune somme en or à titre de gage n'a été transférée au Gouvernement allemand ni aux banques intéressées pour les avances que l'Autriche-Hongrie a reçues par l'intermédiaire de banques allemandes. En tant que des sommes en or ont été transférées pendant la guerre par la Banque austro-hongroise à la Reichsbank, c'était le prix d'achat de devises sur l'étranger vendues par la Reichsbank à la Banque Austro-Hongroise.

Ad 6. Si l'Allemagne renonce aux bénéfices de toutes les stipulations insérées dans les Traités de Bucarest et de Brest-Litovsk et Traités complémentaires, il va de sói que les engagements pris par l'Allemagne dans

obligation to Turkey and the manner in which it was to be fulfilled.

Ad N° 3. The gold deposit held by the Administration of the Ottoman Public Debt with the Deutsche Bank in Berlin to the amount of 51.378 pounds 33 15/40 piaster Turkish money, will be placed at the disposal of the depositor just the same as the gold deposit mentioned *ad 1*).

Ad N° 4. For the interest due on the Turkish Internal Loan in May 1919, Germany has transmitted neither gold nor silver to the Turkish Ministry of Finance.

Ad N° 5. For the advances which Austria-Hungary received through the intervention of German banks, neither the German Government nor the banks concerned received any securities in gold. In so far as gold has been delivered to the Reichsbank by the Austro-Hungarian Bank during war-time, it was as payment for foreign exchange which the Reichsbank has sold to the Austro-Hungarian Bank.

Ad N° 6. If Germany renouncee the benedfit isclosed by the Treaties of Bucarest and Brest-Litovsk and the supplements thereto, it is obvious that the obligations assumed by Germany through these Treaties must also be

---

über die Art, wie sie erfüllt werden sollte, gibt die Anlage, die vor Abschluss des letzten Vorschussvertrags der Türkischen Regierung überreicht worden ist, genauen Aufschluss.

Zu No 3. Das von der Administration de la Dette Publique Ottomane bei der Deutschen Bank in Berlin unterhaltene Gold-Depot in Höhe von 51.378 Pfund 33 15/40 Piaster türkisch steht, ebenso wie das Golddepot unter 1), zur Vergügung des Berechtigten.

Zu No 4. Für den Kupon der türkischen inneren Anleihe fällig Mai 1919 hat Deutschland weder Gold noch Silber dem türkischen Finanzminister übermittelt.

Zu No 5. Für die Vorschüsse, die Oesterreich-Ungarn durch Vermittlung deutscher Banken erhalten hat, haben weder die deutsche Regierung noch die beteiligten Banken Goldsicherheiten empfangen. Soweit von der Oesterreichisch-Ungarischen Bank während der Kriegszeit Gold an diese Reichsbank geliefert worden ist, war es der Kaufpreis für Devisen auf das Ausland, die die Reichsbank an die Oesterreichisch-Ungarische Bank verkauft hatte.

Zu No 6. Wenn Deutschland auf die Vorteile aus den Verträgen von Bukarest und Brest-Litowsk

ces Traités sont également annulés. Au cas que l'Allemagne doive restituer des valeurs reçues, les valeurs équivalentes éventuellement données doivent lui être rendues.

L'or reçu du Gouvernement russe a déjà été remis aux Puissances alliées. Une partie de la valeur équivalente des sommes en roubles payées par le Gouvernement russe au Gouvernement allemand, savoir environ 150 millions de marks, a été utilisée pour le payement de coupons et de lots sortis de la Dette publique russe, conformément aux conventions conclues avec le Gouvernement russe. Ces payements ne peuvent plus être annulés.

Ad 7. L'ayant droit seul peut disposer des sommes dues en tant qu'il s'agit, d'après ce qui précède, d'engagements pris par le Gouvernement allemand ou par un ressortissant allemand envers un tiers (*Ad 1* et *3* de la Dette publique ottomane).

cancelled. If Germany is to hand over values received, the values given by her must be restituted.

The gold received from the Russian Government has already been handed over to the Allied Powers. Of the sums paid in roubles by the Russian Government to the German Government a part of the counter-value, totalling in about 150 million marks, has been applied to the redemption of interest warrants and bonds drawn for payment of the Russian State debt, in accordance with agreements intered upon with the Russian Government. These payments cannot be cancelled.

Ad N° 7. In so far as, in the above mentioned clauses, obligations are referred to which have been incurred by the German Government or by a German national as against a third party, the sums due can only be disposed of by the party thereto entitled (*Ad 1 and 3* by the Ottoman Public Dedt).

---

und ihren Ergänzungen verzichtet, so müssen damit selbstverständlich auch die von Deutschland darin übernommenen Verpflichtungen aufgehoben werden. Soll Deutschland empfangene Werte herausgeben, so müssen ihm die etwa geleisteten Gegenwerte erstattet werden.

Das von der russischen Regierung empfangene Gold ist den alliierten Mächten bereits übergeben. Von den Rubelbeträgen, welche die russische Regierung an die Deutsche gezahlt hat, ist ein Teil des Gegenwerts mit rund 150 Millionen Mark zur Einlösung von Zinsscheinen und verlosten Stöcken der russischen Staatsschuld, entsprechend den Vereinbarungen mit der russischen Regierung verwendet worden. Diese Zahlungen können nicht mehr rückgängig gemacht werden.

Zu No 7. Soweit es sich, nach Vorstehendem, um Verpflichtungen handelt, die seitens der deutschen Regierung oder eines deutschen Staatsangehörigen einem Dritten gegenüber eingegangen sind, kann die Verfügung über die geschuldeten Beträge nur von dem Verfügunsberechtigten erfolgen (zu 1 und 3 von der Dette Publique Ottomane).

Versailles, le 29 mai 1919.

OBSERVATIONS

CONCERNANT L'ARTICLE 263 DU PROJET DES CONDITIONS DE PAIX.

L'article 263 prévoit que l'Allemagne garantisse au Gouvernement brésilien le remboursement des sommes déposées à la banque S. Bleichroeder à Berlin avec 5 p. o/o d'intérêts, provenant de la vente forcée de cafés appartenant à l'État de Sao Paulo dans les ports de Hambourg, Brême, Anvers et Trieste. On demande ensuite que l'Allemagne garantisse le payement au taux de change du mark au jour du dépôt. comme elle se serait opposée au transfert en temps utile desdites sommes à l'État de Sao-Paulo.

A ce sujet il est à remarquer :

1. Une vente forcée du café n'a pas eu lieu. Le Gouvernement de l'État de Sao Paulo a plutôt, conformément à la lettre de la légation brésilienne à Berlin, en date du 10 novembre 1914, adressée aux MM. Theodor Wille et Co. à Hambourg, donné expressément plein pouvoir à cette firme, ainsi qu'aux MM. Crossmann et Sielcken, membres du Comité de valorisation, d'effectuer

Versailles, May 29 th. 1919.

OBSERVATIONS

TO ARTICLE 263 OF THE DRAFT OF THE PEACE CONDITIONS.

Article 263 provides for Germany's guaranteing to the Brasilian Government the reimbursement of the sums deposited with the bank of S. Bleichröder in Berlin, together with 5 p. 100 interest, representing the compulsary sale of coffee belonging to the State of Sao Paolo in the ports of Hamburg, Bremen, Antwerpen, Triest. Further Germany is to guarantee payment at the mark rate of exchange of the day deposit, Germany having prevented the transfer of the sums to the State of Sao Paolo at the proper time.

To this the following is to be said :

1. A compulsary sale of the coffee dit not take place. On the contrary, the State of Sao Paulo itself, by a letter of the Brasilian Embassy in Berlin to the firm of Theodor Wille et Co. in Hamburg, dated November 10th, 1914, expressly empowered this firm and Messrs. Crossmann and Sielcken, as members of the Committee of Valorisation, to sell the whole stock of « valorisation-coffee »

Versailles, den 29. Mai 1919.

BEMERKUNGEN

ZU ARTIKEL 263 DES ENTWURFS DER FRIEDENSBEDINGUNGEN.

Der Artikel 263 sieht vor, dass Deutschland der Brasilianischen Regierung die Rückzahlung der bei dem Bankhause S. Bleichröder in Berlin hinterlegten Summen nebst 5 o/o Zinsen garantieren soll, die aus dem Zwangsverkauf von Kaffee des Staates Sao Paolo in den Häfen von Hamburg, Bremen, Antwerpen und Triest herrühren. Ferner soll Deutschland die Zahlung zum Markkurse des Tages der Hinterlegung garantieren, da es sich der rechtzeitigen Ueberweisung der Summen an den Staat Sao Paolo widersetzt habe.

Hierzu ist zu bemerken :

1. Ein Zwangsverkauf des Kaffees hat nicht stattgefunden. Die Regierung des Staates Sao Paolo hat vielmehr, laut Schreiben der brasilianischen Gesandtschaft in Berlin vom 10. November 1914 an die Herren Theodor Wille et C° in Hamburg, diese Firma und die Herren Crossmann und

la vente de la totalité du stock de café de valorisation ou d'une partie de ce stock à un prix non pas inférieur à 65 pfennig la livre contre payement à vue en espèces.

2. D'après la lettre du Secrétaire des Finances de l'État de Sao Paulo du 20 octobre 1914, adressée à M. Theodor Wille à Hambourg, le produit en espèces de la vente devait être déposé à la banque Bleichroeder à Berlin, à la disposition des créanciers.

3. Dans sa lettre du 31 mars 1916 adressée à l'ambassadeur des États-Unis du Brésil, le Gouvernement allemand s'est déclaré prêt à garantir que le produit de la vente du café de valorisation déposé à la banque S. Bleichroeder serait entièrement en caisse après la conclusion de la paix, pour être à la disposition en considération de la position légale pour son allocation.

4. Le payement des intérêts des sommes déposées chez Bleichroeder est réglé dans l'article 12 du contrat d'emprunt en date du 8 avril 1913, en ce sens que les intérêts seraient inférieurs de 1 1/2 p. o/o à l'escompte de la Banque d'Angleterre, mais ne comporteraient pas plus de 4 p. o/o par an. Par accord du 4 septembre/14 novembre 1916,

or a part thereof at a price not lower than 65 Pfennigs per pound, against payment at sight in cash.

2. According to the letter of the Finance Secretary of the State Sao Paolo to Mr. Theodor Wille in Hamburg, dated October 20th, 1914, the proceeds of the sale were to be deposited with the bank of Bleichröder on Berlin for the benefit of the creditors.

3. In a letter dated March 31th 1916 to the Embassador of the United States of Brasil the German Government declare its readiness to undertake the guarantee that the sums deposited with the bank of S. Bleichröder and representing the sale of the « valorisation-coffee » should stand at disposal in the full figure after conclusion of peace, to be disposed of with due consideration to the application prescribed by the legal position.

4. As regards the interest to be paid on the sum deposited with Bleichröder, article 12 of the loan contract of April 8th 1913 provides that interest is to be payable at 1 1/2 % under the rate of discount of the Bank of England, but not more than 4 % p. a. Following the desire expressed by the Government of Sao Paolo an increase of the con-

---

Sielcken, als Mitglieder des Valorisations-Comités, ausdrücklich ermächtigt, den Verkauf des ganzen Valorisations-Kaffeevorrats oder eines Teiles desselben zu einem Preis nicht niedriger als 65 Pfennige das Pfund zu bewerkstelligen, gegen Zahlung à vista in barem Gelde.

2. Nach dem Schreiben des Finanz-Sekretärs des Staates Sao Paolo vom 20. Oktober 1914 an Herrn Theodor Wille in Hamburg sollte der Bar-Erlös aus dem Verkauf bei dem Bankhause Bleichröder in Berlin zur Verfügung der Gläubiger deponiert werden.

3. Die deutsche Regierung hat sich im Schreiben vom 31. März 1916 an den Gesandten der Vereinigten Staaten von Brasilien bereit erklärt, die Garantie dafür zu übernehmen, dass der bei dem Bankhause S. Bleichröder hinterlegte Erlös aus dem Verkauf des Valorisations-Kaffees nach Friedensschluss in voller Höhe vorhanden sein wird, um unter Berücksichtigung der für seine Verwendung massgebenden Rechtsverhältnisse zur Verfügung zu stehen.

4. Die Verzinsung der bei Bleichröder eingegangenen Gelder ist im Artikel 12 des Anleihe-Vertrages vom 8. April 1913 dahin geregelt, dass die Zinsen 1 1/2 o/o unter dem Bankdiskont der Bank von England, aber nicht mehr als 4 o/o jährlich, betragen sollten. Dem Wunsche der

il fut accordé une majoration des intérêts contractuels, conformément au désir du Gouvernement de Sao Paulo. D'après cette convention, le taux fut porté à 4 1/2 p. o/o en date du 1er janvier 1917, et reporté à 4 p. o/o en date du 5 janvier 1917, en conséquence de la diminution de l'escompte de la Banque d'Angleterre.

5. L'Allemagne n'a rien à voir avec le café de valorisation emmagasiné à Trieste. Celui-ci, l'Autriche-Hongrie l'a plutôt acheté du marchand de café en gros C. Arnstein de Trieste, ayant reçu du Brésil plein pouvoir d'en disposer.

D'après cet état de choses le Gouvernement allemand ne peut reconnaître l'obligation de prendre sur lui la garantie des payements des intérêts au taux de 5 p. 100 et la garantie que le remboursement au taux du change du mark au jour du dépôt sera effectué puisqu'il existe un accord contractuel concernant les intérêts et que le Gouvernement de Sao Paulo s'est déclaré d'accord du dépôt du produit jusqu'après la conclusion de la paix.

ractual rate of interest was conceded throught an agreement of 4th September, 14th November 1916. In accordance with this arrangement the rate of interest was raised on January 1st 1917 to 4 1/2 % and on April 8th, 1917, following the fall of the discount of the bank of England, was lowered to 4 %.

5. Germany has nothing to do with the « valorisation-coffee » warehoused in Triest. This coffee has been bought and taken over by Austria-Hungary from the wholesale coffee firm C. Arnstein in Triest, which had been empowered by Brasil to dispose thereof.

Following these facts the German government is not in a position to recognize an obligation to undertake a guarantee for the payment of interest at the rate of 5 % and for the repayment at the mark rate of exchange of the day of deposit, a contractual agreement existing as to the rate of interest and the government of Sao Paolo having assented to the depositing of the proceeds of the sale till after conclusion of peace.

Regierung von Sao Paolo entsprechend, wurde durch Abkommen vom 4. September–14 November 1916 eine Erhöhung der vertragsmässigen Zinsen zugestanden. Dieser Regelung zufolge, wurde der Zinssatz am 1. Januar 1917 auf 4 1/2 o/o erhöht, am 5. April 1917, infolge der Herabsetzung des Diskonts der Bank von England, auf 4 o/o ermässigt.

5. Mit dem in Triest eingelagerten Valorisations-Kaffee hat Deutschland nichts zu tun. Diesen hat vielmehr Oesterreich-Ungarn von dem Triester Kaffee-Groszhändler C. Arnstein, der seitens Brasiliens sur Verfügung hierüber ermächtigt war, käuflich übernommen.

Nach diesem Sachverhalt kann die deutsche Regierung eine Verpflichtung zur Uebernahme einer Garantie für die Verzinsung in Höhe von 5 o/o und einer Garantie für die Rückzahlung zum Markkurse am Tage der Hinterlegung nicht anerkennen, da über die Zinsen eine vertragsmässige Vereinbarung besteht und die Regierung von Sao Paolo sich mit der Hinterlegung des Erlöses bis nach Friedensschluss einverstanden erklärt hat.

ANNEXE À LA NOTE 19.

L'alliance entre la Turquie et l'Allemagne a aussi fait naître des relations financières entre les deux Gouvernements. Il est dans la nature de l'alliance que ses membres mettent mutuellement à leur disposition l'excédent de leur matériel de guerre et de leurs produits industriels et agricoles et qu'ils s'en facilitent la livraison ainsi que l'acquittement. Aussi le Gouvernement allemand a-t-il, dès le début de la guerre, fourni sans interruption toutes sortes de provisions au Gouvernement impérial ottoman sans en exiger le payement pendant la guerre. A la suite de ces fournitures, la dette de la Turquie envers l'Allemagne se montait, le 1er août 1918, à la somme de 715 millions de marks. L'Allemagne a, en outre, fait au Gouvernement ottoman des avances en espèces pour couvrir les dépenses occasionnées par la guerre et pour faire face à d'autres besoins, par exemple au service des emprunts ottomans placés en Allemagne et en Autriche. A la date suscitée, ces avances s'élevaient au total de 1,000 millions de marks en chiffres ronds. Par contre, l'Empire ottoman a livré à l'Allemagne des matières premières. La liquidation de ces achats devant s'effectuer en valeurs monétaires turques, le Gouvernement ottoman a pris soin de la faciliter au Gouvernement allemand en lui procurant, en 1916, des billets turcs émis en raison du dépôt de bons du Trésor allemand. Ces billets turcs représentent la somme de 5 millions de livres turques et le Gouvernement ottoman vient de se déclarer prêt à conclure un second arrangement semblable pour une valeur à déterminer.

Les dettes entre la Turquie et l'Allemagne, telles qu'elles viennent d'être exposées, sont de même nature que celles qui furent contractées à la suite de la guerre par tous les Etats faisant partie de l'un ou de l'autre des deux groupes belligérants. Mais la situation particulière de la Turquie a eu pour suite une augmentation considérable de même qu'une complication de la dette réciproque entre cet État et l'Allemagne. Tandis que tous les États belligérants ont pu faire face eux-mêmes à la majeure partie de leurs dépenses de guerre — en tant qu'elles étaient à régler au pays — soit par des emprunts de guerre nationaux, soit par l'émission de Bons du Trésor ou encore par le concours de la Banque nationale — la Turquie s'est vue, dès le début, hors d'état d'employer les mêmes procédés, car la Banque ottomane était inactive et comme elle n'avait jamais joué, même en temps de paix, qu'un rôle secondaire pour la circulation monétaire, une grande partie de la population n'était accoutumée qu'à l'argent métallique et, dans sa méfiance, s'opposait à l'introduction de tout autre moyen de payement. De plus, le public ottoman n'avait jamais été initié au placement de capitaux en titres de rente sur l'État, de sorte que le placement d'un emprunt public à l'effet de procurer au Gouvernement les capitaux nécessaires dut être considéré, de prime abord, comme n'ayant aucune chance de succès. De l'avis du Gouvernement ottoman, les moyens de payement dont il avait besoin devaient donc consister en espèces sonnantes, et comme la monnaie blanche était déjà en circulation active, seul l'or entrait en considération. A la suite de ces circonstances, les Gouvernements allemand et austro-hongrois ont fait, au début de la guerre, des avances en or effectif au Gouvernement ottoman. Mais comme il fut bientôt

constaté que la population ottomane recélait tout l'or, le soustrayant ainsi à la circulation, les Gouvernements intéressés s'accordèrent à ce que les avances ne fussent plus versées en or effectif mais plutôt que l'or fut déposé à la disposition de la Dette publique qui émit au nom du Gouvernement de l'Empire ottoman des certificats remboursables en or six mois après la guerre et dont le total correspondait à la valeur de l'or déposé.

La population de la Turquie, dépourvue d'argent métallique par suite de l'accumulation de l'or dans les mains des particuliers, accueillit sans aucune difficulté ces billets à échéance en or. Cependant, par suite de la prolongation de la guerre, il se trouva bientôt que l'Allemagne serait absolument hors d'état d'affaiblir son propre effectif d'or dans la mesure qu'exigerait désormais la compensation des dépenses de guerre ottomanes par des versements sonnants.

Le Gouvernement ottoman se résolut donc à l'émission de billets-monnaie dont le payement fut fixé à un an après la conclusion de la Paix et garanti par le dépôt de Bons du Trésor allemands. Ces billets ottomans, eux non plus, ne rencontrèrent aucune résistance tant qu'il y eut en Turquie une pénurie d'espèces sonnantes dans le commerce, mais l'emission de papier-monnaie prenant peu à peu des dimensions considérables à la suite de l'accroissement des frais de guerre, des difficultés surgirent de ce que la population ottomane, notamment en province, n'attribuait aux billets qu'une valeur bien inférieure à celle de l'argent métallique d'où il résulta une nouvelle augmentation, bien naturelle, des dépenses de guerre.

Le Gouvernement ottoman déclara donc que l'émission des billets monnaie susdits ne pouvait plus avoir lieu et que la situation financière de la Turquie ne pouvait être améliorée que par la garantie du remboursement en or, après la guerre, des billets à émettre ultérieurement. En ce cas, rien ne s'opposerait à ce que le remboursement soit réparti sur plusieurs années. Le Gouvernement allemand consentit à la proposition du Gouvernement ottoman et étendit cette garantie de payement en or même aux Bons du Trésor allemands qui avaient servi de couverture aux billets des émissions antérieures.

Bientôt pourtant, l'émission toujours croissante de ces nouvelles valeurs-papier rendit nécessaire de prolonger de quelques années leur délai de remboursement afin de ne pas en surcharger les paiements annuels. Mais entre temps, les billets subirent une dépréciation si rapide que leur valeur commerciale se réduisit à un quart ou même, dans les provinces, à un cinquième de leur valeur en or, ce qui eut pour suite immédiate et inévitable une énorme hausse des prix des marchandises et une nouvelle augmentation excessive des dépenses de guerre. On n'a pas été sans faire l'essai de restreindre l'émission de nouveaux billets-monnaie et de rehausser la valeur de ceux qui étaient en circulation. Ainsi l'Allemagne a répondu à toutes les demandes des importateurs et des banquiers ottomans de leur procurer des valeurs monétaires allemandes et des fonds allemands et étrangers, admis pour le placement de capitaux, et a affranchi de cette façon un certain nombre de billets ottomans qui furent mis à la disposition du Gouvernement ottoman. La Turquie, de son côté, a mis en circulation des bons du Trésor à courte échéance qui lui furent remis par le Gouvernement allemand à l'effet de retirer du marché les billets superflus, et la population ottomane, tout au moins celle des villes principales, ayant commencé à la longue à se montrer encline au placement de capitaux par valeur papiers, le Gouvernement ottoman put même faire l'essai d'un emprunt national qui fut couronné d'un plein succès et lui rapporta environ 18 millions de livres turques. Cependant, beaucoup s'en faut que ces procédés et les autres mesures qu'on a mises en application aient pu suffir aux exigences matérielles toujours grandissantes de la guerre, de sorte qu'une nouvelle émission de billets-monnaie est devenue inévitable dont le payement en or sera, comme dans les cas précédents, garanti par le dépôt de bons du Trésor allemands, remboursables en or.

Jusqu'à présent le Gouvernement allemand s'est engagé à honorer :

1 an après la conclusion de la paix	11	millions de billets mis en circulation.
dans la 3e année — —	10,8	— — —
— 4e — — —	10,8	— — —
— 5e — — —	10,8	— — —
— 6e — — —	10,8	— — —
— 7e — — —	10,8	— — —
— 8e — — —	12	— — —
— 9e — — —	12	— — —
— 10e — — —	20	— — —
— 11e — — —	20	— — —
Total.......	129	— — —

Les avances en or et en argent sonnant faites par l'Allemagne au Gouvernement de l'Empire Ottoman pour des buts particuliers au début ou au cours de la guerre s'élèvent à la somme de 14,055 millions de Ltqs. Quant au payement des Bons du Trésor allemands déposés et remboursables en or après la guerre, il va sans dire que cette dette d'or de 2.380 millions de marks (1 Ltq. étant compté à 18,45 marks en chiffres ronds) ne saurait être acquittée en espèces. D'ailleurs, il n'en a jamais été question et l'impossibilité de ce payement énorme paraît d'autant plus évidente si l'on considère que l'effectif total d'or de la Banque de l'Empire allemand, après une accumulation de tout l'or allemand pendant plusieurs années, ne s'élève aujourd'hui qu'à 2,347,282,000 marks et que celui de la Banque d'Angleterre, ne comprend même que 67,259,000 livres sterling c'est-à-dire 1,345,180,000 marks.

Aussi Son Excellence M. le Ministre des Finances ottoman a-t-il toujours fait ressortir que les achats ottomans en Allemagne prendraient, après la guerre, de très grandes dimensions et qu'en outre les intérêts dus à l'Allemagne, de même que certains achats du Gouvernement ottoman seraient mis en ligne de compte, de sorte qu'il ne resterait qu'une somme annuelle peu considérable à rembourser en or effectif. Son Excellence a même jugé utile de fixer, par contrat, le minimum à payer annuellement en or. A la suite de ces considérations le remboursement des Bons du Trésor allemands servant de couverture aux billets-monnaie ottomans a été réglé de façon à ce qu'il serait effectué soit en or, soit en billets-monnaie émis en vertu des Bons du Trésor déposés.

Or, les échéances annuelles atteignent à l'heure présente par suite de l'émission continuelle de billets, une somme tellement élevée, que leur effectuation ne peut avoir lieu qu'au cas où le Gouvernement ottoman la rend possible par un concours actif. Ce Gouvernement devrait, à cet effet, mettre tous ses soins à ce que, après la guerre l'importation de produits allemands en Turquie soit encouragée et activée par des mesures libérales et il devrait aussi prendre à tâche de faciliter à l'Allemagne par toute autre mesure efficace l'accomplissement de ses devoirs contractuels en question.

A différentes reprises Son Excellence M. le Ministre des Finances, Djavid Bey, a affirmé aux négociateurs allemands qu'il serait absolument dans l'intérêt du Gouvernement Impérial ottoman d'agir dans ce sens et que lui-même y mettrait certainement tout son pouvoir et son assistance.

Seule la ferme confiance en ces assurances a pu mettre le Gouvernement allemand en mesure d'accepter, également pour le nouveau contrat d'avance le mode de payement désiré par le Gouvernement de l'Empire ottoman, c'est-à-dire l'émission de nouveaux Bons du Trésor allemands remboursables en or.

Berlin, le 18 août 1918.

NOTE N° 20.

(*TRADUCTION.*)

A Son Excellence le Président de la Conférence de la Paix, etc.,

Monsieur CLEMENCEAU.

Versailles, le 29 mai 1919.

MONSIEUR LE PRÉSIDENT,

J'ai l'honneur de vous prier de bien vouloir me faire savoir quel est le montant total se trouvant dans les différents pays aux mains de fiduciaires, Public Custodians, sequestres, liquidateurs, etc., pour autant que ce montant provient de la réalisation des biens allemands par des mesures de guerre.

Il m'importe également de savoir quels autres biens appartenant à des ressortissants allemands tels que, par exemple, valeurs et effets, se trouvant aux mains de ces fiduciaires, Public Custodians, sequestres, liquidateurs, etc.

En rapport avec l'examen du Traité de Paix, il est d'importance pour le Gouvernement allemand de connaître ces renseignements pour se rendre compte de la

(*TRANSLATION.*)

To His Excellency the President of the Peace Conference, etc.,

Mr. CLEMENCEAU.

Versailles, May 29th 1919.

SIR,

I have the honour to request You to let me knov what total sums, derived from the liquidation of German property under war measures, are in the hands of trustees, public custodians, sequesters, liquidators, etc, in the different countries.

Likewise it is of value for me to know what other property belonging to German nationals, such as e.g. securities, is deposited with such trustees, public custodians, sequesters, liquidators, etc.

In connection with the examination of the Peace Treaty it is of importance for the Germann Goverment to form a judgment on the (financial position of the

---

An Seine Exzellenz den Präsidenten der Friedenskonferenz etc.

Herrn CLEMENCEAU.

Versailles, den 29. Mai 1919.

HERR PRÄSIDENT,

Ich habe die Ehre, Sie zu bitten, mir mitteilen zu wollen, welche Gesamtbeträge sich in den einzelnen Ländern in den Händen von Treuhändern, Public Custodians, Sequestern, Liquidatoren u. s. w. befinden, soweit diese Beträge aus der Verwertung deutschen Eigentums unter Kriegsmassnahmen stammen.

Ebenso ist es für mich wertvoll, zu wissen, welche sonstigen Vermögensobjekte deutscher Untertanen, wie z. B. Wertpapiere, sich bei diesen Treuhändern, Public Custodians, Sequestern, Liquidatoren u. s. w. befinden.

Im Zusammenhang mit der Prüfung des Friedensvertrages ist es für die deutsche Regierung

situation financière du pays et des ressortissants allemands.

Veuillez agréer, Monsieur le Président, les assurances de ma haute considération.

Signé : BROCKDORFF-RANTZAU.

country and of the German nationals on the basis of these data.

Accept, Sir, the assurance of my high esteem.

(Signed) BROCKDORFF-RANTZAU.

---

von Wichtigkeit, sich auf Grund dieser Daten ein Urteil über die finanzielle Lage des Landes und der deutschen Staatsangehörigen zu bilden.

Genehmigen Sie, Herr Präsident, den Ausdruck meiner ausgezeichneten Hochachtung.

Gez. : BROCKDORFF-RANTZAU.

NOTE N° 21.

(*TRADUCTION.*)

A Son Excellence le Président de la Conférence de la Paix, etc.,

Monsieur CLEMENCEAU.

Versailles, le 3 juin 1919.

MONSIEUR LE PRÉSIDENT,

Ces derniers jours la Délégation allemande a pris connaissance tant par la presse que par des nouvelles directes d'Allemagne qu'il y a dans les pays rhénans et dans le Palatinat des tendances à séparer ces territoires de l'Empire allemand et d'en faire des Républiques indépendantes. Ces tendances ne sont non seulement tolérées par les autorités militaires des Puissances occupantes mais même ouvertement appuyées par elles. Des fonctionnaires qui, fidèles à leur devoir, procèdent contre les promoteurs de ce mouvement et leur demandent compte pour crime de haute trahison en vertu des lois allemandes existantes, sont poursuivis par les autorités de l'armée d'occu-

(*TRANSLATION.*)

To His Excellency the President of the Peace Conference, etc.,

Mr. CLEMENCEAU.

Versailles, June 3rd, 1919.

SIR,

The German Delegation has of late both by the press and by immediate news from Germany been apprised of endeavours going on in the Rhineland and the Palatinate tending towards a severance of these territories from the German Empire and towards their setting up as autonomous republics. The said tendencies are not merely being tolerated by the military authorities of the occupying Powers, but are even being openly abetted. German functionaries when taking measures, as in duty bound, against the plotters and calling them to account for high treason according to the ruling German laws are in their turn being prosecuted and threatened with expulsion

---

An Seine Exzellenz den Präsidenten der Friedenskonferenz, etc.

Herrn CLEMENCEAU.

Versailles, den 3. Juin 1919.

HERR PRÄSIDENT,

Die deutsche Delegation hat in den letzten Tagen sowohl durch die Presse, als durch unmittelbare Nachrichten aus Deutschland Kenntnis davon erhalten, dass in den Rheinlanden und der Pfalz Bestrebungen im Gange sind, zu dem Zweck, diese Gebiete vom deutschen Reiche loszulösen und zu selbständigen Republiken zu machen. Die Bestrebungen werden von den militärischen Behörden der Okkupationsmächte nicht nur geduldet, sondern sogar offen unterstützt. Deutsche Beamte, die pflichtgemäss gegen die Anstifter einschreiten und sie nach den bestehenden deutschen

pation et menacés d'expulsion. Les détails dont on n'a pu vérifier l'exactitude par suite de l'isolement des territoires rhénans du reste de l'Allemagne, sont contenus dans la copie ci-jointe de la Note du Ministre d'État Erzberger datée du 2 de ce mois et adressée au Général Nudant.

La Délégation allemande fait remarquer aux Gouvernements alliés et associés que la tolérance et l'encouragement de ces tendances devant amener la séparation des territoires occidentaux de l'Empire sont largement de nature à troubler les négociations sur le rétablissement de la paix et sur l'exécution de ses stipulations. Une telle attitude des autorités de l'armée d'occupation serait en outre en contradiction flagrante avec la stipulation de l'article V al. 2 de la convention d'armistice qui énonce évidemment que la compétence des autorités administratives en fonction jusqu'à ce jour dans ces territoires reste inviolable et que l'occupation militaire par les adversaires ne touche en rien les rapports de ces territoires avec l'Empire.

A cela il faut ajouter que l'Allemagne ne peut supporter les charges qu'elle est

by the authorities of the occupying Powers. Details which for the shutting off of the Rhine-districts from the rest of Germany could not very well be accurately tested, are contained in the note herewith enclosed in duplicate of the minister of the Empire Erzberger to General Nudant, dated 2nd inst.

The German Delegation calls the attention of the Allied and Associated Governments to the fact that the toleration and encouragement of endeavours meant to effect the detachment of the western territories from the Empire are highly conducive to disturbing the negotiations for bringing about peace and the carrying out of its provisions. Such an attitude of the authorities of the occupying Powers would moreover be utterly at variance with the provision of article V, paragraph 2 of the armistice-agreement, a provision manifestly based upon the competency of the hitherto working administrative authorities of these territories remaining unimpaired and on the close union of the said territories with the Empire being in no wise affected by the military occupation carried into effect by the adversaries.

Add to this that Germany will be able to bear the burden she is willing and

---

Gesetzen wegen Hochverrats zur Verantwortung ziehen, werden von den Besatzungsbehörden ihrerseits verfolgt und mit Ausweisung bedroht. Einzelheiten, die wegen der Absperrung der Rheinischen Gebiete vom übrigen Deutschland nicht mit Genauigkeit haben nachgeprüft werden können, sind in der hier abschriftlich beigefügten Note des Reichsministers Erzberger an den General Nudant vom 2. d. M. enthalten.

Die deutsche Delegation macht die alliierten und assoziierten Regierungen darauf aufmerksam, dass die Duldung und Beförderung von Bestrebungen, die zur Ablösung der westlichen Gebiete vom Reiche führen sollen, in hohem Masse geeignet ist, die Verhandlungen über die Herstellung des Friedens und die Durchführung seiner Bedingungen zu stören. Ein solches Verhalten der Okkupationsbehörden würde überdies in schroffem Widerspruch zu der Bestimmung des Artikels 5 Abs. 2 des Waffenstillstandsabkommens stehen, die offenbar davon ausgeht, dass die Zuständigkeit der bisherigen Verwaltungsbehörden dieser Gebiete unangetastet bleibt, und dass die militärische Besetzung durch die Gegner die Zugehörigkeit der Gebiete zum Reich in keiner Weise berührt.

prête à assumer par le Traité de Paix que si les bases territoriales et économiques de sa capacité financière restent intactes. Inutile de s'étendre davantage sur le fait que la séparation de territoires avec un chiffre de population aussi élevé et avec une industrie aussi développée que celles des pays rhénans doit ébranler les bases des conditions de paix offertes par l'Allemagne. Si, par conséquent, les autorités des Puissances occupantes, encourageant la séparation des pays rhénans, sont d'avis qu'ils servent les intérêts des Gouvernements alliés et associés, ils oublient que, s'ils agrandissent peut-être momentanément la sphère du pouvoir effectif de ces Gouvernements, ils diminuent en même temps les garanties de droit public qui doivent répondre de l'exécution des conditions de Paix.

La Délégation allemande de la Paix adresse donc aux Gouvernements alliés et associés avec toute énergie la demande d'éclaircir bientôt les événements mentionnés ci-dessus et de veiller à ce que les autorités militaires des Puissances occupantes dans le territoire rhénan soient immédiatement et très sérieusement averties du danger de leur zèle politique mal placé et qu'ils soient exhortés à

going to charge herself with in the Treaty of Peace solely on condition of the territorial and economic bases of her financial productive capacity remaining unshattered and stable. No need to explain at great length that the severance of territories of such density of population and with an industry so highly developed as is the Rhineland must needs shake the bases of the German offer of peace. If therefore the authorities of the occupying Powers which encourage the secession of the Rhineland are of opinion that by so doing they serve the interests of the Allied and Associated Governments, they do not notice that though perhaps momentarily enlarging the actual sphere of power of these Governments they at the same time diminish the legal securities that are to be their warrant for the carrying out of the conditions of Peace.

On account whereof the German Peace Delegation urgently requests the Allied and Associated Governments kindly to clear up forthwith the happenings indicated above and to take care that the military authorities of the occupying Powers in the Rhine-district should at once and very earnestly be shown the danger of their misled political zeal and that injunctions should be laid upon them

---

Dazu kommt, dass Deutschland die Lasten, die es im Friedensvertrag auf sich nehmen will, nur tragen kann wenn die territorialen und wirtschaftlichen Unterlagen seiner finanziellen Leistungsfähigkeit unangetastet bleiben. Es bedarf keiner Ausführung, dass die Abtrennung von Gebieten mit so grosser Bevölkerungszahl und so hoch entwickelter Industrie wie die Rheinlande die Grundlagen des deutschen Friedensangebots erschüttern muss. Wenn also die Behörden der Okkupationsmächte, die den Abfall der Rheinlande befördern, der Meinung sind, dass sie dadurch den Interessen der alliierten und assoziierten Regierungen dienen, so vergessen sie, dass sie zwar vielleicht den tatsächlichen Machtbereich dieser Regierungen für den Augenblick vergrössern, zugleich aber die rechtlichen Sicherheiten verringern, die ihnen für die Durchführung der Friedensbedingungen haften sollen.

Hiernach richtet die deutsche Friedensdelegation an die alliierten und assoziierten Regierungen das nachdrückliche Ersuchen, die im Vorstehenden gekennzeichneten Vorgänge alsbald aufklären und dafür Sorge tragen zu wollen, dass die militärischen Behörden der Okkupationsmächte im

s'abstenir de tout engagement des tendances séparatistes d'une part, et d'autre part à n'opposer aucun obstacle aux autorités allemandes chargées de réprimer ces tendances.

Veuillez agréer, Monsieur le Président, les assurances de ma haute considération.

Signé : BROCKDORFF-RANTZAU.

to refrain from encouraging in any way the tendencies of defection on the one hand and, on the other hand, not to throw any obstacles in the way of the German authorities dutifully opposing these endeavours.

Accept, Sir, the assurance of my high esteem.

(Signed) BROCKDORFF-RANTZAU.

Rheingebiet unverzüglich und mit allem Ernste auf das Gefährliche ihres missleiteten politischen Eifers hingewiesen und angehalten werden, einerseits jede Förderung der Loslösungsbestrebungen zu unterlassen, andererseits den deutschen Behörden bei der pflichtmässigen Bekämpfung dieser Bestrebungen keine Hindernisse in den Weg zu legen.

Genehmigen Sie, Herr Präsident, den Ausdruck meiner ausgezeichneten Hochachtung.

Gez. : BROCKDORFF-RANTZAU.

(*TRADUCTION.*)

Le Gouvernement allemand a reçu des nouvelles sûres disant que des autorités françaises de l'armée d'occupation ont abusé des droits que l'armistice leur a conférés et ont encouragé et appuyé des menées de haute trahison dans les territoires occupés. Le Gouvernement allemand regrette vivement que, par suite des mesures prises par les Alliés, il lui soit impossible de vérifier directement, dans les territoires occupés, les nouvelles qui lui sont parvenues ; il doit, par conséquent, ajouter foi aux nouvelles sûres qui lui sont parvenues. Ces nouvelles disent que des personnalités politiques sans influence, sans mandat

(*TRANSLATION.*)

The German Government has had news worthy of belief that French authorities of the occupying armies in the districts on the left ban of the Rhine are encouraging and abetting treasonable practices in the occupied territories, abusing in so doing the power conceded to them by the Armistice. The German Government is truly sorry not to be, in consequence of the measures taken by Allies, in a position of conducting, in the occupied territories, a direct investigation about the nature of the news it has had and must therefore needs rely on those tidings transmitted to it that appear worthy of belief. According to

---

Der deutschen Regierung sind glaubwürdige Nachrichten darüber zugegangen, dass französische Besatzungsbehörden im linksrheinischen Gebiet unter Missbrauch der ihnen durch den Waffenstillstand eingeräumten Befugnisse hochverräterische Bestrebungen in den besetzten Gebieten fördern und unterstützen. Die deutsche Regierung bedauert lebhaft, dass sie infolge der Massnahmen der Alliierten nicht in der Lage ist, direkte Untersuchungen über die ihr zugegangenen Nachrichten in den besetzten Gebieten anzustellen, sie muss daher sich auf die ihr zugegangenen glaubwürdigen Nachrichten stützen. Hiernach haben politisch einflusslose Persönlichkeiten, die keinerlei Auftrag

du peuple, sont entrées en négociations sur la proclamation d'une République rhénane et sur le détachement de la République rhénane de l'Empire Allemand, et cela avec les officiers français : le général Mangin, le général Gérard, le colonel Pinot, le capitaine Rostan. Des autorités françaises de l'armée d'occupation ont également permis l'apposition d'affiches annonçant la fondation d'une République rhénane, le premier juin, tandis que d'autres autorités de l'armée d'occupation ont défendu de publier l'affiche datée du 29 mai du Gouvernement allemand, avertissant la population des menées de haute trahison. D'après les nouvelles parvenues jusqu'ici au Gouvernement de l'Empire, le manifeste pour annoncer la fondation d'une République rhénane fut placardé à Mayence dimanche matin ; il était signé par des Comités inconnus et sans nom. Pour manifester sa protestation, la population a arraché la plupart des affiches. Des autorités militaires françaises sont intervenues ; elles ont arrêté les Allemands qui ont lacéré des affiches et, à l'heure actuelle, ne les ont pas encore mis en liberté. Dans un entretien que le Comité de Nassau contre la fondation d'une République rhénane eut avec le colonel Pinot, un fonction-

their account personages devoid of any political influence and being in no wise commissioned by the people repeatedly carried on negotiations about the proclamation of a Renish republic and about the severance of the Rhenish republic from the German Empire, and that with the following French officers, General Mangin, General Gerard, Colonel Pinot, Captain Rostan. French authorities of the occupying armies have likewise permitted posters concerning the proclamation of a Rhenish republic to be placarded on June 1st; other authorithies of the occupying armies forbidding the caution against treasonable practices issued by the German Government on May 29th to be published. According to the news which have hitherto come under the notice of the Government of the Empire the proclamation urging the foundation of a Rhenish republic was placarded in Mayence on Sunday forenoon, signed by nameless, unknown committees. The population, in order to notify its disapproval, has torn down again most of the posters. French military authorities have taken measures against this, have arrested Germans that had destroyed placards and have not set them free again up to the

---

vom Volk hatten, wiederholt Verhandlungen über die Ausrufung einer rheinischen Republik und über die Loslösung der rheinischen Republik vom deutschen Reich geführt, und zwar mit den französischen Offizieren General Mangin, General Gérard, Oberst Pinot, Hauptmann Rostan. Französische Besatzungsbehörden haben auch gestattet, dass am 1. Juni Plakate über Ausrufung einer rheinischen Republik angeheftet werden durften, während andere Besatzungsbehörden es verboten haben, die von der deutschen Regierung am 29. Mai ergangene Warnung vor hochverräterischen Umtrieben zu veröffentlichen. Nach den bis jetzt der Reichsregierung bekannt gewordenen Nachrichten wurde am Sonntag Vormittag der Aufruf zur Gründung einer rheinischen Republik in Mainz plakatiert, unterzeichnet von namenlosen unbekannten Ausschüssen. Die Bevölkerung hat, um ihren Widerspruch zum Ausdruck zu bringen, die meisten Plakate wieder abgerissen. Französische Militärbehörden sind dagegen eingeschritten und haben Deutsche, welche Plakate beseitigten, verhaftet und bis zur Stunde noch nicht freigelassen. Bei einer Besprechung, welche der nassauische Ausschuss gegen die rheinische Republik mit Oberst Pinot hatte, hat dieser einem deutschen

naire allemand, fidèle à son devoir, attira l'attention sur l'encouragement que les autorités militaires françaises accordaient à un acte de haute trahison contre l'Empire Allemand; le colonel Pinot lui répondit qu'il ferait couper les vivres aux villes qui refuseraient leur adhésion à la République, et il ajouta que le fonctionnaire serait expulsé dans les 24 heures du territoire occupé. D'après des rapports officiels, le Président Winterstein, premier administrateur civil en Palatinat, a reçu une interdiction de séjour ; en outre, des autorités de l'armée d'occupation ont reçu deux dépêches destinées à la Commission de la Paix des Puissances alliées et associées à Paris et expédiées par un procureur Dorten à Wiesbaden, qui se donne le titre d'un Président de la nouvelle République ; il demande, entre autre, l'autorisation à venir à Paris en vue d'entrer en négociations. Ces actes des autorités françaises de l'armée d'occupation sont en contradiction flagrante avec les conditions de l'armistice du 11 novembre 1918 et avec les déclarations réitérées du Maréchal Foch vis-à-vis du soussigné à l'occasion du renouvellement de l'armistice. L'attitude des autorités militaires françaises constitue la violation la plus grave des engagements

present hour. At an interview which the Nassovian committee against the Rhenish republic had with Colonel Pinot, the latter gave a German functionary who, as in duty bound, had pointed out that the French military authorities were lending a helping hand to an act of high treason against the German Empire the reply that he would have the victualling stopped for the towns not acquiescing in the creation of the new republic, adding that the functionary referred to would be expelled from the occupied territory within twenty-four hours. As stated by official reports the president of the government-board Mr. Winterstein, the most highly placed government official of the Palatinate, was expelled; furthermore French authorities of the occupying armies have accepted two wire-messages addressed by a public prosecutor, a Mr. Dorten of Wiesbaden, who on his own authority has arrogated to himself the title of president of the new republic, to the Peace Commission of the Allied and Associated Powers in Paris, telegrams in which among other things he has preferred a request of being allowed to travel to Paris for the purpose of negotiations. These acts of French authorities of the occupying armies are utterly at

---

Beamten, der pflichtgemäss darauf aufmerksam machte, dass die französischen Militärbehörden einen Hochverrat gegen das deutsche Reich unterstützten, erwidert, er werde den Städten, die mit der Gründung der neuen Republik sich nicht abfinden, die Lebensmittel absperren lassen, und hinzugefügt, dass der Beamte innerhalb 24 Stunden aus dem besetzten Gebiet ausgewiesen werde. Nach amtlichen Meldungen ist Regierungs-Präsident Winterstein, der höchste Verwaltungsbeamte der Pfalz, ausgewiesen worden, französische Okkupationsbehörden haben weiter zwei Depeschen eines Staatsanwalts Dorten in Wiesbaden, der sich aus eigenem Recht den Titel des Präsidenten der neuen Republik beilegte, an die Friedenskommission der alliierten und assoziierten Mächte in Paris entge- gengenommen, in welchen er unter anderem gebeten hat, nach Paris zu Verhandlungen kommen zu dürfen. Diese Handlungen französischer Okkupationsbehörden stehen in schroffstem Gegensatz zu den Waffenstillstandsbedingungen vom 11. November 1918 und zu den wiederholten Erklärungen des Marschalls Foch gegenüber dem Unterzeichneten bei den Erneuerungen des Waffenstillstandes. Das Verhalten der französischen Militärbehörden stellt die schwerste Verletzung

pris vis-à-vis du droit international. Le Gouvernement allemand proteste avec toute énergie contre cette attitude et il s'attend à voir éviter, notamment pendant la durée des négociations de paix, de la part des autorités de l'armée d'occupation tout ce qui pourrait interrompre ou rendre impossible la continuation des négociations de Paix.

Signé : Reichsminister ERZBERGER.

variance with the conditions of the Armistice of November 11 th 1918 and with the delarations of Marshal Foch repeatedly given to me the undersigned every time the Armistice was renewed. The mode of action of the French military authorities constitutes the grossest breach of obligations incurred according to the law of nations. The German Government enters the most decided protest against this mode of action and confidently expects the authorities of the occupying armies to forbear, particularly during the peace negotiations, from doing anything necessarily conducive to disturbing and even rendering impossible a successful course of the negotiations of peace.

ERZBERGER,

Minister of the Empire.

---

völkerrechtlich übernommener Verpflichtungen dar. Die deutsche Regierung legt gegen dieses Verhalten den schärfsten Protest ein und erwartet, dass namentlich in den Zeiten der Friedensverhandlungen seitens der Okkupationsbehörden alles unterlassen wird, was dazu führen muss, den erfolgreichen Verlauf der Friedensverhandlungen zu stören und unmöglich zu machen.

Reichsminister ERZBERGER.

NOTE N° 22.

(*TRADUCTION.*)

A Son Excellence le Président de la Conférence de la Paix, etc.

Monsieur CLEMENCEAU.

Versailles, le 20 Juin 1919.

Monsieur le Président,

Au nom de la Délégation allemande, j'ai l'honneur de remettre aux Gouvernements alliés et associés la note contenue dans l'annexe ci-jointe.

Veuillez agréer, Monsieur le Président, l'expression de ma haute considération.

Signé : HANIEL.

Seiner Exzellenz dem Präsidenten der Friedenskonferenz, etc.

Herrn CLEMENCEAU

Versailles, den 20. Juni 1919.

Herr Präsident,

Im Namen der deutschen Friedensdelegation beehre ich mich den alliierten und assoziierten Regierungen die in der Anlage folgende Note zu übergeben.

Genehmigen Sie, Herr Präsident, den Ausdruck meiner ausgezeichneten Hochachtung.

Gez. : von HANIEL.

(*TRADUCTION.*)

A Son Excellence le Président de la Conférence de la Paix, etc.

Monsieur CLEMENCEAU.

Le 19 juin 1919.

Monsieur le Président,

L'examen des quatre documents remis le 16 de ce mois au Commissaire Général de la Délégation a fait ressortir qu'un certain nombre de concessions sont annoncées

---

Seiner Exzellenz dem Präsidenten der Friedenskonferenz, etc.

Herrn CLEMENCEAU.

Den 19. Juni 1919.

Herr Präsident,

Die Prüfung der vier Urkunden, die dem Generalkommissar der Delegation am 16. d. M. ausgehändigt worden sind, hat ergeben, dass in dem Begleitschreiben und in der Denkschrift eine

dans la lettre d'envoi et dans le mémoire et qu'elles ne se retrouvent pas dans le texte tel qu'il a été modifié à la main. Parmi les plus importantes des contradictions de cette nature, la Délégation allemande a recueilli les suivantes :

1. Il est dit à la page 7 du mémorandum, que dès que l'Allemagne aura été admise dans la Société des Nations, elle jouira des avantages résultant des stipulations relatives à la liberté du commerce et au transit. D'autre part, il est dit à la page 42 du mémorandum que, pendant une durée minima de cinq années, des conditions unilatérales, au sujet des rapports commerciaux seront imposées à l'Allemagne.

2. On déclare, à la page 11 du mémorandum, que la France prend à sa charge la dette publique de l'Alsace-Lorraine.

3. Il est dit à la page 14, que pour le plébiscite en Haute-Silésie, il sera créé une « Commission indépendante » (en français dans le texte), tandis que, d'après le nouveau projet des conditions, cette commission sera nommée uniquement par les Gouvernements alliés et associés.

4. Il est dit à la page 16, au sujet du territoire de Memel, que la cession de ce territoire aura lieu sous la forme d'un transfert aux Puissances alliées et associées, parce que le statut des territoires lithuaniens n'est pas encore établi. D'après cette disposition, la Lithuanie devrait être considérée comme l'État qui sera l'acquéreur définitif.

5. D'après la page 17 du mémorandum, la Commission instituée pour Héligoland par les Gouvernements alliés et associés, doit décider quelles installations doivent être maintenues pour la protection de l'île.

Anzahl von Zugeständnissen angekündigt werden, die sich nachher in dem Text, wie er jetzt handschriftlich verändert worden ist, nicht vorgefunden haben. Als wichtigste Widersprüche dieser Art stellt die deutsche Delegation folgende zusammen :

1. Auf Seite 7 des Memorandums wird gesagt, dass Deutschland, sobald es zum Völkerbund zugelassen wird, die Vorteile aus den Bestimmungen über die Verkehrsfreiheit und den Transitverkehr mitgeniessen soll. Andererseits heisst es auf Seite 42 des Memorandums, dass Deutschland für eine Mindestzeit von fünf Jahren einseitige Bedingungen für den Handelsverkehr auferlegt werden sollen.

2. Auf Seite 11 des Memorandums wird erklärt, dass Frankreich die elsass-lothringische Staatsschuld übernimmt.

3. Auf Seite 14 heisst es, dass für die Abstimmung in Oberschlesien eine « Commission Indépendante » geschaffen werden soll, während nach dem neuen Entwurf der Bedingungen diese Kommission einseitig von den alliierten und assoziierten Regierungen ernannt wird.

4. Auf Seite 16 wird hinsichtlich des Gebietes von Memel gesagt, dass die Abtretung dieses Gebiets in der Form einer übertragung an die alliierten und assoziierten Mächte deshalb erfolge, weil das Statut der litauischen Gebiete noch nicht feststehe. Danach wäre als endgültig erwerbender Staat Litauen anzusehen.

5. Nach Seite 17 des Memorandums soll die von den alliierten und assozzierten Regierungen für Helgoland eingestzete Kommission darüber befinden, welche Vorrichtungen zum Schutz der Insel aufrechtzuerhalten sind.

6. A la page 21 du mémorandum, on promet que les chemins de fer et les mines allemandes du Shantoung ne seront pas considérés comme propriétés de l'État allemand, si on prouve, du côté allemand, qu'il s'agit de propriétés privées.

7. A la page 31 du mémorandum, on déclare que les Gouvernements alliés et associés sont prêts à remettre, dans un délai d'un mois, à partir de la mise en vigueur du Traité de paix, une liste définitive des Allemands à livrer aux adversaires.

8. A la page 33, il est stipulé que la Commission des réparations ne peut exiger la livraison de secrets de fabrication ou d'autres renseignements confidentiels. Il est en outre stipulé qu'elle n'aura aucun pouvoir exécutif sur territoire allemand et qu'elle ne devra pas s'immiscer dans la direction ou la surveillance d'établissements allemands.

9. Aux pages 34 et suivantes du mémorandum, il est prévu un procédé spécial pour fixer et couvrir les réparations exigées de l'Allemagne.

10. A la page 36 du mémorandum on promet des facilités à l'Allemagne pour l'importation de vivres et de matières premères.

11. La page 36 du mémorandum indique, parmi les cas dans lesquels sera envisagé l'octroi de l'autorisation d'exporter de l'or, ceux où la Reichsbank a fourni des garanties auxquelles elle ne pourrait satisfaire d'autre manière.

12. A la page 53 du mémorandum, l'assurance est donnée que les liquidateurs nommés par les Gouvernements alliés et associés qui se seraient rendus coupables d'agissements punissables, seraient poursuivis conformément au droit pénal.

---

6. Auf Seite 21 des Memorandums wird versprochen, dass die deutschen Eisenbahnen und Bergwerke in Shantung nicht als deutsches Staatseigentum behandelt werden sollen, wenn deutscherseits der Nachweis erbracht wird, dass es sich um Privateigentum handelt.

7. Auf Seite 31 des Memorandums wird erklärt, dass die alliierten und assoziierten Regierungen bereit sind, innerhalb eines Monats nach dem Inkrafttreten des Friedensvertrages eine endgültige Liste der an die Gegner auszuliefernden Deutschen zu überreichen.

8. Auf Seite 33 wird festgestellt, dass die Commission des Réparations nicht die Preisgabe von Fabrikgeheimnissen oder anderen vertraulichen Auskünften verlangen kann. Es wird ferner festgestellt, dass sie keinerlei vollziehende Gewalt auf deutschem Gebiet hat, und dass sie sich nicht in die Leitung oder Ueberwachung deutscher Einrichtungen einmischen darf.

9. Auf Seite 34 ff. des Memorandums wird ein besonderes Verfahren für die Feststellung und Abdeckung des von Deutschland verlangten Schadensersatzes vorgesehen.

10. Auf Seite 36 des Memorandums wird versprochen, dass Deutschland Erleichterungen für den Bezug von Lebensmitteln und Rohstoffen gewährt werden sollen.

11. Nach Seite 36 des Memorandums wird die Erteilung der Erlaubnis zur Ansfuhr von Gold namentlich für die Fälle in Aussicht genommen, wo die Reichsbank Garantien geleistet hat, die sie auf andere Weise nicht erfüllen kann.

12. Auf Seite 53 des Memorandums wird die Zusicherung gegeben, dass die von den alliierten und assoziierten Regierungen eingesetzten Liquidatoren, die sich einer strafbaren Handlung schuldig gemacht haben, strafrechtlich verfolgt werden sollen.

La Délégation allemande a le devoir de rendre un compte exact à son Gouvernement et à l'Assemblée nationale : aussi lui faut-il connaître absolument dans quelle mesure les adversaires veulent donner force contractuelle à ces concessions : elle prie Votre Excellence de lui confirmer par écrit que le contenu de la lettre d'envoi et du mémorandum traitant des points ci-dessus mentionnés, constituent une partie intégrante des nouvelles propositions de paix des Gouvernements alliés et associés. En ce cas, il suffirait d'établir ce fait dans un protocole final sur le texte duquel les Parties Contractantes devraient se mettre préalablement d'accord. Un doute s'est également élevé à propos d'un deuxième point lors de l'examen des documents transmis. L'exemplaire imprimé du projet de paix qui nous a été remis ne diffère pas seulement dans les corrections et additions manuscrites de l'exemplaire imprimé que le Président de la Délégation allemande a reçu le 7 mai du Secrétariat Général de la Conférence de la Paix.

En raison de la somme de travail exceptionnelle imposée à la Délégation par la brièveté du délai d'examen, il n'a pas encore été possible de comparer mot pour mot à l'exemplaire imprimé du 7 mai l'exemplaire unique dont un grand nombre de personnes avaient constamment à se servir. Je suis donc obligé de réserver à la Délégation le droit de faire des communications ultérieures à ce sujet. Pour le moment, j'attire l'attention sur les divergences suivantes :

1° A la page 103 de l'exemplaire transmis en dernier lieu, le paragraphe 2 contient un troisième alinéa qui commence par ces mots : « chacun des Gouvernements (each government) ». Cet alinéa manque dans les exemplaires transmis précédemment ;

2° A la page 104 le texte anglais du paragraphe 12 diffère suivant les exem-

---

Die deutsche Delegation ist verpflichtet, ihrer Regierung und der Nationalversammlung genaue Rechenschaft abzulegen, sie muss daher unbedingt wissen, wie weit sich die Gegner vertragsmässig auf diese Zugeständnisse festlegen wollen, und bittet Euere Exzellenz, ihr schriftlich zu bestätigen, dass der Inhalt des Begleitschreibens und der Denkschrift in den vorerwähnten Punkten einen integrierenden Bestandteil des neuen Friedensangebotes der alliierten und assoziierten Regierungen bildet. Gegebenenfalls würde es genügen, wenn diese Tatsache in einem Schlussprotokoll festgestellt würde, über dessen Inhalt zwischen den vertragschliessenden Teilen vorher Einverständnis zu erzielen wäre. Auch in einem zweiten Punkte haben sich Zweifel bei der Prüfung der übergebenen Urkunden herausgestellt. Das Druckexemplar des Friedensentwurfes, das uns übergeben worden ist, unterscheidet sich nicht nur in den handschriftlichen Streichungen und Zusätzen von dem Druckexemplar, das der Vorsitzende der deutschen Delegation am 7. Mai von dem Generalsekretär der Friedenskonferenz erhielt.

Bei der aussergewöhnlichen Arbeitslast, die der Delegation durch die Kürze der Prüfungsfrist auferlegt worden ist, war es noch nicht möglich, das stets von vielen Seiten gebrauchte einzige Exemplar Wort für Wort mit dem Druck vom 7. Mai zu vergleichen. Ich muss daher der Delegation weitere Mitteilung vorbehalten; vorläufig mache ich auf folgende Abweichungen aufmerksam :

1. Auf Seite 103 des zuletzt übergebenen Exemplares hat der § 2 einen dritten Absatz, beginnend mit den Worten « chacun des gouvernements (each government) », der in den früher übergebenen Exemplaren fehlt.

2. Auf Seite 104 weicht der englische Wortlaut des § 12 in den Exemplaren insofern von

plaires : le paragraphe des exemplaires antérieurs n'a qu'un alinéa, alors que dans l'exemplaire remis en dernier lieu il est divisé en deux alinéas, dont le second commence par les mots : « the commission shall in general ».

Naturellement la Délégation allemande ne peut considérer comme faisant foi les modifications du texte qui ne sont portées à la main ou qui, d'autre part, n'ont pas le caractère évident d'additions, à moins que les Gouvernements alliés et associés ne lui confirment que ces divergences ne sont pas dues à l'emploi, par méprise, d'un faux exemplaire imprimé, mais qu'elles répondent à une intention délibérée. Dans ce dernier cas, la Délégation demande que toutes les divergences ayant ce caractère lui soient notifiées avant l'expiration du délai qui lui a été imparti pour prendre une désision. Pour des raisons compréhensibles, la Délégation est obligée d'attacher le plus grand prix à recevoir autant que possible une réponse par retour du courrier.

Veuillez agréer, Monsieur le Président, etc.

Signé : BROCKDORFF-RANTZAU.

---

einander ab, als der § in den früheren Exemplaren nur einen Absatz hat, während er in dem zuletzt übergebenen Exemplar in zwei Absätze geteilt ist, von denen der zweite mit den Worten « the commission shall in general » beginnt. Selbstverständlich kann die deutsche Delegation Textänderungen, die nicht handschriftlich eingetragen oder anderweitig als Zusätze erkennbar sind, erst dann als massgebend anerkennen, wenn die alliierten und assoziierten Regierungen ihr bestätigen, dass die Abweichungen nicht auf der versehentlichen Verwendung eines falschen Druckexemplares, sondern auf wohlüberlegter Absicht beruhen. In diesem Fall bittet aber die Delegation, dass ihr alle solche Abweichungen noch vor Ablauf der für die Entscheidung erforderlichen Frist mitgeteilt werden. Auf eine möglichst umgehende Antwort muss die Delegation aus begreiflichen Gründen den grössten Wert legen.

Genehmigen Sie, Herr Präsident, den Ausdruck meiner ausgezeichneten Hochachtung.

Gez. : BROCKDORFF-RANTZAU.

1re RÉPONSE À LA NOTE N° 22.

Son Excellence, Monsieur Von HANIEL, Président par intérim de la Délégation allemande.

Versailles.

Paris, le 21 juin 1919.

MONSIEUR LE PRÉSIDENT,

J'ai l'honneur de vous accuser réception de votre lettre du 20 juin.

En réponse à cette communication, les Puissances alliées et associées s'empressent de vous faire connaître que les deux cents exemplaires des Conditions de Paix,

remis à la Délégation allemande le 19 juin, doivent être considérés comme le texte authentique contenant toutes les corrections et modifications intervenues, notamment à la suite des diverses observations allemandes, dans le texte imprimé remis le 7 mai 1919.

Veuillez agréer, Monsieur le Président, les assurances de ma haute considération.

Signé : CLEMENCEAU.

2° RÉPONSE À LA NOTE N° 22.

Son Excellence M. Von HANIEL, Président par intérim de la Délégation allemande, Versailles.

Paris, le 21 juin 1919.

Monsieur le Président,

Par votre lettre du 20 juin courant, vous avez signalé à l'attention des Gouvernements alliés et associés certains points, sur lesquels, selon la Délégation allemande, il y aurait une divergence entre le texte du Traité et le memorandum qui vous a été remis le 16 juin 1919 en réponse aux observations allemandes.

J'ai l'honneur de vous faire connaître que les vues des Gouvernements alliés et associés sur ces différents points sont les suivantes :

1. Les déclarations présentées dans le memorandum à la page 7 d'une part, et aux pages 42 et 43 d'autre part, loin de se se contredire, se complètent.

Le Pacte de la Société des Nations déclare que les membres de la Société prendront les dispositions nécessaires pour assurer la garantie et le maintien de la liberté des communications et du transit, ainsi qu'un équitable traitement du commerce de tous les membres de la Société. L'Allemagne, lorsquelle sera admise dans la Société, partagera le bénéfice de ces stipulations avec les autres pays. Toutefois, durant la période de transition consécutive à la paix, il est nécessaire de tenir compte des conditions spéciales qui sont exposées à la page 42 du mémorandum. Les obligations imposées à l'Allemagne ont, d'après cet exposé, le caractère de mesures de réparation et leur maintien pendant une période de cinq années, loin d'être incompatible avec le principe du traitement équitable, a pour but d'en assurer l'application.

La faculté reconnue à la Société des Nations par les articles 280 et 378 sera exercée en accord avec le même principe et en conformité avec l'esprit et le texte du Pacte de la Société.

2. Le mémorandum déclare à la page 11 qu' « en ce qui concerne la dette locale d'Alsace-Lorraine et des Établissements publics d'Alsace-Lorraine, avant le

1er août 1914, les Puissances alliées et associées ont toujours été d'accord pour entendre que la France en acceptait la charge ».

Or, l'article 55 combiné avec l'article 255 du Traité est relatif aux dettes publiques de l' « Empire et des États allemands » et aucune clause n'exempte la France du payement de la dette locale d'Alsace-Lorraine.

Il n'y a donc aucune divergence entre le mémorandum et le Traité.

3. La Commission qui a été prévue pour la Haute-Silésie et qui, d'après l'article 45 du Traité, doit être nommée par les Principales Puissances alliées et associées, est qualifiée par le mémorandum : « Commission indépendante — Separate Commission », afin d'expliquer qu'il s'agit là d'une Commission spécialement chargée de la mission prévue audit 45.

Il n'apparaît pas qu'il y ait, à cet égard, divergence quelconque entre le Traité et le mémorandum.

4. Les explications qui ont été données à la page 16 du mémorandum relativement à Memel ne font également apparaître aucune contradiction entre le Traité et le mémorandum.

5. En ce qui concerne le contrôle de la démolition des fortifications d'Heligoland, les Principales Puissances alliées et associées ont l'intention, comme elles l'ont expliqué dans le mémorandum, page 17, de nommer une Commission pour exercer ce contrôle, en conformité du Traité. Cette Commission aura qualité pour décider quelle partie des ouvrages protégeant la côte contre les érosions de la mer doit être conservée et quelle partie doit être démolie.

6. Les Puissances alliées et associées croient devoir signaler qu'elles n'ont jamais déclaré que les chemins de fer et les mines allemands du Shantoung ne seront pas considérés comme propriété de l'État allemand, si on prouve, du côté allemand, qu'il s'agit de propriétés privées.

Au contraire, les Puissances alliées et associées les considèrent comme propriétés publiques. Toutefois, si l'Allemagne fait la preuve des parts d'intérêts que pourraient y posséder ses ressortissants, celles-ci seront l'objet de l'application des principes généraux établis dans le Traité en pareille matière.

7. Ainsi qu'il est dit à la page 31 du mémorandum, les Puissances alliées et associées ont l'intention d'adresser au Gouvernement allemand, dans le mois qui suivra la mise en vigueur du Traité, la liste des personnes que, conformément à l'article 228, alinéa 2, l'Allemagne devra remettre aux Puissances alliées et associées.

8. Les Puissances alliées et associées, comme il a été dit à la page 33 du mémorandum, n'ont pas l'intention de donner à la Commission des Réparations le pouvoir d'exiger la divulgation des secrets de fabrication ou d'autres renseignements confidentiels. Quant à l'exercice d'un pouvoir exécutif sur le territoire allemand et à une immixtion dans la direction ou la surveillance des établissements scolaires allemands, le Traité ne contient pas de stipulations donnant un semblable pouvoir à la Commission des Réparations.

9. Aux pages 34 et suivantes du mémorandum, les Puissances alliées et associées n'ont pas prévu un procédé spécial pour fixer et couvrir les réparations exigées de l'Allemagne. Les Puissances alliées et associées ont prévu la possibilité pour l'Allemagne de présenter à l'examen des dites Puissances des documents et des propositions dès la signature du Traité et dans les quatre mois qui suivront, à l'effet de hâter le travail relatif aux réparations, d'abréger ainsi grandement l'enquête et d'accélérer les décisions.

10. En ce qui concerne les facilités visées à la page 36 du mémorandum pour l'importation des vivres et des matières premières, en Allemagne, il n'en a été parlé que « sous réserves de certaines conditions et dans des limites qui ne sauraient être indiquées d'avance, sous réserve également de la nécessité où les Puissances alliées et associées se trouvent de tenir légitimement compte de la situation économique particulière résultant pour elles de l'agression allemande et de la guerre ».

On ne saurait voir là une promesse de se départir des termes du Traité, mais l'expression de l'intention des Puissances alliées et associées de faciliter, autant qu'il leur sera possible, la reprise de la vie économique en Allemagne.

11. Le mémorandum a envisagé que la Commission des Réparations serait « compétente pour accorder à la Reichsbank, toutes les fois qu'elle le jugera convenable, le droit d'exportation de l'or, au cas où il s'agirait de garanties que cette banque a fournies et qu'elle ne pourrait fournir par d'autres moyens ».

Cette assertion est en parfait accord avec les stipulations insérées à l'article 248 du Traité, d'après lequel, jusqu'au 1er mai 1921, le Gouvernement allemand ne pourra ni exporter de l'or ou en disposer, ni autoriser que de l'or soit exporté ou qu'il en soit disposé sans autorisation préalable des Puissances alliées et associées représentées par la Commission des Réparations ».

12. Les États alliés et associés qui, à la page 53 du memorandum, se sont déclarés prêts à recevoir les renseignements et preuves que le Gouvernement allemand pourra fournir au sujet de manœuvres intéressées ou frauduleuses, auxquelles auraient pu se livrer des personnes chargées de la liquidation des biens allemands dans les États alliés et associés, exerceront des poursuites contre ces personnes, conformément à leur législation propre et prendront, s'il y a lieu, des sanctions en tous points conformes aux dispositions de leur droit national.

Parmi les interprétations ci-dessus données, celles qui, d'après les Puissances alliées et associées, peuvent être considérées comme constituant un engagement, ont été incorporées dans le Protocole ci-joint, que les Gouvernements alliés et associées sont disposés à annexer au Traité.

Veuillez agréer, Monsieur le Président, les assurances de ma haute considération.

Signé : CLEMENCEAU.

PROTOCOLE.

En vue de préciser les conditions dans lesquelles devront être exécutées certaines clauses du Traité signé à la date de ce jour, il est entendu entre les Hautes Parties Contractantes que :

1° Une Commission sera nommée par les Principales Puissances alliées et associées pour surveiller la démolition des fortifications d'Héligoland en conformité du Traité. Cette Commission aura qualité pour décider quelle partie des ouvrages protégeant la côte contre les érosions doit être conservée et quelle partie doit être démolie ;

2° Les sommes que l'Allemagne aurait à rembourser à ses ressortissants pour les indemniser des parts d'intérêt qu'ils se trouveraient avoir dans les chemins de fer et les mines visés à l'alinéa 2 de l'article 156, seront portées au crédit de l'Allemagne à valoir sur les sommes dues au titre des réparations ;

3° La liste des personnes que, conformément à l'article 228, alinéa 2, l'Allemagne devra livrer aux Puissances alliées et associées, sera adressée au Gouvernement allemand dans le mois qui suivra la mise en vigueur du Traité ;

4° La Commission des Réparations prévue à l'article 210 et aux paragraphes 2, 3 et 4 de l'Annexe IV ne pourra exiger la divulgation des secrets de fabrication ou d'autres renseignements confidentiels ;

5° Dès la signature du Traité et dans les quatre mois qui suivront, l'Allemagne aura la possibilité de présenter à l'examen des Puissances alliées et associées des documents et des propositions à l'effet de hâter le travail relatif aux réparations ; d'abréger ainsi l'enquête et d'accélérer les décisions ;

6° Des poursuites seront exercées contre les personnes qui commettraient des actes délictueux en ce qui concerne la liquidation des biens allemands, et les Puissances alliées et associées recevront les renseignements et preuves que le Gouvernement allemand pourra fournir à ce sujet.

NOTE N° 23.

(*TRADUCTION.*)

A Son Excellence le Président de la Conférence de la Paix,

Monsieur CLEMENCEAU.

Versailles, le 22 juin 1919.

Monsieur le Président,

Le Président du Ministère d'Empire m'a chargé par télégramme de communiquer ce qui suit à Votre Excellence :

Après que le Cabinet existant eut donné sa démission, qui a été acceptée par le Président d'Empire, celui-ci a formé un nouveau Cabinet, qui se compose comme suit :

Président du Ministère d'Empire	M. Bauer.
Ministre des Finances et Vice-Président	M. Erzberger.
Ministre des Affaires Étrangères	M. Hermann Muller.
Ministre de l'Intérieur	Dr. David.
Ministre de l'Economie Nationale	M. Wissell.
Ministre du Travail	M. Schlicke.
Ministre de l'Alimentation	M. Schmidt.
Ministre de la Guerre	M. Noske.
Ministre des Postes	M. Giesberts.
Ministre du Trésor	M. Mayer-Kaufbeuren.

Seiner Exzellenz dem Präsidenten der Friedenskonferenz, etc.

Herrn CLEMENCEAU.

Versailles, den 22. Juni 1919.

Herr Präsident,

Der Präsident des Reichsministeriums hat mich telegrafisch beauftragt, Euerer Exzellenz Folgendes mitzuteilen :

« Nachdem das bestehende Kabinett seine Entlassung genommen hat, die von dem Reichspräsidenten angenommen worden ist, hat der Reichspräsident ein neues Kabinett gebildet, das sich wie folgt zusammensetzt :

Präsident des Reichministeriums	M. Bauer.
Reichsminister der Finanzen und Stellvertreter des Ministerpräsidenten	M. Erzberger.
Reichsminister des Auswärtigen	M. Hermann Müller.
Reichsminister des Innern	Dr. David.
Reichswirtschaftsminister	M. Wissell.
Reichsarbeitsminister	M. Schlicke.
Reichsernährungsminister	M. Schmidt.
Reichswehrminister	M. Noske.
Reichspostminister	M. Giesberts.
Reichsschatzminister	M. Mayer-Kaufbeuren.

Le Dr. Bell est chargé de la formation d'un Ministère du Commerce, et de la direction des Affaires du Ministère des Colonies.

Le nouveau Ministère d'Empire se présentera le 22 juin devant l'Assemblée Nationale pour obtenir de celle-ci le vote de confiance indispensable.

Weimar, le 21 juin 1919.

Signé : Bauer.

Agréez, Monsieur le Président, l'expression de ma considération distinguée.

Signé : Von HANIEL.

---

mit der Bildung des Reichsverkehrsministeriums und der Führung der Geschäfte des Reichskolonialministeriums betraut: Dr. Bell.

Das neue Reichsministerium wird sich am 22. Juni d. J. der Nationalversammlung vorstellen, um von ihr das verfassungsmässig vorgeschriebene Vertrauensvotum zu erlangen.

Weimar, den 21. Juni 1919.

Gez. : BAUER. »

Genehmigen Sie, Herr Präsident, den Ausdruck meiner ausgezeichneten Hochachtung.

Gez. : von HANIEL.

NOTE N° 24.

(*TRADUCTION.*)

A Son Excellence le Président de la Conférence de la Paix,

Monsieur CLEMENCEAU.

Versailles, le 22 juin 1919.

Monsieur le Président,

J'ai l'honneur de transmettre à Votre Excellence la copie suivante de deux télégrammes, qui m'ont été adressés de Weimar :

1° En modification des pouvoirs du 27 avril 1919, je vous charge et vous donne par la présente pouvoir de remettre la réponse du Gouvernement d'Empire à la note du Président de la Conférence de la Paix en date du 16 juin, de fournir des explications, de recevoir les contre-explications et de conduire les négociations. Les pouvoirs écrits vont suivre.

Weimar, le 21 juin 1919.

Le Président d'Empire,
Signé : Ebert.

Contre-signé :
Le Président du Ministère d'Empire,
Signé : Bauer.

An Seine Exzellenz den Präsidenten der Friedenskonferenz, etc.

Herrn CLEMENCEAU.

Versailles, den 22. Juni 1919.

Herr Präsident!

Ich beehre mich, Euerer Exsellens nachfolgend Abschrift zweier an mich gerichteter Telegramme aus Weimar zu übersenden:

«1) In Abänderung der Vollmacht vom 27. April d. J. beauftrage und bevollmächtige ich Sie hiermit, die Antwort der Reichsregierung auf die Note des Präsidenten der Friedenskonferenz vom 16. Juni d. J. zu übergeben, Erklärungen abzugeben, Gegenerklärungen entgegenzunehmen und Verhandlungen zu führen. Schriftliche Vollmacht folgt.

Weimar, den 21. Juni 1919.

Der Reichspräsident,
gez. Ebert.

gegengezeichnet der Präsident des Reichsministeriums
gez. Bauer.

2° Au nom de l'Empire.

En modification des pouvoirs du 27 avril, le Délégué Haniel von Haimhausen reçoit par les présentes, la mission et le pouvoir de remettre la réponse du Gouvernement d'Empire à la note du Président de la Conférence de la Paix en date du 16 juin, de fournir des explications, de recevoir les contre-explications et de conduire les négociations.

Weimar, le 21 juin 1919.

Le Président d'Empire,
Signé : Ebert.

Le Président du Ministère d'Empire,
Signé : Bauer.

Je m'empresserai de transmettre les pouvoirs à Votre Excellence dès qu'ils me parviendront.

Agréez, Monsieur le Président, l'expression de ma considération distinguée.

Signé : Von HANIEL.

---

2) Im Namen des Reichs.

In Abänderung der Vollmacht vom 27. April d. J. wird hiermit der Gesandte Haniel von Haimhausen beauftragt und bevollmächtigt, die Antwort der Reichsregierung auf die Note des Präsidenten der Friedenskonferenz vom 16. Juni 1919 zu übergeben, Erklärungen abzugeben, Gegenerklärungen entgegenzunehmen und Verhandlungen zu führen.

Weimar, den 21. Juni 1919.

Der Reichspräsident
gez. Ebert.

Der Präsident des Reichsministeriums
gez. Bauer. »

Ich werde nicht verfehlen, die Vollmacht nach Eintreffen an Euere Exzellenz zu übersenden.
Genehmigen Sie, Herr Präsident, den Ausdruck meiner ausgezeichneten Hochachtung.

Gez. : von HANIEL.

NOTE N° 25.

(*TRADUCTION.*)

A Son Excellence le Président de la Conférence de la Paix,
Monsieur CLEMENCEAU,

Versailles, 22 juin 1919.

MONSIEUR LE PRÉSIDENT,

Le Ministre d'Empire des Affaires étrangères m'a chargé de faire savoir à Votre Excellence ce qui suit :

Le Gouvernement de la République allemande n'a, à partir du moment où les conditions de paix des Gouvernements alliés et associés ont été portées à sa connaissance, laissé subsister aucun doute sur ce point qu'il doit, d'accord avec tout le peuple allemand, considérer ces conditions comme étant en contradiction flagrante avec la base qui a été, avant la conclusion de l'armistice, acceptée pour la paix, par les Puissances alliées et associées d'une part, et par l'Allemagne d'autre part, et qui constitue un engagement au point de vue du droit international.

En se référant à cette base juridique établie d'accord entre les Parties représentées aux négociations et en exposant ouvertement la situation en Allemagne, le Gouvernement allemand a tout essayé pour parvenir à un échange de vues direct et oral, afin d'obtenir ainsi un adoucissement des conditions intolérablement dures qui devait fournir au Gouvernement de la République allemande la possibilité de signer sans réserves le traité de paix et de garantir son exécution.

Ces tentatives, faites par le Gouvernement de la République allemande dans l'intérêt de la paix du monde et de la réconciliation des peuples, se sont brisées

---

An Seine Exzellenz den Präsidenten der Friedenskonferenz, etc.
Herrn CLEMENCEAU.

Versailles, den 22. Juni 1919.

HERR PRÄSIDENT!

Der Reichsminister des Auswärtigen hat mich beauftragt, Euerer Exzellenz folgendes mitzuteilen :

Die Regierung der Deutschen Republik hat von dem Augenblick an, wo ihr die Friedensbedingungen der alliierten und assoziierten Regierungen bekanntgegeben wurden, keinen Zweifel darüber gelassen, dass sie in Uebereinstimmung mit dem ganzen deutschen Volke diese Bedingungen als im schroffen Widerspruch mit der Grundlage befindlich ansehen muss, die von den alliierten und assoziierten Mächten einerseits und Deutschland andererseits völkerrechtsverbindlich für den Frieden vor dem Abschluss des Waffenstillstands angenommen worden war.

Sie hat unter Berufung auf diese zwischen den Verhandlungsteilen vereinbarte Rechtsgrundlage und unter offener Darlegung der Verhältnisse in Deutschland nichts unversucht gelassen, um zu unmittelbarem mündlichen Meinungsaustausch zu gelangen, um derart eine Milderung der unerträglich harten Bedingungen zu erwirken, die es der Regierung der Deutschen Republik möglich machen sollte, den Friedensvertrag vorbehaltlos zu unterzeichnen und seine Durchführung zu gewährleisten.

Diese im Interesse des Weltfriedens und der Völkerversöhnung unternommenen Versuche der

contre le maintien obstiné des conditions de paix. Des contre-projets de la Délégation allemande allant très loin dans la voie des concessions, n'ont trouvé d'écho que dans des cas isolés. Les adoucissements accordés ne diminuent la lourdeur des conditions que dans une faible mesure. Les Gouvernements alliés et associés ont, par un ultimatum qui expire le 23 juin, placé le Gouvernement de la République allemande devant l'alternative de signer le Traité de paix proposé par eux ou de refuser sa signature. Dans ce dernier cas, un peuple entièrement sans défense était menacé de se voir imposer par la force les conditions de paix exigées et de voir s'accroître encore ses lourdes charges.

Le peuple allemand ne veut pas la reprise de la guerre sanglante; il veut sincèrement une paix durable. Devant l'attitude des Gouvernements alliés et associés, il ne lui reste d'autre possibilité que de faire appel au droit éternellement immuable à une vie indépendante, droit qui appartient au peuple allemand comme à tous les autres peuples. Le Gouvernement de la République allemande ne peut soutenir ce droit sacré du peuple allemand par l'emploi de la force. Il ne peut espérer d'appui que de la conscience de l'humanité. Aucun peuple, même parmi ceux des Puissances alliées et associées, n'exigera du peuple allemand qu'il accepte par l'effet d'une conviction intime, un instrument de paix qui doit arracher des membres vivants au corps du peuple allemand sans que la population intéressée soit consultée, qui doit d'une façon durable porter atteinte à la souveraineté allemande et imposer au peuple allemand des charges économiques et financières intolérables.

Le Gouvernement allemand a appris que dans les territoires qu'il doit céder à l'Est, la population manifeste passionnément sa volonté de s'opposer par tous les moyens à la séparation de ces territoires qui pour la plupart sont allemands depuis

---

Regierung der Deutschen Republik sind an dem starren Festhalten an den Friedensbedingungen gescheitert. Weitgehende Gegenvorschläge der deutschen Delegation fanden nur in einzelnen Punkten Entgegenkommen. Die gewährten Erleichterungen vermindern die Schwere der Bedingungen nur in geringem Masse. Die alliierten und assoziierten Regierungen haben die Regierung der Deutschen Republik durch ein am 23. Juni ablaufendes Ultimatum vor die Entscheidung gestellt, den von ihnen vorgelegten Friedenzvertrag zu unterzeichnen oder die Unterzeichnung zu verweigern. Für den letzteren Fall wurde ein völlig wehrloses Volk mit der zwangsweisen Auferlegung der geforderten Friedensbedingungen und der Vermehrung der schweren Lasten bedroht.

Das deutsche Volk will nicht die Wiederaufnahne des blutigen Krieges, es will aufrichtig einen dauernden Frieden. Es hat gegenüber der Haltung der alliierten und assoziierten Regierungen keine andere Macht in der Hand, als die Berufung auf das ewig unveränderliche Recht eines selbständigen Lebens, das, wie allen Völkern, so dem deutschen Volke zusteht. Die Regierung der Deutschen Republik kann diesem heiligen Recht des deutschen Volkes durch Anwendung von Gewalt keinen Nachdruck verleihen. Sie kann nur auf die Unterstützung durch das Gewissen der Menschheit hoffen. Kein Volk, auch keines der alliierten und assoziierten Mächte, wird dem deutschen Volke zumuten einem Friedensinstrument aus innerer Ueberzeugung beizustimmen, durch das lebendige Glieder vom Körper des deutschen Volkes ohne Befragung der in Betracht kommenden Bevölkerung losgelöst, die deutsche Staatshoheit dauernd verletzt und dem deutschen Volk unerträgliche wirtschaftliche und finanzielle Lasten auferlegt werden sollen.

Die deutsche Regierung hat aus den im Osten abzutretenden Gebieten leidenschaftliche Kundgebungen der Bevölkerung erhalten, dass sie sich einer Abtrennung dieser grösstenteils seit vielen Jahrhunderten deutschen Gebiete mit allen Mitteln widersetzen werde. Die deutsche Regierung sieht

de nombreux siècles. Le Gouvernement allemand se voit donc obligé de décliner toute responsabilité pour les difficultés éventuelles qui pourraient naître de la résistance que les habitants opposeront à leur séparation avec l'Allemagne.

Tout en étant prêt à souscrire aux exigences des Alliés sous la réserve indiquée plus loin, le Gouvernement de la République allemande ne le fait pas de son libre vouloir. Le Gouvernement de la République allemande déclare solennellement que son attitude doit être comprise en ce sens qu'il cède à la violence, étant résolu à épargner au peuple allemand, dans ses indicibles souffrances, une nouvelle guerre, la rupture, par l'occupation de nouveaux territoires allemands, de son unité nationale, la famine atroce pour les femmes et les enfants et la prolongation impitoyable de la détention des prisonniers de guerre. Le peuple allemand compte qu'en considération des lourdes charges qu'il doit assumer, la restitution de tous les prisonniers de guerre et internés civils allemands commencera le 1er juillet et se poursuivra sans interruption pour s'achever à bref délai. L'Allemagne a rapatrié les prisonniers de guerre ennemis en deux mois.

Le Gouvernement de la République allemande s'engage à remplir les conditions de paix imposées à l'Allemagne. Il tient cependant, en cet instant solennel, à s'exprimer clairement et sans arrière-pensée, afin de réfuter d'ores et déjà tout reproche de fausseté qui pourrait être, maintenant ou plus tard, adressé à l'Allemagne. Les conditions imposées dépassent la mesure de ce que l'Allemagne peut matériellement exécuter. Le Gouvernement de la République allemande se croit donc obligé de déclarer qu'il fait toute réserve et décline toute responsabilité quant aux conséquences qui pourraient menacer l'Allemagne, quand apparaîtra l'impossibilité d'exécuter les conditions de paix même en tendant à l'extrême les facultés d'exécution de l'Allemagne.

---

sich daher genötigt, alle Verantwortung für etwaige Schwierigkeiten, die sich aus dem Widerstand der Bewohner gegen ihre Loslösung von Deutschland ergeben können, abzulehnen.

Wenn die Regierung der Deutschen Republik gleichwohl bereit ist, die Forderung der Alliierten unter nachstehendem Vorbehalt zu unterzeichnen, so geschieht dies nicht aus freiem Willen. Die Regierung der Deutschen Republik erklärt feierlich, dass ihre Haltung dahin zu verstehen ist, dass sie der Gewalt weiche, in dem Entschluss, dem unsagbar leidenden deutschen Volk einen neuen Krieg, die Zerreissung seiner nationalen Einheit durch weitere Besetzung deutschen Gebiets, entsetzliche Hungersnot für Frauen und Kinder und unbarmherzig längere Zurückhaltung der Kriegsgefangenen zu ersparen. Das deutsche Volk erwartet in Ansehung der gewaltigen Lasten, die es übernehmen muss, dass sämtliche deutsche Kriegs-und Zivilgefangene mit Beginn vom 1. Juli an in ununterbrochener Folge und in kurzer Frist zurüchgegeben werden. Deutschland hat die feindlichen Kriegsgefangenen in zwei Monaten zurückgeführt.

Die Regierung der Deutschen Republik verpflichtet sich, die Deutschland auferlegten Friedensbedingungen zu erfüllen. Sie will sich jedoch in diesem feierlichen Augenblick mit rücksichtsloser Klarheit äussern, um jedem Vorwurf einer Unwahrhaftigkeit, der Deutschland jetzt oder später gemacht werden könnte, von vornherein entgegenzutreten. Die auferlegten Bedingungen übersteigen das Mass dessen, was Deutschland tatsächlich leisten kann. Die Regierung der deutschen Republik fühlt sich daher zu der Erklärung verpflichtet, dass sie alle Vorbehalte macht und jede Verantwortung ablehnt gegenüber den Folgen, die über Deutschland verhängt werden könnten, wenn die Undurchführbarkeit der Bedingungen auch bei schärfster Anspannung des deutschen Leistungsvermögens in Erscheinung treten nuss.

L'Allemagne déclare en outre, avec la plus grande énergie, qu'elle ne peut accepter et ne couvre pas de sa signature l'article 231 du Traité de paix qui exige de l'Allemagne qu'elle se reconnaisse comme l'unique auteur de la guerre. Cela implique, sans plus, que l'Allemagne doit également refuser d'accepter que l'on dérive sur elle la charge d'obligations fondées sur la responsabilité qui lui est attribuée à tort.

Un Allemand ne peut pas davantage concilier avec sa dignité et son honneur l'acceptation et l'exécution des articles 227 à 230 qui exigent de l'Allemagne qu'elle livre aux Puissances alliées et associées pour jugement, des ressortissants allemands, accusés par les Puissances alliées et associées d'avoir violé le droit des gens et accompli des actes contraires aux usages de la guerre.

En outre, le Gouvernement de la République allemande élève une protestation formelle contre la confiscation de tout l'Empire colonial allemand et contre l'argument par lequel on justifie cette mesure, en refusant à l'Allemagne d'une manière continue l'aptitude à la colonisation; le contraire est cependant établi et prouvé de manière irréfutable dans les Remarques de la Délégation allemande sur les conditions de paix.

Le Gouvernement de la République allemande suppose qu'il est conforme aux désirs des Gouvernements alliés et associés qu'il ait parlé avec franchise, aussi bien en ce qui concerne sa bonne volonté que pour ce qui est de ses réserves. En conséquence, et se référant à l'état de contrainte dans lequel les exigences des Alliés placent le peuple allemand, état de contrainte tel qu'un peuple ne l'a jamais ressenti plus écrasant et plus lourd de conséquences, et se réclamant de l'engagement formel exprimé par les Puissances alliées et associées dans leur mémorandum du 16 juin 1919, il se croit justifié à adresser aux Puissances alliées et associées la

---

Deutschland legt weiterhin den grössten Nachdruck auf die Erklärung, dass es den Artikel 231 des Friedensvertrages, der von Deutschland fordert, sich als alleinigen Urheber des Krieges zu bekennen, nicht annehmen kann und durch seine Unterschrift nicht deckt. Daraus folgt ohne weiteres, dass Deutschland es auch ablehnen muss, die Ableitung der ihm aufgebürdeten Belastung aus der ihm zu Unrecht zugeschobenen Urheberschaft am Kriege anzuerkennen.

Ebenso wenig kann es ein Deutscher mit seiner Würde und Ehre vereinbaren, die Artikel 227 bis 230 anzunehmen und auszuführen, in denen Deutschland zugemutet wird, Angehörige des deutschen Volkes, die von den alliierten und assoziierten Mächten der Verletzung internationaler Gesetze und der Vornahme von Handlungen gegen die Gebräuche des Krieges bezichtigt werden, den alliierten und assoziierten Mächten zur Aburteilung auszuliefern.

Weiter legt die Regierung der Deutschen Republik entschieden Verwahrung ein gegen die Wegnahme des gesamten deutschen Kolonialbesitzes und die hierfür gegebene Begründung, die Deutschland die Befähigung zur kolonialen Betätigung dauernd abspricht, obgleich das Gegenteil feststeht und überdies in den Bemerkungen der deutschen Friedensdelegation zu den Friedensbedingungen unwiderlegbar nachgewiesen ist.

Die Regierung der Deutschen Republik nimmt an, es ist den alliierten und assoziierten Regierungen erwünscht, dass sie offen gesprochen hat, offen, sowohl was ihren guten Willen, als auch ihre Vorbehalte angeht. Sie glaubt daher, unter Hinweis auf die Zwangslage, in die die Forderungen der Alliierten das deusche Volk versetzt, eine Zwangslage, wie sie drückender und folgenschwerer einem Volke noch nie auferlegt worden ist, und unter Berufung auf die ausdrückliche Zusage der alliierten und associierten Regierungen in ihrem Memorandum vom 16. Juni 1919 berechtigt zu sein, forgendes billige Ersuchen an die alliierten und assoziierten

juste demande suivante, dans l'espoir que les Gouvernements alliés et associés considéreront la déclaration qui suit comme une partie intégrante du Traité :

« Dans le délai de deux ans, compté du jour de la signature du Traité, les Gouvernements alliés et associés soumettront le présent Traité, à fin d'examen, au Conseil des Puissances, tel qu'il est institué par la Société des Nations d'après l'article 4. Devant ce Conseil, les Plénipotentiaires allemands jouiront des mêmes droits et privilèges que les représentants des autres Puissances contractantes du présent Traité. Ce Conseil prendra une décision sur celles des conditions du présent Traité qui portent atteinte aux droits de libre disposition du peuple allemand, aussi bien que sur la clause par laquelle se trouve entravé le libre développement économique de l'Allemagne dans des conditions d'égalité. »

Le Gouvernement de la République allemande fait, en conséquence, sous la forme suivante, la déclaration d'acceptation exigée dans la lettre du 16 juin 1919 :

« Le Gouvernement de la République allemande est prêt à signer le Traité de Paix sans reconnaître toutefois par là que le peuple allemand soit l'auteur de la guerre et sans prendre l'engagement d'opérer les remises demandées par les articles 227 à 230 du Traité de Paix. »

Weimar, le 21 juin 1919.

Signé : BAUER,
Président du Ministère d'Empire.

Agréez, Monsieur le Président, l'expression de ma haute considération.

Signé : Von HANIEL.

Regierungen zu richten in der Erwartung, dass die alliierten und assoziierten Regierungen die nachstehende Erklärung als wesentlichen Bestandteil des Vertrages ansehen werden :

« Innerhalb zweier Jahre, vom Tage der Unterzeichnung des Vertrages ab gerechnet, werden die allierten und assoziierten Regierungen den gegenwärtigen Vertrag dem hohen Rate der Mächte, so wie er vom Völkerbund nach Artikel 4 eingesetzt ist, zwecks Nachprüfung unterbreiten. Vor diesem hohen Rat sollen die deutschen Bevollmächtigten dieselben Rechte und Vorrechte geniessen wie die Vertreter der anderen kontrahierenden Mächte des gegenwärtigen Vertrages. Dieser Rat soll über die Bedingungen des gegenwärtigen Vertrages entscheiden, die die Rechte der Selbstbestimmung des deutschen Volkes beeinträchtigen, ebenso wie über die Bestimmung, durch welche die freie gleichberechtigte wirtschaftliche Entfaltung Deutschlands behindert wird. »

Die Regierung der Deutschen Republik gibt hiernach die in dem Schreiben vom 16. Juni 1919 geforderte Erklärung ihrer Zustimmung in folgender Form ab :

« Die Regierung der Deutschen Republik ist bereit, den Friedensvertrag zu unterzeichnen, ohne jedoch damit anzuerkennen, dass das deutsche Volk der Urheber des Kriegez sei und ohne eine Verpflichtung zur Auslieferung nach Artikel 227 bis 230 des Friedensvertrages zu übernehmen. »

Weimar, den 21. Juni 1919.

Gez. : BAUER,
Präsident des Reichsministeriums.

Genehmigen Sie, Herr Präsident, den Ausdruck meiner ausgezeichneten Hochachtung.

Gez. : Von HANIEL.

RÉPONSE À LA NOTE N° 25.

Son Excellence Monsieur Von HANIEL, Président de la Délégation Allemande,

Versailles.

Paris, le 22 juin 1919.

MONSIEUR LE PRÉSIDENT,

Les Puissances alliées et associées ont examiné la note de la Délégation allemande à la date d'aujourd'hui, et en raison du peu de temps qui reste, jugent que leur devoir est d'y faire une réponse immédiate. Du délai dans lequel le Gouvernement allemand doit prendre sa décision définitive sur la signature du Traité, il reste moins de vingt-quatre heures. Les Gouvernements alliés et associés ont examiné avec la plus grande attention toutes les observations présentées par le Gouvernement allemand au sujet du Traité. Elles y ont répondu avec une entière franchise et ont fait les concessions qu'il leur a paru juste de faire. La dernière note de la Délégation allemande ne contient aucun argument, aucune remarque qui n'aient été déjà l'objet de leur examen. Les Puissances alliées et associées se considèrent donc comme obligées de déclarer que le moment de la discussion est passé. Elles ne peuvent accepter ni reconnaître aucune modification ou réserve et se voient forcées d'exiger des représentants de l'Allemagne une déclaration sans équivoque de leur volonté de signer et d'accepter dans son intégralité, ou de refuser de signer et d'accepter le traité sous sa forme définitive.

Après la signature, les Puissances alliées et associées tiendront l'Allemagne pour responsable de l'exécution du Traité dans toutes ses stipulations.

Veuillez agréer, Monsieur le Président, les assurances de ma haute considération.

Signé : CLEMENCEAU.

NOTE N° 26.

(*TRADUCTION.*)

A Son Excellence le Président de la Conférence de la Paix, etc.

Monsieur CLEMENCEAU.

Versailles, le 22 juin 1919.

MONSIEUR LE PRÉSIDENT,

Comme complément à ma note — Vers. n° 70 — en date de ce jour, j'ai l'honneur de faire part à Votre Excellence, au nom du Gouvernement allemand, que l'Assemblée Nationale, dans sa séance plénière d'aujourd'hui a exprimé sa confiance au nouveau ministère d'Empire par 236 voix contre 89 et 68 abstentions.

Agréez, Monsieur le Président, l'expression de ma considération distinguée.

Signé : VON HANIEL.

(*TRANSLATION.*)

To His Excellency the President of the Peace Conference, etc.

Mr CLEMENCEAU.

Versailles, June 22, 1919.

MONSIEUR LE PRÉSIDENT,

Following my note — Vers. n° 70 — of to-day's date, 9 beg to inform your Excellency on behalf of the German Government that the National Assembly in its plenary sitting of to-day has passed a vote of confidence in the new Imperial Ministry by 236 ayes against 89 noes, 68 members abstaining.

Please accept, Monsieur le Président, the expression of my most distinguished consideration.

(Signed) VON HANIEL.

An Seine Exzellenz den Präsidenten der Friedenskonferenz, etc.

Herrn CLEMENCEAU.

Versailles, den 22. Juni 1919.

HERR PRÄSIDENT!

In Ergänzung meiner Note — Vers. No. 70 — vom heutigen Tage beehre ich mich im Auftrage der deutschen Regierung Euerer Exzellenz mitzuteilen, dass die Nationalversammlung in ihrer heutigen Vollsitzung dem neuen Reichsministerium mit 236 gegen 89 Stimmen bei 68 Stimmenenthaltungen das Vertrauen ausgesprochen hat.

Genehmigen Sie, Herr Präsident, den Ausdruck meiner ausgezeichneten Hochachtung.

Gez. : von HANIEL.

NOTE N° 27.

(*TRADUCTION.*)

A Son Excellence le Président de la Conférence de la Paix, etc,

Monsieur CLEMENCEAU,

Versailles, le 23 juin 1919.

Monsieur le Président,

Le Ministre des Affaires étrangères me charge de prier les Gouvernements alliés et associés de prolonger de 48 heures le délai pour la réponse à la note de Votre Excellence remise hier soir et, par là même, le délai pour la réponse à la note du 16 juin.

Après de grandes difficultés, un nouveau Cabinet a été constitué samedi seulement : contrairement au précédent Cabinet, il a pu se mettre d'accord pour déclarer qu'il était prêt à signer le traité dans presque toutes ses dispositions. L'Assemblée Nationale a voté la confiance à ce Cabinet par une forte majorité. La réponse n'est arrivée ici que peu avant minuit, le fil direct Versailles-Weimar ayant subi des perturbations. Il faut que le Gouvernement se mette de nouveau en rapport avec l'Assemblée Nationale pour prendre la grave décision qui lui est demandée, et qui ne saurait être prise que conformément aux principes démocratiques et d'après la situation intérieure de l'Allemagne.

Veuillez agréer, Monsieur le Président, les assurances de ma haute considération.

Signé : Von HANIEL.

An Seine Exzellenz den Präsidenten der Friedenskonferenz

Herrn CLEMENCEAU.

Versailles, den 23. Juni 1919.

Herr Präsident,

Der Minister des Auswärtigen beauftragt mich, die alliierten und assoziierten Regierungen zu bitten, die Frist für die Beantwortung der gestern Abend übermittelten Note Euerer Exzellenz und damit die Frist für die Beantwortung der Note vom 16. Juni d. J. s. um 48 Stunden zu verlängern.

Nach grossen Schwierigkeiten ist erst am Sonnabend ein neues Kabinett gebildet worden, das im Gegensatz zum bisherigen sich darauf einigen konnte, die Bereitwilligkeit zur Unterzeichnung des Vertrags in fast allen seinen Bestimmungen zu erklären. Die Nationalversammlung hat diesem Kabinett mit grosser Stimmenmehrheit das Vertrauen ausgesprochen. Die Antwort ist hier erst kurz vor Mitternacht eingetroffen, da der direkte Draht von Versailles nach Weimar gestört war. Die Regierung muss von neuem mit der Nationalversammlung in Verbindung treten, um die noch erforderliche schwere Entscheidung in einer Weise zu treffen, wie sie nach demokratischen Grundsätzen und nach der inneren Lage Deutschlands allein getroffen werden kann.

Genehmigen Sie, Herr Präsident, den Ausdruck meiner ausgezeichneten Hochachtung.

RÉPONSE À LA NOTE N° 27.

Son Excellence Monsieur Von HANIEL, Président de la Délégation allemande,
Versailles.

Paris, le 23 juin 1919.

MONSIEUR LE PRÉSIDENT,

Les Gouvernements alliés et associés ont l'honneur de vous accuser réception de votre communication en date du 23 juin.

Après un complet examen de votre demande, ils regrettent qu'il ne leur soit pas possible de prolonger le délai déjà accordé à Votre Excellence pour leur faire connaître votre décision relative à la signature du Traité sans aucune réserve.

Veuillez agréer, Monsieur le Président, les assurances de ma haute considération.

Signé : CLEMENCEAU.

NOTE N° 28.

(*TRADUCTION.*)

A Son Excellence le Président de la Conférence de la Paix, etc.

Monsieur CLEMENCEAU,

Versailles, le 23 juin 1919.

MONSIEUR LE PRÉSIDENT,

Le Ministre des Affaires Étrangères m'a chargé de communiquer à Votre Excellence ce qui suit :

« Il est apparu au Gouvernement de la République allemande consterné, par la dernière communication des Gouvernements alliés et associés, que ceux-ci sont décidés à arracher à l'Allemagne par la force l'acceptation des conditions de paix même qui, sans présenter une signification matérielle, poursuivent le but de ravir au peuple allemand son honneur Ce n'est pas un acte de violence qui peut atteindre l'honneur du peuple allemand. Le peuple allemand, après les souffrances effroyables de ces dernières années, n'a aucun moyen de le défendre par une action extérieure. Cédant à la force supérieure et sans renoncer pour cela à sa

(*TRANSLATION.*)

To His Excellency the President of the Peace Conference, etc.

Mr CLEMENCEAU,

Versailles, June 23, 1919.

I have been directed by the Minister for Foreign Affairs to inform your Excellency that :

« The Government of the German Republic have seen with the utmost consternation in the last communication from the Allied and Associated Governments that they are determined to extort with the greatest violence from Germany, her acceptance of peace conditions, which, evon though not offering a material meaning, tend to depriving the German People of its honour. The Honour of the German People cannot be inpaired by an act of violence. The German people, after the frightful sufferings of the last few years, has no means of defending it by an external action.

« Yielding to superior force and without-

Seiner Exzellenz dem Präsidenten der Friedenskonferenz

HERRN CLEMENCEAU.

Versailles, don 23. juni 1919.

HERR PRÄSIDENT,

Der Minister des Auswärtigen hat mich beauftragt, Euerer Exzellenz folgendes mitzuteilen :

Die Regierung der Deutschen Republik hat aus der letzten Mitteilung der alliierten und assoziierten Regierungen mit Erschütterung ersehen, dass sie entschlossen sind, von Deutschland auch die Annahme derjenigen Friedensbedingungen mit äusserster Gewalt zu erzwingen, die, ohne eine materielle Bedeutung zu besitzen, den Zweck verfolgen, dem deutschen Volke seine Ehre zu nehmen. Durch einen Gewaltakt wird die Ehre des deutschen Volkes nicht berührt. Sie nach aussen hin zu verteidigen, fehlt dem deutschen Volke nach den entsetzlichen Leiden der letzten Jahre jedes Mittel. Der übermächtigen Gewalt weichend, und ohne damit ihre Auffassung über die

manière de concevoir l'injustice inouïe des conditions de paix, le Gouvernement de la République allemande déclare donc qu'il est prêt à accepter et à signer les conditions de paix imposées par les Gouvernements alliés et associés. »

Veuillez agréer, Monsieur le Président, les assurances de ma haute considération.

Signé : Von HANIEL.

however abandoning their way of conceining the unheard of injustice of the Peace terms, the Government of the German Republic therefore declare themselves ready to accept and sign the conditions of Peace imposed by the Allied and Associated Governments. »

I have the honour to be, Mr. President, your obedient servant.

Signé : Von HANIEL.

---

unerhörte Ungerechtigkeit der Friedensbedigungen aufzugeben, erklärt deshalb die Regierung der Deutschen Republik, « dass sie bereit ist, die von den alliierten und assoziierten Regierungen auferlegten Friedensbedingungen anzunehmen und zu unterzeichnen. »

Genehmigen Sie, Herr Präsident, den Ausdruck meiner ausgezeichneten Hochachtung.

Von HANIEL.

NOTE N° 29.

(*TRADUCTION.*)

A Son Excellence le Président de la Conférence de la Paix, etc.

Monsieur CLEMENCEAU.

Versailles, le 23 juin 1919.

MONSIEUR LE PRÉSIDENT,

De Mannheim et d'autres localités badoises est parvenue la nouvelle, que des officiers français seraient apparus dans le courant de l'après-midi d'aujourd'hui et auraient annoncé que l'avance française commencerait dans une heure.

Je suis chargé par le Gouvernement allemand de protester contre l'éventualité d'une avance française.

Veuillez agréer, Monsieur le Président, l'expression de ma haute considération.

Signé : VON HANIEL.

Seiner Exzellenz dem Präsidenten der Friedenskonferenz, etc.,

HERRN CLEMENCEAU.

Versailles, den 23. Juni 1919.

HERR PRÄSIDENT,

Aus Mannheim und anderen badischen Orten ist die Nachricht eingelaufen, dass französische Offiziere im Laufe des heutigen Nachmittags erschienen seien und angekündigt hätten, dass der französische Vormarsch in einer Stunde beginnen werde.

Im Auftrage der deutschen Regierung erhebe ich gegen einen etwaigen französischen Vormarsch Einspruch.

Genehmigen Sie, Herr Präsident, den Ausdruck meiner ausgezeichneten Hochachtung.

VON HANIEL.

NOTE N° 30.

(*TRADUCTION.*)

A Son Excellence le Président de la Conférence de la Paix, etc.
Monsieur CLEMENCEAU.

Versailles, le 24 juin 1919.

MONSIEUR LE PRÉSIDENT,

Conformément aux instructions du Ministre d'Empire des Affaires étrangères, j'ai l'honneur de demander aux Gouvernements alliés et associés quand pourront commencer les négociations au sujet d'un accord relatif aux territoires Rhénans occupés.

Veuillez agréer, Monsieur le Président, l'expression de ma haute considération.

Signé : VON HANIEL.

An Seine Exzellenz den Präsidenten der Friedenskonferenz, etc.
Herrn CLEMENCEAU.

Versailles, den 24. Juni 1919.

HERR PRÄSIDENT !

Im Auftrage des Reichsministers des Auswärtigen beehre ich mich, bei den alliierten und assoziierten Regierungen anzufragen, wann die Verhandlungen über ein Abkommen betreffend die besetzten rheinischen Gebiete beginnen können.

Genehmigen Sie, Herr Präsident, den Ausdruck meiner ausgezeichneten Hochachtung.

Gez. : von HANIEL.

RÉPONSE À LA NOTE N° 30.

Son Excellence M. von HANIEL, Président de la Délégation allemande.

25 juin 1919.

MONSIEUR LE PRÉSIDENT,

En vous accusant réception de votre communication du 24 juin, concernant l'arrangement relatif à l'occupation militaire des territoires rhénans, j'ai l'honneur de vous rappeler qu'en vertu de l'article 432 des conditions de paix, actuellement acceptées par le Gouvernement allemand, l'Allemagne a dès maintenant l'obligation d'observer les termes de cet arrangement.

Il n'y a donc pas lieu d'ouvrir des négociations sur ce sujet et le document dont il s'agit doit être signé en même temps que le Traité.

Veuillez croire, Monsieur le Président, à l'assurance de ma haute considération.

NOTE N° 31.

(*TRADUCTION.*)

A Son Excellence le Président de la Conférence de la Paix, etc.

Monsieur CLEMENCEAU.

Versailles, 25 juin 1919.

MONSIEUR LE PRÉSIDENT,

Le Ministre d'Empire des Affaires Étrangères me charge de vous communiquer ce qui suit :

« Le Gouvernement allemand est informé que dans la population des territoires orientaux que l'Allemagne doit céder en vertu du Traité de paix, ainsi que parmi les administrateurs et les autorités subalternes qui s'y trouvent, des doutes et des vues erronées subsistent quant à l'époque où s'effectuera cette cession. Afin de prévenir dans l'intérêt des deux parties des malentendus et des incidents désagréables, il semble désirable d'informer immédiatement les cercles intéressés que le Traité de paix n'entrera pas en vigueur dès sa signature, mais seulement au moment prévu par les clauses diverses du Traité et que jusque-là l'état de choses actuel reste en vigueur. En ce qui concerne les territoires situés en deçà de la ligne de démarcation, le nécessaire a été fait du côté allemand. Les Gouvernements alliés et associés sont

---

An Seine Exzellenz den Präsidenten der Friedenskonferenz, etc.

Herrn CLEMENCEAU.

Versailles, den 25. Juni 1919.

HERR PRÄSIDENT,

Der Reichsminister des Auswärtigen hat mich beauftragt, Euerer Exzellenz Folgendes mitzuteilen :

« Der deutschen Regierung liegen Nachrichten vor, wonach unter der Bevölkerung der nach den Friedensbedingungen von Deutschland abzutretenden östlichen Gebiete sowie bei den dortigen nachgeordneten Behörden und militärischen Stellen Zweifel und irrtümliche Ansichten über den Zeitpunkt der Abtretung dieser Gebiete bestehen. Um Missverständnissen und unliebsamen Zwischenfällen im beiderseitigen Interesse vorzubeugen, erscheint es erwünscht, die beteiligten Kreise unverzüglich darüber aufzuklären, dass der Friedensvertrag nicht schon mit der Unterzeichnung, sondern erst zu dem in den Schlussbestimmungen des Vertrags vorgesehenen Zeitpunkt in Kraft treten würde und dass bis dahin der gegenwärtige Zustand aufrecht erhalten bleibt. Soweit die in Betracht kommenden Gebiete diesseits der Demarkationslinie liegen, ist das Erforderliche deutscherseits bereits veranlasst worden. Die alliierten und assoziierten Regierungen werden gebeten,

priés de prendre sans retard des mesures correspondantes en ce qui concerne les territoires situés au delà de cette ligne. »

Agréez, Monsieur le Président, l'expression de ma haute considération.

Signé : Von HANIEL.

---

hinsichtlich der jenseits der Demarkationslinie liegenden Gebiete alsbald entsprechende Schritte zu tun. »

Genehmigen Sie, Herr Präsident, den Ausdruck meiner ausgezeichneten Hochachtung.

Von HANIEL.

LETTRE DU PRÉSIDENT DE LA CONFÉRENCE.

A Son Excellence M. Von Haniel, Président de la Délégation Allemande,

Versailles.

Paris, le 25 juin 1919.

Monsieur le Président,

Les Puissances alliées et associées estiment qu'il est nécessaire d'attirer l'attention du Gouvernement allemand sur le fait que les Autorités polonaises sont en possession de la dépêche officielle allemande ci-jointe, montrant que le Gouvernement allemand, tout en ayant l'intention de signer la Paix, se dispose à prêter officieusement son concours, par tous les moyens en son pouvoir, aux mouvements locaux tendant à résister à l'établissement de l'autorité polonaise dans les territoires attribués à la Pologne en Posnanie et en Prusse occidentale et orientale, ainsi qu'à l'occupation de la Haute-Silésie par les Puissances alliées et associées.

En présence de ces renseignements, les Puissances alliées et associées estiment qu'il est nécessaire d'informer le Gouvernement allemand qu'elles le tiendront pour formellement responsable du soin de veiller à ce qu'à la date indiquée dans le traité, toutes les troupes et tous les fonctionnaires indiqués par la Commission alliée soient retirés, et à ce que, dans le cas où il y aurait des agitations locales en vue d'opposer une résistance au Traité, aucun appui ou secours aux insurgés ne soit admis à franchir la nouvelle frontière de Pologne.

Veuillez agréer, Monsieur le Président, l'assurance de ma haute considération.

Signé : CLEMENCEAU.

PIÈCE ANNEXE.

Posen, le 21 Juin 1919,

« Le Gouvernement signera. Néanmoins, Horsing proclamera pour la Silésie, Wig pour la Prusse occidentale et orientale, la guerre contre l'Orient. Le Gouvernement s'y opposera officiellement mais il soutiendra officieusement l'affaire par tous les moyens. »

« Horsing a télégraphié aujourd'hui :

« Envoyez mon grand paquet à Breslau. »

LETTRE DU PRÉSIDENT DE LA CONFÉRENCE.

A son Excellence M. Von Haniel, Président de la Délégation Allemande,

Versailles.

Paris le 25 juin 1919.

Monsieur le Président,

Aux termes de l'armistice signé par l'Allemagne le 11 novembre 1918, il a été stipulé :

ARTICLE XXIII.

« Les navires de guerre de surface allemands, qui seront désignés par les Alliés et les États-Unis, seront immédiatement désarmés et internés dans les ports neutres ou, à leur défaut, dans des ports alliés désignés par les Alliés et les États-Unis. Ils y demeurerons sous la surveillance des Alliés et des États-Unis, des détachements de garde étant seuls laissés à bord. »

Le 21 juin les bâtiments de guerre allemands, qui avaient été remis aux Puissances alliées et associées et étaient mouillés en rade de Scapa-Flow, ayant à leur bord les détachements de garde allemands prévus par l'armistice, ont été coulés par lesdits détachements agissant sous les ordres de l'amiral allemand commandant.

D'après les informations recueillies et transmises par l'Amirauté britannique, l'Amiral allemand commandant lesdits détachements de la force navale allemande a allégué qu'il avait agi dans la croyance que l'armistice expirait le 21 juin à midi et, qu'en conséquence, selon lui, la destruction dont il s'agit, n'en violait pas les termes.

En droit, l'Allemagne en signant la stipulation de l'article XXIII ci-dessus rapporté, a pris l'engagement que les bâtiments livrés par elle demeureront dans les ports désignés par les Puissances alliées et associées et qu'elle y laisserait des détachements de garde avec tels ordres et dans telles conditions de commandement qui devaient assurer l'observation de l'armistice.

La destruction desdits bâtiments, contraire à leur maintien comme il avait été prévu, contraire à l'engagement consacré par l'article 31 de l'armistice de ne pas se livrer à des destructions, constitue tout à la fois une violation de l'armistice, une suppression du gage remis, et un acte d'insigne mauvaise foi vis-à-vis des Puissances alliées et associées.

L'amiral commandant les détachements de la force navale allemande, a, tout en

reconnaissant la violation de l'armistice, prétendu justifier l'acte commis par la croyance que l'armistice aurait pris fin.

Cette prétendue justification est sans valeur, l'armistice ne pouvant prendre fin, aux termes de la communication adressée à la Délégation allemande par les Puissances alliées et associées, le 16 juin 1919, qu'en cas de refus de signer la Paix ou, à défaut de réponse, le 23 juin à 19 heures.

D'après les principes du droit des gens, consacrés notamment par les articles 40 et 41 du Règlement annexé à la Convention IV de la Haye 1907, toute violation grave de l'armistice par l'une des parties donne à l'autre le droit de le dénoncer et même, en cas d'urgence, de reprendre immédiatement les hostilités. La violation des clauses de l'armistice par des particuliers agissant de leur propre initiative donne droit seulement à réclamer la punition des coupables et, s'il y a lieu, une indemnité pour les pertes éprouvées. Les Puissances alliées et associées sont ainsi justifiées à traduire devant leurs Tribunaux militaires les auteurs de ces destructions, de façon que les pénalités appropriées leur soient appliquées.

De plus, sans avoir à faire état de tous autres éléments de responsabilité, l'incident donne aux Puissances alliées et associées un droit à la réparation du préjudice causé et, par conséquent, le droit de recourir aux mesures que lesdites Puissances alliées et associées jugeront appropriées à ces fins.

Enfin, le fait de couler la flotte allemande ne constitue pas seulement la violation de l'armistice, mais ne peut être considéré par les Puissances alliées et associées que comme la violation anticipée et systématique des conditions de la paix communiquées à l'Allemagne et dès à présent acceptées par elle. Et ce n'est pas un acte isolé. Le fait d'avoir brûlé ou laissé brûler les drapeaux français que l'Allemagne devait restituer, constitue également une violation anticipée et systématique de ces mêmes conditions.

En conséquence, les Puissances alliées et associées déclarent qu'elles prennent acte de ces faits d'insigne mauvaise foi et qu'aussitôt leurs investigations terminées sur toutes les circonstances de fait, elles exigeront la réparation nécessaire.

Il est clair que le renouvellement d'actes semblables ont le plus malheureux effet sur l'exécution future du Traité que l'Allemagne s'est engagée à signer. Elle s'est plainte des quinze années d'occupation prévues par le Traité. Elle s'est plainte d'être tenue pour une trop longue période en dehors de la Société des Nations. Comment l'Allemagne a-t-elle pu formuler de pareilles réclamations, alors qu'elle encourageait ou laissait commettre des violations délibérées de ses engagements écrits ?

L'Allemagne ne pourra pas se plaindre si les Puissances alliées et associées usent à son égard de tous les pouvoirs qui leur sont reconnus par le Traité, notamment dans l'article 429, si, de son côté, elle en viole ainsi délibérément les stipulations.

Veuillez agréer, Monsieur le Président, l'assurance de ma haute considération.

Signé : CLEMENCEAU.

NOTE N° 32.

(*TRADUCTION.*)

A Son Excellence le Président de la Conférence de la Paix, etc.,

MONSIEUR CLEMENCEAU.

Versailles, le 26 juin 1919.

MONSIEUR LE PRÉSIDENT,

D'ordre du Ministre d'Empire des Affaires Étrangères, j'ai l'honneur de faire connaître aux Gouvernements alliés et associés ce qui suit :

« Sont maintenant désignés comme Plénipotentiaires allemands pour la signature du Traité :

« 1. Le Ministre d'Empire des Affaires Étrangères : Hermann MULLER ;

« 2. Le Ministre d'Empire : Dr. BELL. »

Agréez, Monsieur le Président, l'expression de ma haute considération.

Signé : Von HANIEL.

An Seine Exzellenz den Präsidenten der Friedenskonferenz, etc.

Herrn CLEMENCEAU.

Versailles, den 26. Juni 1919.

HERR PRÄSIDENT,

Im Auftrage des Reichsministers des Auswärtigen beehre ich mich, den alliierten und assoziierten Regierungen folgendes mitzuteilen :

« Als deutsche Bevollmächtigte für die Vertragsunterzeichnung sind nunmehr bestimmt :

« 1. Reichsminister des Auswärtigen : Hermann MÜLLER ;

« 2. Reichsminister : Dr. BELL. »

Genehmigen Sie, Herr Präsident, den Ausdruck meiner ausgezeichneten Hochachtung.

Gez. : Von HANIEL.

NOTE N° 33.

(*TRADUCTION.*)

A Son Excellence le Président de la Conférence de la Paix,

MONSIEUR CLEMENCEAU.

Versailles, le 27 juin 1919.

MONSIEUR LE PRÉSIDENT,

Le Ministre d'Empire des Affaires Étrangères m'a chargé de faire connaître à Votre Excellence ce qui suit :

« Le Gouvernement allemand a tiré de la note du 21 de ce mois cette conséquence que les Gouvernements alliés et associés considèrent également comme obligatoires ceux des engagements contenus dans leur mémorandum du 16 de ce mois, qui n'ont pas été expressément compris dans les dispositions du Traité de Paix. Il n'a pas d'objection à ce que, pour éviter des malentendus, une partie de ces engagements soient consignés dans un protocole final dont le contenu serait semblable à celui proposé dans la note du 21 de ce mois. »

Agréez, Monsieur le Président, l'expression de ma haute considération.

Signé : Von HANIEL.

An Seine Exzellenz den Präsidenten der Friedenskonferenz, etc.

Herrn CLEMENCEAU.

Versailles, den 27. Juni 1919.

HERR PRÄSIDENT,

Der Reichsminister des Auswärtigen hat mich beauftragt, Euerer Exzellenz folgendes mitzuteilen :

« Die deutsche Regierung hat aus der Note vom 21. d. M. entnommen, dass die alliierten und assoziierten Regierungen auch diejenigen in ihrem Memorandum vom 16. d. M. enthaltenen Zusagen als verbindlich ansehen, die nicht ausdrücklich in die Bestimmungen des Friedensvertrages aufgenommen worden sind. Sie hat keine Bedenken dagegen, dass zur Vermeidung von Missverständnissen ein Teil dieser Zusagen in einem Schlussprotokoll des in der Note vom 21. d. M. vorgeschlagenen Inhalts niedergelegt wird. »

Genehmigen Sie, Herr Präsident, den Ausdruck meiner ausgezeichneten Hochachtung.

Von HANIEL.

NOTE N° 34.

(*TRADUCTION.*)

A Son Excellence le Président de la Conférence,

Monsieur CLEMENCEAU.

Versailles, le 27 juin 1919.

Monsieur le Président,

Le Ministre d'Empire des Affaires Étrangères m'a chargé de communiquer ce qui suit à Votre Excellence :

« Les Gouvernements alliés et associés, s'appuyant sur l'article 432 des conditions de paix, demandent que le projet d'arrangement relatif à l'occupation militaire des pays rhénans communiqué le 16 de ce mois à la Délégation allemande, soit signé par les allemands sans pourparlers et en même temps que le Traité de paix. Le Gouvernement allemand doit faire à ce sujet les observations suivantes :

La stipulation contenue dans l'article 432 ne doit, à l'avis du Gouvernement allemand, pas être interprétée en ce sens que l'Allemagne serait obligé de reconnaître sans plus comme la liant, le contenu d'une convention fixée unilatéralement par les Puissances alliées et associées. Un « arrangement » (« agreement ») tel qu'il est prévu à cet article, suppose un accord. Si l'Allemagne s'oblige par avance à observer un « arrangement » cela ne peut avoir d'autre sens et d'autre but que de donner une forme plus solennelle et plus de force à la soumission de l'Allemagne à l'arrangement à conclure, ainsi

---

An Seine Exzellenz den Präsidenten der Friedenskonferenz, etc.

Herrn CLEMENCEAU.

Versailles, den 27. Juni 1919.

Herr Präsident,

Der Reichsminister des Auswärtigen hat mich beauftragt, Euerer Exzellenz folgendes mitzuteilen :

« Die alliierten und assoziierten Regierungen fordern unter Hinweis auf den Artikel 432 der Friedensbedingungen, dass der der deutschen Friedensdelegation am 16. d. M. mitgeteilte Entwurf eines Abkommens über die militärische Besetzung der rheinischen Gebiete deutscherseits ohne jede Verhandlung und gleichzeitig mit dem Friedensvertrag unterzeichnet wird. Die deutsche Regierung hat hierzu nachstehendes zu bemerken :

Die Bestimmung des Artikels 432 ist nach Auffassung der deutschen Regierung nicht so auszulegen, als ob Deutschland dazu verpflichtet wäre, einen von den alliierten und assoziierten Mächten einseitig festgesetzten Vertragsinhalt ohne weiteres als bindend anzuerkennen. Ein « arrangement (agreement) », wie es in dem Artikel vorgesehen wird, setzt eine Einigung voraus. Wenn Deutschland sich hier im Voraus verpflichtet, das « arrangement » zu beobachten, so kann dies nur den Sinn und Zweck haben, der Bindung Deutschlands an das zu treffende Abkommen eine

que de garantir les autres Puissances intéressées contre l'éventualité que l'Allemagne s'oppose par principe à un pareil arrangement où fasse à ce sujet des propositions inacceptables au cours des pourparlers (voir page 44 et suivantes du mémoire des Gouvernements alliés et associés en date du 16 courant, les remarques aux articles 283 et 284 du projet). Il faut en outre faire remarquer que dans l'ultimatum du 16 de ce mois, la signature de l'arrangement n'est pas posée comme condition. La demde, faite maintenant, de signer l'arrangement en même temps que le Traité de Paix, contient donc une nouvelle exigence qui ne trouve pas de fondement dans les conditions des adversaires publiées jusgu'à présent, et le paraît d'autant moins que ceci exigerait de l'Allemagne, sous une forme encore plus unilatérale que ce n'a été le cas pour le Traité de paix, la signature d'un Traité sans lui donner la moindre occasion de faire connaître ses vues.

Abstraction faite des considérations juridiques ci-dessus indiquées, il serait, à l'avis du Gouvernement allemand, de l'intérêt bien compris des deux parties, de faire en premier lieu du projet communiqué l'objet de pourparlers particuliers. Dans son texte actuel, l'arrangement ne peut guère correspondre aux intentions de ses auteurs. Apparemment, les stipulations devaient être adaptées à la situation de l'Allemagne; mais elles n'atteignent pas ce but, parce que les auteurs ne connaissaient pas la situation très embrouillée des États allemands intéressés. D'autres stipulations ne correspondent pas aux exigences de la vie pratique et auraient vraisemblablement été modifiées lors d'une discussion orale dans un sens qui aurait mieux satisfait et aux intérêts des troupes d'occupation et à ceux de l'Allemagne. Le Gouvernement allemand n'est pas dans une situation lui permettant de refuser de signer cet arrangement, si les Gouvernements alliés et associés posent ultérieurement cette signature comme condi-

---

feierlichere Form und grösseren Nachdruck zu verleihen, sowie die übrigen beteiligten Mächte davor zu schützen, dass Deutschland sich grundsätzlich einem solchen Abkommen widersetzt oder bei den Verhandlungen darüber unmögliche Vorschläge macht (vgl. die Bemerkungen auf Seite 44 ff. des Memorandums der alliieren und assoziierten Regierungen vom 16. d. M. zu den Artikeln 282 und 284 des Entwurfs). Ferner muss noch darauf hingewiesen werden, dass in dem Ultimatum vom 16. d. M. die Unterzeichnung des Abkommens nicht zur Bedingung gemacht worden ist. Das jetzt gestellte Verlangen, das Abkommen zugleich mit dem Friedensvertrag zu unterzeichnen, enthält demnach eine neue Forderung, die in den bisherigen Bedingungen der Gegner keine Grundlage findet und umso weniger begründet erscheint, als damit von Deutschland in noch einseitigerer Form, als dies bei dem Friedensvertrag selbst geschehen ist, die Unterzeichnung eines Vertrages ohne die Gelegenheit zu irgendwelcher Gegenäusserung verlangt wird. Abgesehen von den vorstehenden rechtlichen Gesichtspunkten würde es nach Ansicht der deutschen Regierung auch im wohlverstandenen, beiderseitigen Interesse liegen, wenn der mitgeteilte Entwurf zunächst zum Gegenstand besonderer Verhandlungen gemacht würde. In seinem jetzigen Wortlaut dürfte das Abkommen kaum den Absichten der Verfasser entsprechen. Die Bestimmngen sollten offenbar den deutschen Verhältnissen angepasst werden, erreichen diesen Zweck aber nicht, weil die sehr verwickelten Verhältnisse in den beteiligten deutschen Gliedstaaten den Verfassern unbekannt waren. Andere Bestimmungen entsprechen nicht den praktischen Bedürfnissen und wären bei einer mündlichen Erörterung wahrscheinlich in einer Weise geändert worden, die sowohl den Interessen der Besatzungstruppen, wie den deutschen Interessen besser gerecht werden würde. Die deutsche Regierung ist nicht in der Lage, die Unterzeichnung des Abkommens zu verweigern, wenn sie von den alliierten und assoziierten Regierungen nachträ-

tion de la signature de la Paix. Au cas où les Gouvernements alliés et associés persisteraient dans leur point de vue, il donnerait aux Délégués allemands chargés de signer le Traité de Paix également les pleins pouvoirs pour signer l'arrangement. Mais il faut faire cependant ressortir que l'arrangement dont les stipulations empiètent sur les droits juridiques de l'Allemagne, ainsi que le Traité de Paix lui-même, ont besoin d'une ratification, à l'exécution rapide de laquelle l'Allemagne se déclare prête. De plus, il serait en tous les cas nécessaire que, dès la signature, des plénipotentiaires des deux parties contractantes se réunissent pour compléter et rectifier les stipulations de l'arrangement ».

Agréez, Monsieur le Président, l'expression de ma haute considération.

Signé : Von HANIEL.

---

glich zur Bedingung des Friedensschlusses gemacht wird. Sie wird deshalb für den Fall, dass die alliierten und assoziierten Regierungen auf ihrem Standpunkt beharren sollten, den für die Unterzeichnung des Friedensvertrages bevollmächtigten deutschen Delegierten zugleich Vollmacht für die Unterzeichnung des Abkommens erteilen. Dabei ist indes hervorzuheben, dass das Abkomen, dessen Bestimmungen in weitgehender Weise in deutsche Rechtsverhältnisse eingreifen, ebenso wie der Friedensvertrag selbst der Ratifikation bedürfen würde, zu deren beschleunigter Herbeiführung Deutschland bereit ist. Ferner würde es unter allen Umständen notwendig sein, dass alsbald nach der Unterzeichung Bevollmächtigte beider Vertragsparteien zusammentreten, um die Bestimmungen des Abkommens zu ergänzen und zu berichtigen. »

Genehmigen Sie, Herr Präsident, den Ausdruck meiner ausgezeichneten Hochachtung.

Von HANIEL.

RÉPONSE À LA NOTE N° 34.

Paris, le 27 juin 1919.

Monsieur le Président,

Les Puissances alliées et associées ont examiné la note de la Délégation allemande relative à l'arrangement concernant les pays rhénans en date du 27 juin.

Elles prennent bonne note que la Délégation allemande recevra pleins pouvoirs pour la signature de cet arrangement à la date prévue; elles ne voient pas d'inconvénient à ce que des pourparlers soient engagés après la signature, pour régler au mieux des intérêts des diverses parties, les questions de détail qui pourront être soulevées par la Délégation allemande.

Veuillez agréer, Monsieur le Président, les assurances de ma très haute considération.

NOTE N° 35.

(*NOTE D'ORDRE INTÉRIEUR.*)

NOTE N° 36.

Hohenfinow, le 25 juin 1919.

MONSIEUR LE PRÉSIDENT,

J'ai l'honneur de prier Votre Excellence de bien vouloir porter la lettre ci-jointe à la connaissance des Gouvernements des Puissances alliées et associées.

Veuillez agréer, Monsieur le Président, l'assurance de ma haute considération.

Signé : BETHMANN-HOLLWEG.

Aux termes de l'article 127 des conditions de Paix, les Puissances alliées et associées mettent en accusation publique Sa Majesté Guillaume II de Hohenzollern, ex-empereur d'Allemagne, pour offense suprême contre la morale internationale et l'autorité sacrée des Traités. En même temps, elles déclarent qu'elles adresseront au Gouvernement royal des Pays-Bas une requête le priant de livrer l'ancien empereur entre leurs mains pour qu'il soit jugé.

En me référant à ces dispositions, je me permets de prier les Gouvernements des Puissances alliées et associées de diriger contre ma personne la procédure qu'ils se proposent d'introduire contre Sa Majesté l'Empereur. A cette fin, je déclare me mettre à la disposition des Puissances alliées et associées.

Conformément aux lois constitutionnelles de l'Allemagne, c'est moi qui, en qualité d'ancien Chancelier de l'Empire, porte la responsabilité exclusive pour les actions politiques de l'Empereur pendant la durée de mes fonctions. Je crois pouvoir en déduire le droit que les Puissances alliées et associées, voulant soumettre ces actions à leur jugement, n'en demandent compte qu'à moi seul.

Convaincu que les Gouvernements des Puissances alliées et associées ne se refuseront pas à admettre qu'une norme établie par le droit public d'un État mérite d'être reconnue dans les rapports internationaux, j'exprime l'espoir qu'ils voudront bien accueillir la demande urgente que je leur soumets.

Hohenfinow, le 25 juin 1919.

Signé : BETHMANN-HOLLWEG.

NOTE N° 37.

(*TRADUCTION.*)

A Son Excellence le Président de la Conférence de la Paix, etc.,

MONSIEUR CLEMENCEAU.

Versailles, le 27 juin 1919.

MONSIEUR LE PRÉSIDENT,

D'ordre du Ministre d'Empire des Affaires Étrangères, j'ai l'honneur de faire savoir à Votre Excellence ce qui suit :

« Se référant au paragraphe final de la note de Votre Excellence en date du 20 mai de cette année, relative au rapatriement des prisonniers de guerre et à la partie 8 de la réponse des Puissances alliées et associées aux remarques de la Délégation allemande sur les conditions de paix, le Gouvernement allemand demande qu'une déclaration lui soit faite le plus tôt possible indiquant quand et où se réunira la Commission prévue à l'article 218, paragraphe 1er, du Traité de paix et quelle sera sa composition. »

Agréez, Monsieur le Président, l'expression de ma haute considération.

Signé : Von HANIEL.

An Seine Excellenz den Präsidenten der Friedenskonferenz, etc.,

Herrn CLEMENCEAU.

Versailles, den 27. Juni 1919.

HERR PRÄSIDENT,

In Auftrage des Reichsminister des Auswärtigen beehre ich mich, Euerer Exzellenz folgendes mitzuteilen :

« Unter Hinweis auf den Schlussabsatz des Schreibens Euerer Exzellenz vom. 20. Mai d. J. wegen Heimbeförderung der Kriegsgefangenen und auf den Teil 6 der Antwort der alliierten und assoziierten Mächte auf die Bemerkungen der deutschen Delegation zu den Friedensbedingungen bittet die deutsche Regierung um tunlichst baldige Erklärung, wann, wo und in welcher Zuzammensetzung der Zusammentritt der in Artikel 218, Absatz 1 des Friedensvertrages vorgesehenen Kommission in Aussicht genommen ist. »

Genehmigen Sie, Herr Präsident, den Ausdruck meiner ausgezeichneten Hochachtung.

Von HANIEL.

LETTRE DU PRÉSIDENT DE LA CONFÉRENCE.

Son Excellence Monsieur le Président de la Délégation allemande,

Versailles.

Paris, le 27 juin 1919.

Monsieur le Président,

J'ai l'honneur de vous faire connaître que la Convention d'armistice prescrit le maintien du blocus tant que cette Convention elle-même reste en vigueur, c'est-à-dire jusqu'à l'échange des ratifications.

Les Gouvernements alliés et associés se déclarent prêts à lever le blocus dès qu'ils auront été avisés officiellement de la ratification régulière et complète du Traité de paix par la République allemande.

Veuillez agréer, Monsieur le Président, les assurances de ma haute considération.

Signé : G. CLEMENCEAU.

NOTE N° 38.

(*TRADUCTION.*)

A Son Excellence le Président de la Conférence de la Paix, etc.,

MONSIEUR CLEMENCEAU.

Versailles, le 28 juin 1919.

MONSIEUR LE PRÉSIDENT,

D'ordre du Gouvernement allemand, j'ai l'honneur de transmettre à Votre Excellence la note suivante :

« Le Gouvernement allemand a reçu la note des Gouvernements alliés et associés du 25 de ce mois, relative à la perte des bâtiments allemands à Scapa-Flow et à la destruction de drapeaux français à Berlin. A l'heure qui doit rendre au monde la paix longtemps désirée, le Gouvernement allemand considère comme son devoir d'éviter tout ce qui pourrait aggraver inutilement ses relations avec ses anciens adversaires. Il croit devoir marquer ce point de vue en ne répondant pas sur le même ton aux attaques et aux reproches entièrement injustifiés, qui sont dirigés contre lui dans la note en question, et en se bornant aux remarques suivantes :

« Dès que la perte des bâtiments à Scapa-Flow a été connue en Allemagne par des nouvelles de presse, le Gouvernement allemand a demandé par l'entremise de la Commission d'armistice au Gouvernement britannique de lui faire connaître les

---

An Seine Exzellenz den Präsidenten der Friedenskonferenz, etc.,

Herrn CLEMENCEAU.

Versailles, den 28. Juni 1919.

HERR PRÄSIDENT,

Im Auftrage der deutschen Regierung beehre ich mich, Euerer Exzellenz folgende Note zu überreichen :

Die deutsche Regierung hat die Note der alliierten and assoziierten Regierungen vom 25. d. M. erhalten, die sich auf die Versenkung der deutschen Schiffe in Scapa Flow und auf die Verbrennung französischer Fahnen in Berlin bezieht. In dem Augenblick, der der Welt den langersehnten Frieden wiedergeben soll, hält die deutsche Regierung es für ihre Pflicht, alles zu vermeiden, was ihre Beziehungen zu ihren bisherigen Gegnern unnötig verschärfen könnte. Sie glaubt diesen Standpunkt dadurch zum Ausdruck bringen zu sollen, dass sie auf die völlig ungerechtfertigten Angriffe und Vorwürfe, die in der erwähnten Note gegen sie vorgebracht werden, nicht in dem gleichen Tone erwidert, sondern sich auf nachstehende Bemerkungen beschränkt.

Sobald die Versenkung der Schiffe in Scapa Flow durch Zeitungsnachrichten in Deutschland bekannt geworden war, hat die deutsche Regierung durch die Waffenstillstandskommission die britische Regierung um nähere Mitteilung des Sachverhalts ersucht. Da die von der britischen

détails de l'événement. La réponse annoncée par l'Amirauté britannique à la Commission d'armistice n'étant pas encore parvenue ici, le Gouvernement allemand est obligé de réserver encore la position définitive qu'il adoptera à l'égard de cet incident. Il constate toutefois, dès maintenant, que la destruction des bâtiments a été causée par l'amiral von Reuter et ses subordonnés, sans qu'aucune autorité administrative ou militaire d'Allemagne l'ait voulu.

« Le Gouvernement allemand doit de même rejeter formellement le reproche élevé contre lui, à propos de la destruction des drapeaux français, d'avoir de propos délibéré et avec préméditation violé les conditions de paix. Il ne peut s'empêcher de s'adresser à l'esprit d'équité de ses adversaires et de leur demander si de semblables manifestations d'un patriotisme irréfléchi ne se concevraient pas également dans leur pays, à une époque de profonde agitation nationale, manifestations que les autorités officielles ne seraient pas en mesure d'empêcher, malgré une observation consciencieuse des obligations imposées par les Traités. Le Gouvernement allemand n'entend pas néanmoins justifier cette action, et il poursuivra les personnes coupables, conformément aux lois allemandes. »

Agréez, Monsieur le Président, l'expression de ma haute considération.

Signé : Von HANIEL.

Admiralität der Waffenstillstandskommission in Aussicht gestellte Antwort hierauf bisher nicht eingegangen ist, muss sich die deutsche Regierung ihre endgültige Stellungnahme zu dem Vorfalle noch vorbehalten. Sie stellt indes schon jetzt fest, dass die Versenkung der Schiffe von dem Admiral von Reuter und seinen Untergebenen ohne Wissen and Willen irgend einer behördlichen oder militärischen Stelle in Deutschland vorgenommen worden ist.

Ebenso muss die deutsche Regierung auch den wegen der Verbrennung der französischen Fahnen gegen sie gerichteten Vorwurf einer absichtlichen und böswilligen Verletzung der Friedensbedingungen mit aller Entschiedenheit zurückweisen. Sie kann es sich daher nicht versagen, an das Billigkeitsgefühl ihrer Gegner die Frage zu richten, ob nicht auch in ihren Ländern in Zeiten tiefer nationaler Bewegung solche Äusserungen eines unüberlegten Patriotismus denkbar wären, die von den amtlichen Stellen troto gewissenhafter Bezbachtung bestehender Vertragsverpflichtungen nicht verhindert werden könnten. Gleichwohl will die deutsche Regierung die Tat nicht billigen und wird die schuldigen Personen nach Massgabe der deutschen Gesetze zur Rechenschaft ziehen.

Genehmigen Sie, Herr Präsident, den Ausdruck meiner ausgezeichneten Hochachtung.

Gez.: Von HANIEL.

www.ingramcontent.com/pod-product-compliance
Ingram Content Group UK Ltd.
Pitfield, Milton Keynes, MK11 3LW, UK
UKHW021050230726
13926UKWH00004B/1768